시민 교양 강좌

헌법 II

권력구조론

시민 교양 강좌

헌법 II

— 권력구조론 —

정만희 지음

mediazoom

차례

머리말　　　　　　　06

제1부
권력구조의 일반이론

제1장 권력구조의 기본이념과 대의제 원리　　14
제2장 대의제의 구성요소로서 선거제도　　29
제3장 대의제 민주주의와 정당제도　　69
제4장 정부형태론　　110

제2부
입법부

제1장 국회　　152
제2장 국회의원　　183

제3부
대통령과 행정부

제1장 대통령   210
제2장 행정부   245

제4부
사법부와 헌법재판

제1장 법원   264
제2장 헌법재판소   288
제3장 탄핵심판제도   312

머리말

이번의 신간 『시민 교양 강좌 헌법』은 헌법을 처음 접하거나 헌법에 관심 있는 일반 시민들을 위한 헌법 입문서이다. 이 책은 저자가 대학에서 헌법학 교수로 재직 중에 저술한 헌법 교과서나 전문 학술서 등과는 그 성격과 형태를 달리한다.

저자는 2019년 8월 정년퇴직 후 일반 시민들을 위한 헌법 교양강좌를 몇 차례 진행하면서 우리 국민이 '대한민국헌법'을 직접 읽고 그 뜻을 쉽게 이해할 수 있는 교양서가 필요하다는 생각을 하게 되었다. 이를 실천하기 위한 첫 단계 작업으로 2021년 9월 대한민국헌법 조문(전문과 본문 130개 조항)의 의미를 비교적 상세하게 해설한 『우리에게 헌법이란 무엇인가』 초판을 발간하였으며, 2022년 10월에는 제2판을 냈다. 이 책은 헌법에 관심 있는 일반 시민들이 비교적 쉽게 접근할 수 있도록 하면서도, 학자적 양심에 따라 정치적 이념 성향으로부터 중립적인 입장에서 헌법이론에 바탕한 체계적인 해석서라는 점에서 의미 있는 출판이었다고 생각한다.

다만 헌법학자로서 다룰 수밖에 없는 헌법 전반의 여러 논점에 관한 이론과 학설을 충실히 설명하고 관련 판례들을 언급하다 보니 결과적으로 일반 독자들에게는 부담스러운 분량의 책이 되었고 불필요하게 여길 수 있는 내용들도 포함된 것 같아 아쉬움이 남는다.

그리하여 이번에는 헌법 입문자의 이해도를 높여 주면서도 독자들이 좀 더 편하게 읽을 수 있는 책을 만들어보겠다는 뜻으로 『시민 교양 강좌 헌법』을 집필하게 되었다. 이 책은 헌법조문 해설서의 형식이 아니고, 헌법 전반에 걸친 주요 논점을 주제별로 체계화하였으며, 헌법의 방대한 분야를 단권으로 하기에는 볼륨이 너무 커서 전 3권으로 나누어 편집하였다. 제1권은 '대한민국헌법의 기본원리'를 내용으로 한다. 헌법에 관한 기초이론을 먼저 설명하고 대한민국헌법의 제정과 개정 과정의 역사를 개관한 후, 우리 헌법의 기본원리로서 국민주권원리, 자유민주주의, 법치주의, 권력분립원리, 국제평화주의, 사회국가원리 등을 상세히 기술하였다.

제2권은 우리 헌법의 '권력구조'에 관한 것이다. 권력구조의 근본이념과 기본원리를 언급하고, 대의제 원리를 구현하는 선거제도와 정당제도에 관하여 상세하게 기술하였다. 선거제도와 정당은 우리 국민의 정치생활과 불가분의 관계에 있으므로 이에 관한 헌법문제들을 중점적으로 다루고 있다. 그리고 정부형태론으로서 대통령제, 의원내각제, 이원정부제의 원리 등을 자세히 설명하고, 헌법상의 통치기구로서 국회, 대통령과 정부, 법원, 헌법재판소의 기능과 권한 행사 및 의무 등을 다루고 있다. 제3권은 '기본권'(국민의 자유와 권리) 분야를 다루고 있는데, 추후 가까운 시일 내에 출간될 예정이다.

저자는 평소 우리 대한민국 입헌정치의 선진화를 위해서는 기본적으로 우리 국민이 헌법을 잘 알고 있어야 한다는 강한 신념을 갖고 있다. 민주국가에 있어서 헌법은 과거처럼 전제국가나 권위주의 체제 하에서의 권력적 지배를 정당화하는 '권력자의 것'이 아니라, 국민의 의사에 따라 국가권력을 제한하고 통제함으로써 국민의 기본권을 실현하는 최고규범이다.

국민의 이름으로 제정된 헌법은 항상 국민의 편에서 권력을 억제하는 권력제한규범이며, 국민의 자유와 권리를 보장하는 기본권보장규범으로 기능한다. 따라서 주권자인 국민은 헌법에 대한 올바른 의식을 가질 때 국가기관과 권력담당자를 강하게 비판하고 민주적 통제를 가할 수 있으며, 권력자는 비로소 국민을 두려워하고 국민을 위한 정치를 할 수밖에 없게 된다. 권력기관이 헌법이 명령하는 바에 따라 국정을 수행하지 않는다면 국민은 최후의 '헌법 수호자'의 지위에서 헌법상 정치적 기본권 행사를 통해 그 권력을 비판하고 통제할 수 있어야 하며, 공권력의 행사로 국민의 자유·권리를 침해하거나 국민의 자유·권리를 실현하기 위한 공권력의 행사가 이루어지지 않는다면 국민은 헌법재판이라는 제도적 장치를 통해 공권력 행사의 위헌 여부를 심사하여 국민의 권리를 구제하고 권력기관의 작위의무 이행을 요구할 수 있는 것이다.

국민이 주기적인 선거를 통해 또는 일상적인 정치활동 등을 통해 대통령이나 국회의원들에 대한 심판과 평가를 하는 경우에도 그들 정치인에 대한 평가 기준은 헌법의 이념과 정신을 존중하고 충실히 실천하고 있는가를 보고 냉정하게 판단할 수 있어야지, 대중적 선동이나 포퓰리즘에 이끌려서는 곤란하다. 국민의 폭넓은 헌법 지식에 기반한 의식수준이 향상될수록 그에 상응하여 헌법의 지배를 받는 권력자들과 정치인들의 수준도 같이 높아질 수밖에 없을 것이다.

물론 입헌주의헌법 하에서 헌법의 제1차적 수범자인 모든 권력담당자는 헌법을 준수하고 수호하면서 공권력을 행사해야 하므로 마땅히 헌법의 내용을 제대로 숙지하고 있어야 하며, 일반 국민보다 훨씬 강한 '헌법에의 의지'가 확고해야 하는 것이다. 여기서 권력자의 헌법에의 의지를 확인하고 그들에게 헌법을 준수하도록 만드는 것은 바로 국민의 헌법의식의 정도에 달려 있다.

헌법학자가 저술한 헌법 입문서는 아무리 쉽게 쓴다고 해도 법서(法書)의 냄새를 없앨 수 없다. 이 책의 경우에도 지면(紙面) 관계와 능력 부족 등으로 모든 헌법용어와 법률용어를 풀어서 쓰지 못하는 현실적 제약 때문에 일반 독자들에게는 독해에 어려움이 있을 것으로 추측된다. 헌법재판소 판례의 결정문을 소개한 부분도 난해한 문장들이 있을 것이다. 그렇더라도 처음 일독으로 이해되지 않는 부분은 그대로 두고 헌법의 전반적 체계와 맥락을 이해하면서 읽다 보면 헌법 개념의 윤곽이 잡힐 것으로 본다.

이 책의 출판은 부산광역시 문화재단의 지원에 의해 이루어졌음을 밝혀둔다. 작년의 제66회 부산광역시 문화상 수상자들에게 지급된 연구창작활동 지원금으로 『시민 교양 강좌 헌법』 I, II가 세상에 빛을 보게 되었기에 부산광역시와 부산광역시 문화재단에 감사의 뜻을 전한다.

　끝으로 이 책의 기획 및 편집·교정 작업에 정성을 다해준 미디어줌 출판사 박미화 대표와 직원 여러분께 고마움을 표한다.

2024. 9. 부산 남구 용호동 서재에서

저자 씀

제1장
권력구조의 기본이념과 대의제 원리

제2장
대의제의 구성요소로서 선거제도

제3장
대의제 민주주의와 정당제도

제4장
정부형태론

제1부 권력구조의 일반이론

제1장
권력구조의 기본이념과 대의제 원리

헌법과 권력구조

근대 입헌주의헌법 시대가 전개된 이래 각국의 헌법은 기본권보장과 권력구조라는 두 개의 구성 부분을 그 내용으로 한다. 헌법상 권력구조는 통치구조라고도 불리는데, 이는 국가권력의 구성과 작용에 관한 기본사항을 정하고 있는 것으로, 국가적 조직의 기본법을 의미하는 헌법은 반드시 국가의 통치구조를 필수적인 요소로 규율하게 된다. 권력구조 또는 통치구조란 국가의 통치권을 행사하는 통치기구를 어떻게 구성하고 통치기구를 구성하는 개개의 국가기관에 어떠한 권한을 부여하며 국가기관 상호 간의 관계를 어떻게 설정할 것인가에 관한 포괄적 개념을 의미한다고 할 수 있다.

입헌주의헌법의 성립 이후 각국 헌법의 권력구조는 헌법의 이념으로서 국민의 기본권보장과 불가분의 관계에서 이해되고 있다. 오늘날 민주국가 헌법의 권력구조는 국민주권의 원리를 이념적 기초로 하여 인간의 존엄성 존중을 핵심적 내용으로 하는 국민의 기본권보장을 실현하기 위한 국가권력의 기능적·제도적 메커니즘을 의미하게 된다. 그러므로 헌법상 통치구조는 국민의 기본권적 가치와 유리될 수 없는 기본권 실현의 수단적 의의와 기능을 갖는다.

이러한 기본권 실현을 기본이념으로 하는 권력구조는 당연히 기본권에 기속되어야 한다. 즉 국가권력은 자기목적적인 것이 아니라 기본권 실현의 수단에 지나지 않으므로 모든 국가권력이 기본권에 기속되어야 한다는 기본이념이 실현될 수 있도록 하는 제도적 장치를 확보하는 것이 중요하다. 따라서 자유민주적 통치질서 내에서의 모든 권력행사는 기본권적 가치의 실현에 초점을 맞추어야 한다. 이와 관련하여 우리 헌법 제10조 제2문에서도 "국가는 개인이 가지는 불가침의 기본적 인권을 확인하고 이를 보장할 의무를 진다"라고 규정하고 있는데 이러한 국가의 기본권보호의무조항도 국가권력이 기본권실현의 수단임을 전제로 하는 것이다.

한편 민주국가에서의 권력구조는 민주공화제라는 국가체제의 유지·강화를 실현하기 위한 수단이며 제도적 장치를 의미한다. 우리 헌법 제1조 제1항이 "대한민국은 민주공화국이다"라고 규정하고 있는 것도 우리 헌법의 통치구조가 민주공화국이라는 국가공동체의 기본체제를 수호하기 위한 수단으로서 기능해야 한다는 것을 의미한다. 이와 같이 권력구조를 통해 실현하려는 이념과 목표는 국민의 기본권 보장의 실현뿐만 아니라 동시에 민주공화제라는 국가체제를 유지하는 데에 있다. 우리 헌법이 규정하고 있는 국가형태로서 민주공화국은 기본권 보장체계가 형성되고 존립할 수 있는 제도적 기반이 되는 것이기 때문이다.[1]

권력구조의 기본이념

국가권력은 기본권에 기속되어야 한다

오늘날 자유민주주의 국가의 통치구조는 국민적 합의에 바탕을 둔 기본권적 가치의 실현을 위해 존재하는 것이므로 모든 국가권력, 즉 통치권의 행사는 언제나 기본권에 기속(羈束)되어야 한다는 국가권력의 기본권기속성(基本權羈束性)을 이념으로 한다. 이는 국가의 통치구조가 기본권 실현을 통한 사회통합을 위하여 구성된 헌법상의 기능적·제도적 장치라는 관점에서 볼 때 당연한 논리적 귀결이다. 국가권력의 기본권기속성의 원리에 따라 모든 통치권의 행사는 기본권 실현의 수단에 불과하다는 것을 의미하며, 따라서 통치권의 행사는 절대로 '자기목적적'(自己目的的)일 수 없는 것이다.[2] 여기서 국민과 국가와의 관계에서 볼 때 국민 개개인은 어떠한 경우에도 국가목적을 위해 존재하는 수단일 수 없기 때문에 전체주의국가는 부정되는 것이다. 헌법재판소의 판례도 "모든 국가작용은 국민의 기본권적 가치를 실현하기 위한 수단이라는 한계를 반드시 지켜야 한다"고 판시하여 국가권력의 기본권기속성을 강조하고 있다(헌재 1996. 2. 29. 93헌마186).

국가권력의 민주적 정당성과 절차적 정당성

민주주의 국가에 있어 기본권 보장의 실현과 민주공화제의 유지라는 두 가지 목표를 실천하기 위한 통치구조와 국가권력은 민주적 정당성을 구비하여야 한다. 국가권력의 민주적 정당성(demokratische Legitimation)의 요구는 모든 통치권의 창설과 그 행사가 국민적 합의에 바탕을 두어야 정당화된다는 것을 의미한다. 또한 통치기관의 헌법적 권한이 그 기관이 바탕으로 하고 있는 민주적 정당성의 크기와 일정한 균형관계를 유지하지 못하는 경우에는 통치권의 참된 민주적 정당성은 인정하기 어렵게 된다. 통치기관의 선출 방법과 그 통치기관에 주어지는 헌법적 권한 사이에는 불가분의 상관관계가 성립될 수밖에 없다. 예컨대 직선제에 의해 선출된 대통령과 간선제로 선출된 대통령의 권한이 같을 수 없는 이유는 직선 대통령의 민주적 정당성이 간선 대통령보다 크기 때문인 것이다. 민주적 정당성의 구현 방법으로는 선거제도, 국민투표, 정당활동의 자유, 표현의 자유 및 헌법기관의 구성에 국민대표기관인 국회의 관여를 인정하는 것 등을 들 수 있다.

　　민주적 정당성이 확보된 국가권력이라 하더라도 국가권력은 그 자체의 힘의 행사를 본질로 하기 때문에 권력의 남용과 악용이 불가능하도록 통치권에 대한 합리적이고 효율적인 통제수단을 마련함으로써 통치권의 행사가 그 행사의 방법과 과정에 있어서도 정당성을 가질 수 있어야 한다. 즉 국가권력의 기본권기속성의 요청은 통치권행사의 방법과 과정이 절차적 정당성을 가질 수 있도록 권력통제에 관한 적절한 제도적 장치를 확보하는 경우에만 비로소 그 실효성을 기대할 수 있다.

　　통치권의 절차적 정당성을 확보하기 위해서는 권력분립제와 법치주의의 실현이 전제되어야 하며, 헌법재판제도에 의한 권력통제가 중요한 수단이 된다. 또한 헌법기관의 임기차등제(대통령 임기 5년, 국회의원 임기 4년, 대법원장과 대법관 임기 6년)에 의한 존립기반적 독립성 보장도 권력통제적 기능을 수행하는 제도적 장치로 이해할 수 있다. 권력분립제는 입법권·행정권·사법권으로 분리된 국가권력 상호 간의 견제와 균형을 통한 기본적 권력통제장치를 의미하며, 법치주의는 모든 국가작용은 법에 의해 이루어져야 한다는 '법의 지배'(rule of law)의 원리로서, 국가의 통치권은 국민의 대표기관인 의회가 제정한 법률에 근거하거나 법률에 의해 행사되도록 함으로써 국민의 자유와 권리를 보호하는 것을 목적으로 한다. 헌법재판제도는 위헌법률심판, 탄핵심판, 헌법소원심판 등을 통하여 통치권의 기본권기속성과 절차적 정당성을 확보하기 위한 권력통제의 주요한 수단이 된다.

권력구조의 구성원리로서 대의제 원리

헌법상 권력구조는 국민주권의 원리를 이념적 기초로 하고 있다. 국가의사를 결정하는 최고의 권력이 국민에게 있다는 국민주권 내지 주권재민(主權在民)의 원리는 국가권력의 원천이 국민이요, 국가권력의 정당성의 근거가 국민에게 있다는 민주국가 헌법의 최고원리를 의미한다. 국민주권원리에 있어서 주권의 주체인 국민이 직접 모든 국가의사나 국가정책을 결정하는 것은 사실상 불가능하므로 국민주권원리를 구현할 수 있는 기술적 방법이나 제도적 장치가 필요하게 되는데, 그것이 바로 간접민주제 내지 대의제의 방식을 의미한다.

대의제(representative system) 또는 국민대표제의 원리란 주권자인 국민이 직접 국가의사를 결정하지 아니하고 국민에 의해 선출된 대표자를 통해 간접적으로 국가의사나 국가정책을 결정하는 통치구조의 구성원리를 말한다. 국민주권원리를 구현하기 위한 이상적인 제도는 주권자와 통치자가 동일체라야 한다는 동일성원리의 요청과 민주적인 국가 의사결정이라는 요청을 동시에 만족시켜 주는 직접민주제라고 할 수 있으나, 대부분의 현대국가는 현실적인 여건상 간접민주제의 방식인 대의제를 채택하고 있다.

근대적 의미의 대의제도의 성립은 영국의 의회제도에서 비롯되었으며, 특히 18세기 후반 버크(E. Burke)의 정치사상에 기초하여 근대적 대의제원리가 확립되었다고 할 수 있다. 그의 대의제이론에 의하면 의원 개개인은 그 선거구의 유권자만을 대표하는 것이 아니라 전체 국민을 대표하는 것이며, 의원은 그 선거구민의 지시에 따라 행동하는 것이 아니고 그의 독자적인 판단에 의해 행동한다는 것을 의미하였다. 프랑스는 시민혁명을 계기로 하여 시에예스(E. J. Sieyes)의 국민주권이론과 대의제사상을 바탕으로 대의제가 성립되었으며, 1791년 프랑스혁명헌법은 대의제를 채택하고 직접민주주의를 배척하였다.

대의제 원리의 본질로서 자유위임의 원칙

대의제는 국가의사나 정책을 결정하는 국가의사결정권과 그 국가의사결정권을 행사하는 자를 선정하는 국가기관구성권을 분리하여 전자는 국민의 대표기관에 부여하고, 후자는 국민의 권리로서 보장한다. 대의제 원리에서는 국민이 통치기관을 결정하고 구성한다는 점에서 국민주권원리를 구현하고 있으며, 국가기관의 통치권력에 민주적 정당성을 부여하게 된다.

대의제의 원리에 있어서 본질적 요소는 국민의 대표자가 직무를 수행함에 있어 자신을 선출한 국민의 지시나 명령에 구속되지 아니하고 오로지 자기의 양심에 따라 자유로운 지위에서 독립하여 행동한다는 것이다. 국회의원은 그를 선출한 선거인만의 대표가 아니라 전 국민의 대표를 의미하기 때문에 선거인의 국회의원에 대한 주권행사의 위임은 명령적 위임 내지 강제위임이 배제되는 '자유위임'을 원칙으로 한다. 이것을 '강제위임금지의 원칙'이라고도 하며, 이러한 의원과 선거인의 관계를 '자유위임의 관계'라고 한다. 자유위임의 관계에서 국민으로부터 주권의 행사를 위임받은 의원은 전체 국민의 대표자로서 대의기관의 의사결정에 참여하게 된다. 여기에서 의원은 유권자의 현실적 의사, 즉 '경험적 국민의사'에 구속되지 않고 자유로운 지위에서 자율적으로 활동하게 되는 것이다. 그렇지만 대의기관이 자유위임의 지위에 있다 하더라도 국민의 의사를 존중하여야 하며, 이 경우 국민의 의사는 국민 전체의 이익을 지향하는 것으로서의 이념적·객관적 의사이며 '추정적 국민의사'를 의미한다.[3]

대의제는 국민에 의해 선출된 대표자가 국민을 대신하여 국가의 사를 결정한다는 대의(代議) 기능과 함께 대표자의 합의 과정을 거쳐 국가의사를 결정한다는 합의(合議) 기능을 가진다. 대의제의 합의 기능은 이성적 토론이 전제된 다수결원리를 존중하는 정치문화를 신장시키는 데 기여한다. 또한 대의제는 대표 선출을 위한 선거를 필수적인 제도로 하기 때문에 민주적인 선거제도의 발전에 기여하고 책임정치를 구현하는 데 기여한다. 그리고 현대의 다원화되고 분업화된 산업사회에 있어서 대의제는 전문가 엘리트 민주주의를 실현하는 기능을 수행하는 점을 부정하기 어렵다. 다만 대의제의 지나친 엘리트화는 국민과의

거리를 넓히게 되어 대의제가 변질되는 위험성이 있으므로 항상 국민과의 근거리를 유지하는 것이 요구된다. 그 밖에 대의제는 사회공동체의 다양한 의사의 통합을 촉진시키는 통합기능을 수행한다.

대한민국헌법과 대의제 원리

우리 헌법은 국민 대표에 의한 간접민주제 원칙을 직접 규정한 명문 조항은 없지만 의회주의를 핵심으로 하는 간접민주제적 대의제를 통치기구의 기본으로 삼고 있다. 헌법 제1조의 국민주권원리 조항을 비롯하여 국민대표기관인 국회의 입법권과 국회의원선거조항(제40조, 제41조), 국가원수이며 행정권의 수반인 대통령과 대통령선거조항(제66조, 제67조), 대의제 구성을 위한 국민의 선거권(제24조)과 공무담임권의 보장(제25조) 등은 국민 대표제의 헌법적 근거조항이 되고 있다.

이러한 국민주권의 원리와 대의제 민주주의에 기초한 국회의원의 국민 대표성과 자유위임 내지 무기속위임의 원칙에 관한 헌법적 근거로는 현행 헌법 제46조 제2항에 "국회의원은 국가이익을 우선하여 양심에 따라 직무를 행한다"고 규정하고 있는 것을 비롯하여, 제7조 제1항의 공무원의 "국민 전체에 대한 봉사자"로서의 지위, 제45조의 국회의원의 면책특권에 관한 규정도 국회의원의 국민 대표성과 자유위임의 원칙을 전제로 한 것으로 해석되고 있다.[4] 나아가 「국회법」은 제114조의2에 "의원은 국민의 대표자로서 소속 정당의 의사에 기속되지 아니하고 양심에 따라 투표한다"라고 하여 자유위임에 입각한 자유투표의 원칙을 선언하고 있다.

대의제 원리에 관한 헌법재판소 판례를 보면, 당론과 다른 견해를 가진 소속 국회의원을 당해 교섭단체의 필요에 따라 다른 상임위원회로의 전임(사·보임)하는 조치는 특별한 사정이 없는 한 헌법상 용인될 수 있는 "정당 내부의 사실상 강제"의 범위 내에 해당한다고 하여 자유위임의 원칙에 반하는 것이 아니라고 판단하고 있다. 즉 국회의원의 원내활동을 기본적으로 각자에 맡기는 자유위임은 자유로운 토론과 의사형성을 가능하게 함으로써 당내민주주의를 구현하고 정당의 독재화 또는 과두화를 막아주는 순기능을 갖는 것이나, 자유위임은 의회 내에서의 정치 의사 형성에 정당의 협력을 배척하는 것이 아니며 의원이 정당과 교섭단체의 지시에 기속되는 것을 배제하는 근거가 되는 것도 아니라고 한다(헌재 2003. 10. 30. 2002헌라1). 그러나 이러한 헌법재판소의 소극적 태도는 대의제원리와 자유위임원칙의 중요성보다 정당국가적 현실에서의 의원에 대한 정당 기속의 불가피성을 강조하는 것으로 문제가 있다고 하겠다. 생각건대 헌법규범상 대의제원리와 자유위임의 원칙은 정당국가적 현실에서 의원의 정당 기속에 우선하는 효력을 갖는 것이 당연하며, 특히 정당의 당내민주주의가 일천한 우리나라의 경우 의원에 대한 정당 통제의 확대는 정당국가라는 부차적 명분을 내세워 '자유위임에 따른 국민 대표성의 구현'이라는 대의제 민주주의의 헌법원리를 침해하게 되는 문제점을 간과하고 있다고 할 것이다.[5]

국회의원 임기 만료일 전 180일 이내에 비례대표의원에 결원이 생긴 때에는 정당의 비례대표 국회의원 후보자명부에 의한 의석승계를 인정하지 않는 「공직선거법」 규정은 결과적으로 그 정당에 비례대표 국회의원 의석을 할당받도록 한 선거권자들의 정치적 의사 표명을 무시하고 왜곡하는 결과가 되어 국민주권원리 내지 대의제 민주주의

원리에 부합되지 않는다고 판시하였다(헌재 2009. 6. 25. 2008헌마413). 또한 비례대표 국회의원 당선인이 선거범죄로 인하여 당선무효로 된 때 당선인 본인의 의원직 박탈에 그치지 않고 그로 인하여 궐위된 의석의 승계를 후순위 후보자에게 인정하지 아니하는 「공직선거법」 제200조 제2항 단서 규정은 결과적으로 그 정당에 비례대표 국회의원 의석을 할당받도록 한 선거권자들의 정치적 의사 표명을 무시하고 왜곡하는 결과를 초래한다는 점에서 헌법의 기본원리인 대의제 민주주의 원리에 부합되지 않는다고 판시하였다(헌재 2009. 10. 29. 2009헌마350등).

현행 헌법은 또한 대의제의 원칙에 대한 예외로서 직접민주제 요소를 도입하고 있다. 그것은 헌법 개정안에 대한 국민투표제(제130조 제2항) 및 대통령이 부의한 국가안위에 관한 중요정책에 대한 국민투표제(제72조)의 두 가지 경우에만 직접민주제를 인정하고 있다. 그리고 「지방자치법」상의 주민투표제(동법 제14조)와 주민소환제(동법 제20조)의 도입도 직접민주제의 채택을 의미한다.

현행 헌법상 권력구조의 문제점

민주적 정당성의 취약성 문제

현행 헌법은 1972년 유신헌법에 의해 폐지되었던 대통령직선제를 부활시킴으로써 기본적으로 민주적 정당성을 확보하고 있다. 그러나 그 직선제의 내용은 상대다수대표선거제(제67조 제2항, 제3항)를 규정함으로써 유권자의 과반수에도 미치지 못한 소수의 지지만으로도 대통령에 당선될 수 있도록 하고 있다. 이러한 상대다수대표선거제는 결선투표제를 채택하고 있지 않기 때문에 대통령 후보가 난립하는 경우 민주적 정당성이 취약한 '소수파 대통령'(minority president)이 출현할 수 있다. 실제로 1987년 직선제 개헌 이후 그동안 8회에 걸친 대통령선거에서 50% 이상의 득표율로 대통령에 당선된 후보는 한 사람밖에 없었으며 그 외의 모든 후보는 과반수에 못미치는 득표로 대통령에 당선되었다.[6]

이러한 소수파 대통령의 출현을 막기 위해서는 프랑스와 오스트리아 등의 대통령선거제도에서 채택하고 있는 결선투표제와 절대다수대표선거제를 도입하는 것이 바람직하다고 할 수 있다. 다만 미국의 경우처럼 양당제의 정당정치가 확립된다면 현행의 상대다수대표선거제 하에서도 과반수 득표자가 쉽게 나올 수 있으므로 민주적 정당성의 문제는 해결될 수 있다.

그리고 우리 헌법의 대통령제는 단임제를 채택하고 있는 것이 특징이다. 이러한 단임제는 국민에 의해 직접 선출된 대통령이 국민에 대해 정치적 책임을 지게 된다는 대통령제의 본질적 원리에 반하는 문제가 있다. 대통령 중임제의 경우 재선 과정을 통해 국민의 의사에 따른 정치적 책임을 지는 기회가 부여된다는 점에서 미국형 대통령제와 같이 중임을 허용하는 제도가 직선제의 본질적 요청에 부합된다고 할 수 있다.

또한 우리의 대통령제가 미국형 순수 대통령제와 구별되는 점은 부통령제를 채택하지 아니하고 국무총리제를 두고 있다는 것이다. 대통령의 사고나 궐위 시의 국무총리 또는 국무위원에 의한 대통령 권한대행제도(제71조)는 국민이 직접 선출하지 않은 국무총리 등이 사실상 대통령직을 수행하는 것으로 민주적 정당성의 취약성이 문제될 수 있다. 이 점에서는 미국의 경우처럼 국민에 의해 선출된 부통령이 대통령직을 승계하거나 권한대행을 하는 제도가 합리적이라고 할 것이다. 이와 관련된 개헌논의에 있어서는 현행 대통령제와 국무총리제를 미국형 정부통령제로 바꾸자는 주장이 있다.[7]

권력 통제의 실효성 확보 문제

현행 헌법은 헌법재판제도를 도입하여 위헌법률심판, 탄핵심판, 권한쟁의심판, 헌법소원심판 등을 통해 강력한 권력 통제기능을 수행하고 있다. 그러나 우리나라 헌법재판제도의 핵심적 요소에 해당하는 위헌법률심판제도(제107조 제1항)는 '구체적 규범 통제' 제도를 의미하는 것으로서 일반적으로 추상적 규범 통제가 허용되지 않기 때문에 헌법재판제도의 불완전성이 지적될 수 있다.[8] 또한 헌법소원제도에 있어서 법원의 재판을 헌법소원의 대상에서 제외하고 있는 것(「헌법재판소법」 제68조 제1항)도 문제가 될 수 있다. 이러한 규범 통제와 헌법소원제도의 불완전성은 통치권행사의 절차적 정당성 확보에 문제가 있음을 의미한다.

헌법은 권력분립원리에 기초한 국회의 행정부 통제기능으로 국회는 국무총리 또는 국무위원의 해임을 대통령에게 건의할 수 있다고 규정(제63조 제1항)하고 있으나, 이러한 해임건의권은 법적 구속력을 갖지 아니하며, 행정부의 기관 내적 통제장치로서 국무회의의 심의(제88조 제1항)와 부서제도(제82조) 등도 실질적인 통제기능을 기대하기 어렵다.

그리고 오늘날의 정당국가적 민주주의의 현실에 있어서 대통령 소속의 집권당이 동시에 국회의 다수당을 점하는, 이른바 '여대 야소'(與大野小)의 경우에는 헌법상 권력분립원리에 입각한 국회의 행정 통제 기능은 형식적인 것에 불과하다. 반면에 대통령선거에서 정권교체가 이루어지게 되더라도 집권당이 의회의 다수당이 되지 못하는 '여소 야대'의 경우에는 야당의 정부·여당에 대한 견제기능이 강화되는 긍정적인 측면이 있으나, 그 역기능으로 의회와 정부 간의 첨예한 대립과 충돌로 국정의 안정과 효율적인 운영을 기대할 수 없게 되는 문제점이 지적된다.

권력 간의 견제장치의 균형성 문제

현행 헌법은 1980년 헌법에 비해 국회의 권한을 강화하여 국정조사권과 함께 국정감사권(제61조)을 인정하고 있는 것이 특징이다. 국정감사권은 외국의 입헌례를 찾기 어려운 제도로서 매년 정례적으로 국정 전반에 대한 포괄적 조사활동을 통해 국회가 행정부에 대한 강력한 통제기능을 행사할 수 있으나, 다른 한편 국정감사가 과다한 감사대상 기관의 선정 등에 따른 행정의 마비와 비효율적인 감사 등의 역기능이 문제점으로 지적되고 있다.[9]

또한 우리 헌법상의 정부형태가 기본적으로 엄격한 권력분립을 전제로 하는 대통령제 정부형태를 취하면서 의원내각제적 요소에 해당하는 국회의 국무총리 및 국무위원 해임건의권(제63조)을 인정하는 것은 사실상 대통령을 기속하게 되어 국회의 정부에 대한 통제기능이 편중적으로 강화되는 것이 아닌가의 문제가 제기될 수 있다. 특히 집권당과 국회의 다수당이 일치하지 않는 '여소 야대'의 분점정부 내지 분열정부(divided government)현상이 출현하게 되면 이러한 국회의 강력한 행정통제장치는 오히려 정국의 마비와 교착상태를 가져오게 되는 문제가 지적될 수 있다.

한편 대통령은 국회의 동의를 얻어 대법원장과 대법관을 임명(제104조 제1항, 제2항)하도록 하여 간접적으로 사법부 구성의 민주적 정당성을 확보하고 있으나, '여대 야소'의 경우 대통령의 강력한 영향력은 사법부의 독립을 기대하기 어렵게 한다. 헌법재판소의 구성에 있어서도 재판관 9인은 대통령이 임명하는데 그중 3인은 국회에서 선출하는 자를, 3인은 대법원장이 지명하는 자를 임명하는 방법(제111조 제2항, 제3항)은 헌법재판소의 독립성 관점에서 문제가 될 수 있다.

주

1) 권영성, 『헌법학원론』, 법문사, 2010, 729~730면.

2) 허영, 『한국헌법론』, 박영사, 2009, 623면.

3) 대의제원리에 관한 상세한 내용은 정종섭, 『헌법학원론』, 박영사, 2014, 905면 이하 참조.

4) 헌법재판소도 자유위임의 원칙과 관련하여 "헌법 제7조 제1항, 제45조, 제46조 제2항의 규정들을 종합하면 헌법은 국회의원을 자유위임의 원칙하에 두었다고 할 것이고"라고 판시하고 있다(헌재 1994. 4. 28. 92헌마153).

5) 정만희, '국회의원의 정당기속과 자유위임', 「헌법재판연구」 제2권 제1호, 헌법재판소 헌법재판연구원, 2015, 117면 이하.

6) 1987년 12월 제13대 대선에서 노태우 후보가 36.6% 득표로 당선되었고, 1992년 김영삼 후보가 41.4%, 1997년 김대중 후보가 39.7%, 2002년 노무현 후보 48.5%, 2007년 이명박 후보 48.7%, 2012년 박근혜 후보 51.6%, 2017년 문재인 후보 41.1%로 당선되었으며, 2022년 제20대 대선에서는 윤석열 후보가 48.56% 득표로 대통령에 당선되었다.

7) 정부형태에 관한 개헌논의에 있어서 국무총리의 대통령권한대행의 문제점을 해결하기 위하여 미국형의 부통령제를 도입할 필요가 있다는 주장은 일견 설득력이 있어 보인다. 국민에 의해 선출되지 않은 국무총리에 의한 '대통령권한대행제도'보다는 대통령과 함께 국민에 의해 선출된 부통령이 대통령직을 승계 또는 대행하는 것이 바람직하다는 논리는 타당하다고 할 수 있다. 그러나 미국의 부통령제 그 자체도 미국 헌법 시행 이래 그 제도와 운용의 실제에 있어서 적지 않은 문제점을 노정해 왔음을 볼 때 부통령제를 도입하는 데는 신중을 기해야 할 것이며, 심도 있는 연구·검토가 필요하다고 본다. 이에 관해서는 정만희, '정부형태에 관한 헌법개정의 방향', 「헌법학연구」 제14권 제4호, 2008, 285~289면.

8) 국회 입법권의 행사로 법률이 제정되고 그 법률의 위헌 여부가 문제 될 때 헌법재판소가 이를 판단함으로써 규범 통제가 이루어지는데, 우리나라 제도는 법률의 위헌 여부가 구체적 사건에서 '재판의 전제'가 될 때 비로소 그 위헌 여부를 심판할 수 있으므로, 이를 '구체적 규범 통제'라 한다. 이에 관해서는 후술하는 제4부 2장 '헌법재판소'의 관련 부분 참조.

9) 상세한 내용은 정만희, '국정감사제도의 재검토', 「공법학연구」 제10권 제1호, 2009, 133면 이하 참조.

제2장
대의제의 구성요소로서 선거제도

국가기관의 구성방법으로서 선거제도

선거제도는 헌법상 국민주권의 원리에 기초한 대의제 원리의 구성요소이며 대의제를 실현하는 수단을 의미한다. 대의제 민주주의에 있어 선거는 국가기관을 구성하는 방법이며, 국민의 국가적 의사형성에 결정적인 영향을 미치는 제도이다. 선거는 국민의 대표자를 선출하는 방법이지만, 국가의사를 결정하는 국민의 대표자를 주권자인 국민의 자유로운 의사를 통해 선출함으로써 국가기관과 그 권한에 '민주적 정당성'(demokratische Legitimität)을 부여하는 기능을 수행한다. 선거가 유권자의 자유로운 의사에 의하여 정당하게 수행되지 않으면 민주국가에 있어서 공권력의 정당화의 근거는 상실되고, 국가의 통치는 단지 실력적 지배를 의미할 뿐이다. 선거는 또한 그 선거과정을 통하여 국민의 정치적 의사가 표현되고, 정치적 기본권이 행사됨으로써 국민의 정치참여를 실현하는 기능을 수행한다. 또한 선거를 통해 국민은 의회와 행정부에 대한 정치적 통제기능을 수행하며 평화적 정권교체가 이루어지게 함으로써 민의(民意)에 의한 정치를 가능하게 한다. 그러나 선거가 공정하지 못하고 부정선거와 금권·타락선거로 전락하게 되면 선거는 폭력적 지배와 금권정치를 정당화시켜 주는 도구에 불과할 뿐이다.

우리 헌법은 대의제 원리의 필수적 구성요소로서 선거제도를 보장하고 있다. 헌법 제41조 제1항과 제67조 제1항은 국회의원선거와 대통령선거에서 보통·평등·직접·비밀선거의 원칙을 규정하고 있으며, 헌법 제116조 제1항은 선거운동의 기회균등을 보장하고 있고, 동조 제2항은 선거공영제를 보장하고 있다. 이러한 선거제도의 헌법적 보장은 국가권력에 의해서 제도의 본질을 훼손하거나 침해할 수 없다는 것을 의미하며, 법률로써 선거제도의 구체적인 내용을 자유로이 형성할 수 있다고 하더라도 그 본질을 훼손하지 않는 범위 내에서 입법 형성의 자유가 보장되는 것을 의미한다. 따라서 선거의 기본원칙을 침해하는 입법은 허용될 수 없으며, 선거운동의 기회균등 보장과 선거공영제의 헌법정신이 훼손되는 법률도 입법 형성의 자유의 한계를 벗어나는 것으로 허용될 수 없다.

선거의 법적 의미

선거의 법적 의미는 선거인단을 구성하는 국민의 다수인이 그 협동행위에 의하여 공무원을 선정하는 행위라고 정의할 수 있다. 국회의원선거의 경우, 선거란 국민의 다수인이 전체로서 선거인단을 구성하여 의원의 전체를 선정하는 것이므로 그것은 '선거인단'이라는 국가기관에 의하여 의원이라는 국가기관을 창설하는 행위를 의미한다. 헌법 제41조는 "국회는 국민의 보통·평등·직접·비밀선거에 의하여 선출된 국회의원으로 구성한다"라고 규정하고 있는데, 이때 국회의원은 그를 선출한 선거인 또는 선거구의 대리인이나 수임자가 아니고 전체 국민의 대표자로서의 지위를 갖는 것을 의미한다. 선거인에 의해 선출된 국회의원은 그를 선출한 선거인의 명령이나 지시에 구속되지 않고 전체 국민의 대표자로서 자유로운 지위에서 국가의 의사결정에 참여하게 된다. 이러한 원리는 중세의 등족회의의 대표 관계를 의미하는 강제위임의 관념을 부인하는 것으로, 근대 의회제의 원리로서 이른바 자유위임 내지 무기속위임의 관념을 도입한 것이다. 따라서 국회의원은 선거인의 명령이나 지시에 구속되지 않고 전 국민 대표자의 지위에서 오로지 자기의 양심에 따라 자유롭게 활동하게 된다.

국민이 대표자를 선출하는 행위는 국민이 갖고 있는 주권 그 자체를 대표자에게 위임하는 것이 아니라 단지 주권의 행사를 위임하는 데 불과하고, 주권은 국민 전체에 속하는 불가분의 것이므로 주권 행사에 있어서도 개개인이 개별적으로 위임하는 것이 아니라 전체 국민이 의원 전체에 위임하는 것을 의미한다. 이것은 근대적 의미의 대표 관계를 특징 짓는 것으로서 전체 국민에 의해 의회 전체에 부여된 주권 행사의 집합적 위임을 뜻하는 것이다.

선거의 기본원칙

보통선거의 원칙

헌법은 제41조 제1항과 제67조 제1항에 선거제도의 기본원칙으로 보통·평등·직접·비밀선거의 원칙을 규정하고 있다. 보통선거의 원칙은 제한선거에 대응하는 개념으로 일정한 연령에 달한 모든 국민은 원칙적으로 선거에 참여한다는 것을 의미한다. 즉 보통선거란 재산·신분·인종·종교·성별·교육 등을 요건으로 하지 아니하고 일정 연령에 달한 모든 자에게 선거권을 인정하는 제도를 말한다.

보통선거의 원칙은 평등선거의 원칙과 함께 일반적 평등원칙과의 관계에서 볼 때 특수적 평등원칙으로서의 의의를 갖는다. 즉 일반적 평등원칙은 동일한 조건에서는 동일하게 취급하고 다른 조건에서는 다르게 취급하는 상대적 평등을 의미하지만, 보통·평등선거의 원칙은 국민 개개인의 속성으로 갖고 있는 각자의 차이에 관계 없이 원칙적으로 모든 국민에게 선거권을 보장하는 '절대적 평등'을 의미한다.

보통선거에서 선거권 연령을 몇 세로 할 것인가의 문제는 입법자가 그 나라의 역사, 전통과 문화, 국민의 의식수준, 교육적 요소, 미성년자의 신체적·정신적 자율성, 정치적·사회적 영향 등 여러 가지 사항을 종합하여 결정하는 것이므로 그것은 입법자의 입법목적 달성을 위한 선택의 문제이고, 입법자가 선택한 수단이 현저하게 불합리하고 불공정한 것이 아닌 한 재량에 속하는 것이라 할 수 있다. 우리나라의 경우 「공직선거법」은 선거연령을 2005년부터 '19세 이상'으로 규정해 왔으나, 2019년 12월 법률 개정으로 '18세 이상'으로 낮추게 되었다.

평등선거원칙과 투표가치의 평등

평등선거는 차등선거에 대응하는 개념으로 선거권의 행사와 내용에 있어서의 평등을 의미한다. 즉 평등선거의 원칙은 모든 유권자는 개개인이 똑같은 수의 표를 행사하고, 그 투표가치도 평등해야 한다는 '1인 1표'(one person, one vote)와 '1표 1가'(one vote, one value)의 원칙을 말한다. 그러나 오늘날 투표가치의 평등과 관련하여 문제가 되는 것은 선거구획정에 따른 각 선거구간의 투표가치에 대한 평등문제이다. 즉 선거구획정으로 선거구간의 인구불균형이 지나치게 되면 선거구 주민의 1표의 가치가 다른 선거구의 1표에 비해 크게 저하되는 경우가 발생하게 된다. 이러한 불평등한 인구비례에 따른 선거구획정은 선거인의 투표가치의 평등을 침해하는 것으로, 이는 곧 평등선거의 원칙에 위배되는 것이다. 요컨대 평등선거의 원칙은 선거권을 행사하는 선거인이 다른 선거인과 평등하게 투표하는 것을 요구할 뿐만 아니라, 유효하게 투표된 한 표는 다른 한 표와 평등하게 평가되어야 한다는 것, 다시 말하면 각 표는 원칙적으로 다른 표와 동등한 능력 또는 동등한 영향력을 행사해야 하는 것을 요청한다. 그러나 현실적으로 선거구획정에 있어서 인구비례원칙에 따라 1:1의 기준만으로 선거구를 획정할 수 없으므로 입법자는 행정구역·지세·교통 등 여러 가지 정책적·기술적 요소를 고려하여 현실적인 인구 편차의 허용기준을 정할 수밖에 없다.

헌법재판소는 이 점에 관하여 국회의 선거구획정에 관한 입법 형성의 자유를 인정하면서도 그 한계를 명확히 제시하고 있다. 1995년 최초의 결정에서는 전국 선거구의 평균인구수를 기준으로 하여 상하

60%의 인구 편차를 허용기준으로 제시하였으며(국회의원 지역선거구 간 상한 인구수와 하한 인구수의 비율은 '4:1'), 이 허용기준 상하 60%의 편차를 초과할 때에는 위헌이라고 판시하였다. 2001년 결정에서는 그 합헌성의 기준을 보다 엄격히 하여 평균 인구수 기준 상하 50% 편차(인구수의 비율은 3:1)을 초과하게 되면 위헌이라고 하였다. 그 후 2014년 결정에서는 평균 인구수 기준 상하 33⅓% 편차(인구수의 비율은 2:1)를 넘는 선거구획정은 헌법에 합치되지 않는다고 판시하였다(헌재 2014. 10. 30. 2012헌마190등).

　　그러나 헌법재판소는 지방선거의 경우 시·도의회의원 선거구획정의 위헌 여부에 관하여 국회의원선거와 조금 다른 관점에서 선거구획정의 고려 요소를 감안하여 선거구간 인구 편차의 허용기준을 평균 인구수 기준 상하 60%(상한 인구수와 하한 인구수 비율 4:1)로 판단하고 있다. 즉 "시·도의원은 지방주민 전체의 대표이면서 지역 대표성도 겸하고 있고, 인구의 도시집중으로 인한 도시와 농어촌 간의 인구 편차와 각 분야에 있어서의 개발 불균형이 존재하는 우리나라의 특수성을 고려할 때 시·도의원의 선거구획정에 있어서는 행정구역 등도 인구비례원칙에 못지않게 함께 고려해야 할 필요성도 크다고 할 것이다"라고 판시하고 있다(헌재 2007. 3. 29. 2005헌마985등). 도시와 농어촌 간의 심각한 인구 불균형과 시·도의원의 강한 지역 대표성을 고려할 때 국회의원선거와 지방선거에 있어 선거구획정의 고려 요소와 인구 편차의 허용기준에 차이를 두는 헌법재판소의 입장은 타당하다고 본다.

직접선거와 비밀선거

　　직접선거는 간접선거에 대응하는 개념으로 선거인이 직접 대표자를 선출하는 제도를 말한다. 간접선거는 일반선거인이 직접 대표자를 선출하지 아니하고 일반선거인에 의해 선출된 중간선거인의 투표에 의해 대표자를 선출하는 것을 말한다. 간접선거제의 근저에는 전통적으로 우민(愚民)사상이나 대중 불신이 자리잡고 있었던 것이나, 오늘날 교육보급의 고도화, 평등주의사상의 보급, 매스컴의 발달 등에 의해 대중의 지적 수준과 사회참가가 향상됨에 따라 간접선거제는 그 근거를 상실하게 되었다. 특히 정당의 발달로 후보자에 대한 일반유권자의 판단이 가능해짐에 따라 19세기 후반부터 간접선거제는 직접선거제로 전환하게 되었다.

　　비밀선거는 공개선거에 대응하는 원칙으로 선거인의 투표 내용을 누구에게도 공개하지 않는다는 원칙을 말한다. 선거인이 후보자를 자유롭게 선택하기 위해서는 투표 내용에 관한 지식을 본인에 한정할 필요가 있기 때문에 비밀선거의 원칙은 선거인이 누구에게 투표하였는가를 타인이 알지 못하도록 투표하는 것을 보장한다. 비밀선거의 원칙은 자유선거의 원칙과 밀접한 관련을 갖는 것으로 비밀선거는 '선거의 자유'의 제도적 보장이라 할 수 있다.

자유선거의 원칙과 선거운동의 자유

　　자유선거의 원칙은 근대 선거법의 기본원리의 하나로서 헌법상 명문 규정이 없더라도 국민주권과 의회제민주주의 원리 및 선거권에 관한 규정 등에서 당연히 인정되는 것이다. 자유선거의 원칙은 '선거의 자유'를 보장한다. 선거의 자유는 협의에 있어서는 선거인이 외부로부터 직접·간접의 강제 또는 부당한 압력을 받지 않고 선거권을 행사하는 투표의 자유를 보장한다. 광의에 있어서 선거의 자유는 선거 과정 총체에 있어서의 자유를 의미하며, 여기에는 입후보의 자유와 선거운동의 자유가 포함된다.

　투표의 자유는 국가기관과의 관계에서 보장되어야 하는 것은 물론이고 사인 간의 관계에서도 보장되어야 한다. 또한 투표의 자유는 후보자 선택의 자유뿐만 아니라 후보자 불선택의 자유도 보장하는 것으로, 이 점에서 강제투표제는 정당화되기 어렵다. 왜냐하면 기권에 의한 후보자 선택의 소극적 판단도 주권자의 의사표시라고 볼 수 있기 때문이다.

　광의의 선거의 자유에 있어서 입후보의 자유는 국민주권원리와 직결되는 피선거권의 행사로서의 측면에서 그 자유는 원칙적으로 보장되며 예외적으로 그에 대한 제한이 허용된다. 선거운동의 자유는 민주주의사회의 필요적 구성요소로서, 그것은 헌법상 주관적으로는 표현의 자유의 일환으로서, 객관적으로는 자유선거의 원칙의 타당 대상으로서 보장된다. 선거운동의 자유는 후보자에게는 그의 정견 등을 선거인에게 호소하는 수단이며, 선거인에게도 후보자의 선택을 판단하는 유력한 수단이 되므로 최대한 보장되어야 한다. 따라서 선거운동에 대한 법적 규제는 선거의 자유와 공정을 확보하기 위한 최소한의 범위 안에서 인정되어야 하며 선거운동의 지나친 규제는 자유선거의 원칙에 위배되는 문제가 제기될 수 있다.

선거법의 이념 : 선거의 자유와 공정의 실현

　　선거제도는 국민주권원리에 기초하여 국민의 자유로운 의사에 따라 국민의 대표기관을 구성하는 방법을 의미한다. 따라서 선거가 자유롭게 행해지지 않으면 그 선거의 민주적 정당성을 부여받을 수 없다. 또한 선거 과정은 공정하고 중립적인 기관에 의해 관리되어야 정당화될 수 있으므로 여기에 선거의 자유와 공정의 확보는 선거법제의 기본이념이며 목적이라 할 수 있다. 즉 선거는 원칙적으로 자유로운 선거운동을 통해서 행해져야 하지만, 동시에 실질적으로 모든 선거인, 후보자, 정당에 대해 선거운동을 평등하게 보장하기 위한 선거의 공정이 확보되어야 한다. 이를 위해서는 기본적으로 선거운동의 '기회균등'(equal chance)이 보장되어야 하며, 선거 과정의 모든 단계에서 엄격한 정치적 중립성이 준수되어야 함이 요구된다. 그리하여 권력이나 금력에 의한 불공정한 선거운동에 대하여 엄중한 제재를 가함으로써 이를 금지시키고 선거의 부패화를 실효적으로 방지할 수 있는 것이다. 말하자면 선거는 본래 자유로워야 하는 것이지만 동시에 그것은 공정하게 행해지지 않으면 안 되며, 그렇다고 해서 선거의 공정을 확보하기 위하여 선거운동의 규제가 선거운동의 자유를 본질적으로 침해하여서는 안 된다. 따라서 선거의 자유와 공정을 어떻게 조화롭게 실현시킬 것인가가 선거법의 과제라 할 수 있다.

　　민주적 선거제도에 있어서 선거의 자유는 국민의 자유로운 의사형성을 전제로 하는 것이므로 이 선거의 자유 없이 선거의 공정을 기대한다는 것은 무의미하므로, 선거의 자유의 가치는 선거의 공정의 가치에 우선하거나 적어도 그것과 동등한 지위에서 보장되지 않으면 안 된다고 할 것이다. 선거의 자유가 보장되는 헌법적 근거로는 국민주권의 원리와 대의제 민주주의, 참정권 보장을 들 수 있으며, 선거의 기본원칙 중 하나로서 자유선거의 원칙도 선거의 자유를 보장하는 헌법적 근거가 된다.

우리나라 헌법재판소는 선거의 두 이념으로서 선거의 자유와 공정을 인정하면서 자유와 공정의 두 이념이 슬기롭게 조화되어야 한다는 입장을 밝히고 있으나, 선거 관련 판례를 분석해 보면 선거의 자유보다 공정에 무게를 더 두고 선거 규제 입법의 합헌성 여부를 판단해 온 것이 아닌가 하는 의문이 없지 않다.

우리나라 선거법제의 특징과 문제점

선거제도는 대의제 민주주의를 실현하는 방법이며, 민주주의 성패를 가늠하는 척도가 된다. 한 국가의 선거제도의 내용과 실태는 그 나라의 민주주의 수준을 말해준다. 서구에서의 민주주의 선진국가들은 오래전부터 민주적이고 공정한 선거제도를 채택하여 민의에 의한 정치를 구현하는 데 노력해 왔다. 한편 전제주의 체제에서의 선거제도는 불법적 지배를 정당화하는 도구로 이용되고 있다. 우리나라도 광복 후 1948년 건국헌법의 제정과 함께 보통·평등선거제도가 도입되었으나 1960년 3·15 부정선거를 경험하기도 하였으며 금권선거의 폐해도 적지 않았다.

      우리나라 선거법제는 1990년대에 이르기까지 대통령선거, 국회의원선거, 지방선거를 별개의 선거법에 의해 규율하여 왔으나, 1994년 「공직선거 및 선거부정방지법」을 제정하여 앞선 별개의 선거법 체계를 단일 법률로 통합하였다(이 법률은 2024년 3월 「공직선거법」으로 명칭 변경되었음). 이 통합선거법은 선거법규를 모든 공직선거에 통일적으로 적용하도록 함으로써 선거관리에 있어서 일관성을 유지하도록 하였으며, 선거 부정 및 부패에 대한 제재를 강화하여 공명정대한 선거풍토를 정착시키기 위한 정치개혁 입법의 일환으로 제정되었다. 특히 이 법률은 선거비용 제한을 대폭 강화하여 각종 공직선거에서의 금권·타락선거를 방지하기 위하여 선거비용 지출액을 최소화하였다. 그러나 선거운동의 제한에 있어서는 종전의 포괄적 제한·금지 체제를 개별적 제한·금지 체제로 전환한 것 이외에는 여전히 선거운동의 자유를 엄격하게 제약하는 구조를 유지하고 있다.[1]

      우리나라 선거법제의 특질을 살펴보면, 그 제정 과정의 시대적 배경이나 그 외형적 형식 등에 있어서 몇 가지 특성이 발견된다. 건국 이후 우리의 선거법이 일본의 선거법제의 영향을 크게 받았음은 부인할 수 없는 사실이다. 일본의 전후 선거법은 1925년에 제정된 '보통선거법'의 토대를 그대로 유지한 채 제정되어 오늘에 이르고 있기 때문에 선거의 주체가 국민이 아니라 공권력이 주도하는 폐쇄적 선거체제가 잔존해 있으며, 따라서 유권자 및 후보자의 선거운동의 자유가 제한적인 범위 안에서 허용되는 것을 특색으로 한다. 이러한 선거운동의 제한은 서구 민주국가의 선거법제에서는 그 유례를 찾아볼 수 없는 일본만의 특유한 유형임을 의미한다.[2] 이와 같은 일본의 선거법제가 여과 없이 무비판적으로 우리나라에 계수된 것이 우리 선거법의 모체이며, 과거 우리의 권위주의 정치 체제하에서 이러한 비민주적이고 폐쇄적인 선거법은 권력자 입장에서도 유용한 법이었음을 부인하기 어렵다.

그리고 이러한 폐쇄적 선거법은 선거의 공정성 확보라는 명분하에 규제 일변도의 방향으로 갈 수밖에 없었으며 선거법상 제한 규정의 수가 늘어날 수밖에 없게 되었다. 그리하여 현재의 「공직선거법」의 조문수와 분량은 너무 방대하여 일반 유권자는 물론 후보자들조차도 선거법의 내용을 제대로 이해하기 어렵게 되어 있다. 국민의 정치생활을 규제하는 기본법인 선거법은 국민이 쉽게 이해하고 준수할 수 있도록 하는 것이 바람직하며, 그것이 입법자에게 요구되는 입법 방향이라 할 것이다. 선거법과 선거제도가 국민주권원리와 대의민주주의 원리에 입각하여 선거의 자유와 공정 확보를 기본이념으로 하는 것이지만, 우리나라 선거법제의 현실은 선거의 공정성 확보라는 명분하에 선거의 자유를 지나치게 제약해 온 것이 문제점으로 지적될 수 있다.

「공직선거법」상 선거권자의 자격

각급 공직선거에 참여할 수 있는 선거권자는 일정 연령(만 18세)에 달한 대한민국 국민이다. 외국인은 원칙적으로 선거권의 주체가 될 수 없다. 다만 외국인의 경우에도 법률에 의하여 한정적인 범위에서 지방선거의 선거권을 인정할 수 있다. 2005년 개정된 「공직선거법」은 지방의회의원 및 지방자치단체장 선거에서 외국인에 대하여도 영주권 취득 후 3년이 지나면 선거권을 인정하고 있다.

재외국민의 선거권제한 문제

해외거주자인 재외국민에게 투표권을 제한하는 것이 헌법에 위반되는지 여부에 관한 문제가 제기되어 왔다. 선거법상 해외 체류 국민에 대한 선거권은 1967년 제6대 대통령선거에서 최초로 인정된 바 있다. 당시 독일에 체류 중인 간호사, 광부들과 베트남전에 참전한 국군 등의 해외 체류 국민은 우편을 통해 투표에 참여하였다. 다만 해외 거주 영주권자는 제외되고 일시적 해외체류자에게만 선거권을 허용한 것이다. 이 해외 체류 부재자투표는 1972년 유신헌법 이후 폐지되었다.

1999년 헌법재판소는 국내에 주민등록이 안 된 재외국민의 선거권을 제한하는 「공직선거법」 규정이 합헌이라고 결정한 바 있으며, 주민등록이 되어 있는 해외거주자의 부재자투표권을 부인한 것도 위헌이 아니라고 판시하였다(헌재 1999. 1. 28. 97헌마253; 헌재 1999. 3. 25. 97헌마99). 그러나 2007년에 헌법재판소는 판례를 변경하여 재외국민의 선거권을 전면적으로 부정하는 것은 헌법 제37조 제2항에 위반되어 재외국민의 선거권과 평등권을 침해하고, 헌법상 보통선거의 원칙에도 위반된다고 판시하였다. 헌법재판소는 단지 주민등록이 되어 있는지 여부에 따라 선거인명부에 오를 자격을 결정하여 그에 따라 선거권 행사 여부가 결정되도록 함으로써, 엄연히 대한민국의 국민임에도 불구하고 '주민등록법'상 주민등록을 할 수 없는 재외국민의 선거권 행사를 전면적으로 부정하는 것은 그에 대한 정당한 목적을 찾기 어렵다고 하여 헌법불합치결정을 한 것이다(헌재 2007. 6. 28. 2004헌마644등).

위 헌법재판소 결정 이후 「공직선거법」이 개정되어 재외국민의 국정선거권이 인정되었으며, 해외 체류자의 부재자투표도 허용되었다. 그리하여 주민등록이 되어 있지 않고 국내거소신고도 하지 않은 국민, 즉 재외선거인은 대통령선거와 임기 만료에 의한 비례대표 국회의원선거의 투표권을 갖는다. 다만 국회의원선거에 있어서 국내에 주민등록이 되어 있지 않고 거소 신고도 하지 않은 재외선거인에게는 지역구 국회의원선거권을 제한하였다(동법 제15조 제1항). 헌법재판소는 주민등록이 되어 있지 않고 국내거소신고도 하지 않은 재외국민에게 임기 만료 지역구 국회의원선거권을 인정하지 않은 이 법률조항에 대하여 재외선거인의 선거권을 침해하는 것이 아니라고 합헌결정을 하였다. 즉 지역구 국회의원은 국민의 대표임과 동시에 소속 지역구의 이해관계를 대변하는 역할을 하고 있으므로 전국을 단위로 실시하는 대통령선거와 비례대표 국회의원선거에 투표하기 위해서는 국민이라는 자격만으로 충분한 데 반해, 특정한 지역구의 국회의원선거에 투표하기 위해서는 '해당 지역과의 관련성'이 인정되어야 하므로 주민등록과 국내거소신고를 기준으로 지역구 국회의원선거권을 인정하는 것은 해당 국민의 지역적 관련성을 확인하는 합리적인 방법이라고 판시하였다(헌재 2014. 7. 24. 2009헌마256등).

수형자와 집행유예자의 선거권 제한은 위헌인가?

선거권 제한의 소극적 요건으로 「공직선거법」은 금치산자를 비롯하여 선거범 등으로 형이 확정된 후 일정 기간을 경과하지 아니한

자 등의 결격사유 외에 수형자와 집행유예자에 대한 결격사유를 규정해 왔다(동법 제18조 제1항). 그러나 수형자와 집행유예자의 경우 선거권을 제한하는 것은 위헌성의 문제가 제기될 수 있는데, 주권의 행사와 형사책임의 감수는 차원을 달리하는 것이므로 선거사범의 경우를 제외하고는 수형자나 전과자에 대한 선거권 제한은 위헌의 소지가 농후한 것이다. 헌법재판소는 2004년과 2009년의 결정에서 금고 이상의 형을 선고받은 모든 수형자에게 선거권을 인정하지 않는 것이 선거의 공정성 및 형벌집행의 실효성 확보를 위한 것으로 합헌이라고 판단한 바 있다. 그러나 그 후 2014년 1월 헌법재판소는 집행유예자와 수형자에 대한 선거권을 제한하는 것이 위헌임을 확인함으로써 종래의 헌법재판소 결정을 변경하였다. 이 결정에 따라 집행유예자는 선거권을 행사할 수 있게 되었다. 수형자의 선거권 제한도 위헌이지만 수형자에게 헌법합치적으로 선거권을 부여하는 것은 입법자의 형성 재량에 있다는 점을 고려하여 2015년 말까지 종전 법의 잠정 적용을 명하였다(헌재 2014. 1. 28. 2012헌마409등). 그에 따라 「공직선거법」은 2015년 8월 개정되어 수형자의 선거권 제한에 관하여 "1년 이상의 징역 또는 금고의 형을 선고받고 그 집행이 종료되지 아니하거나 그 집행을 받지 아니하기로 확정되지 아니한 사람"으로 규정하게 되었다(동법 제18조 제1항 제2호).

선거운동의 기회균등과 선거공영제

　　헌법은 제116조 제1항에 "선거운동은 각급 선거관리위원회의 관리하에 법률이 정하는 범위 안에서 하되, 균등한 기회가 보장되어야 한다"라고 규정하여 선거운동의 기회균등을 보장하고 있다. 제2항에서는 "선거에 관한 경비는 법률이 정하는 경우를 제외하고는 정당 또는 후보자에게 부담시킬 수 없다"라고 규정하여 선거공영제를 채택하고 있다. 선거비용의 국가부담주의 원칙은 선거의 공정성과 선거운동의 기회균등을 보장하고 나아가 선거비용의 낭비를 억제하는 데 그 기본 취지가 있다.

　　헌법상의 선거공영제의 원칙을 구체화하고 있는 「공직선거법」의 내용을 보면, 선거공영제의 전제로서 법적으로 허용되는 선거운동의 방법을 제한하고 그 한정된 선거운동을 위한 선거비용을 일정한 조건에서 국가가 부담하는 방식을 취하고 있다. 이러한 선거공영제의 방식은 선거운동의 자유를 지나치게 제한하게 되는 문제가 있다. 선거공영제가 선거운동의 제한에 대한 반대급부로 인정되는 것은 아니며, 선거의 공정을 확보하기 위한 선거공영제가 선거의 자유를 침해해서는 안 되기 때문에 선거의 자유는 선거공영제와 관계없이 확대되어야 한다고 본다. 또한 우리나라 선거공영제는 거대 정당의 후보나 기성정치인에게 유리하고 소수 정당의 후보나 정치신인에게 불리한 제도라는 점에서 문제가 있다. 현행 선거공영제는 우선 선거 과정에서 후보자가 먼저 선거비용을 지출하고 사후에 국고로부터 보전(補塡)받는 방식을 취하고 있으며 그 선거비용 보전은 당해 선거에서 후보자가 얻은 일정한 득표수를 요건으로 하고 있기 때문에, 이러한 엄격한 보전요건의 선거공영제는 사실상 선거에 처음 출마한 약체 후보에게 훨씬 불리한 제도가 되는 문제가 있다.[3]

「공직선거법」은 선거비용 보전에 관하여 대통령선거와 국회의원선거에 있어서 후보자가 유효투표 총수의 100분의 15 이상의 득표수를 얻은 경우 국가가 선거일 후 선거비용 전액을 보전하고, 100분의 10 이상 100분의 15 미만의 경우 반액을 보전한다. 그러나 유효투표 총수의 100분의 10 미만을 얻은 후보자는 선거비용을 보전받지 못한다. 또한 예비후보자의 경우에도 선거운동비용은 보전하지 아니한다(동법 제122조의 제1항, 제2항). 이러한 예비후보자의 선거비용 보전 제한 조항에 대하여 헌법재판소는 선거가 조기에 과열되거나 불필요한 선거운동이 남용되어 선거 과정이 혼탁해지는 것을 방지하는 한편, 선거공영제를 운영함에 있어 국가 예산의 효율적 집행을 도모하기 위한 것으로 입법목적이 정당하고 과잉금지원칙에 위반되지 않으므로 선거운동의 자유를 침해하는 것이 아니라고 하였다(헌재 2018. 7. 26. 2016헌마524).

예비후보자의 후원회 제한과 관련하여 헌법재판소는 2019년 12월 27일 특별시장·광역시장·특별자치시장·도지사 등 광역자치단체장 선거의 예비후보자를 후원회 지정권자에서 제외하고 있는 정치자금법 조항에 관한 헌법소원심판청구사건에서 광역자치단체장선거의 예비후보자의 평등권을 침해한다고 하여 헌법불합치결정을 하였다(헌재 2019. 12. 27. 2018헌마301).

선거구획정의 공정성 확보

　대통령 및 비례대표 국회의원은 전국을 단위로 하여 선거하며, 지역구 국회의원은 당해 의원의 선거구를 단위로 하여 선거한다. 국회의원 지역구의 공정한 획정을 위하여 국회의원 임기 만료에 따른 국회의원선거의 선거일 전 18개월로부터 해당 국회의원선거에 적용되는 국회의원 지역구의 명칭과 그 구역이 확정되어 효력이 발생하는 날까지 국회의원선거구획정위원회를 설치·운영한다. 국회의원선거구획정위원회는 중앙선거관리위원회에 두되, 직무에 관하여 독립의 지위를 가진다.[4)]

　국회의원선거구획정위원회는 중앙선거관리위원장이 위촉하는 9명의 위원으로 구성하되, 위원장은 위원 중에서 호선한다. 국회의원선거구획정위원회 위원은 국회의 소관 상임위원회 또는 선거구획정에 관한 사항을 심사하는 특별위원회가 중앙선거관리위원회위원장이 지명하는 1명과 학계·법조계·언론계·시민단체·정당 등으로부터 추천받은 사람 중 8명을 의결로 선정하여 국회의원선거구획정위원회 설치일 전 10일까지 중앙선거관리위원회 위원장에게 통보하여야 한다. 국회의원선거구획정위원회는 재적위원 3분의 2 이상의 찬성으로 의결한 선거구획정안을 임기 만료에 따른 국회의원선거의 선거일 전 13개월까지 국회의장에게 제출하여야 한다(「공직선거법」 제24조).

　국회는 국회의원 지역구를 선거일 전 1년까지 확정하여야 한다(동법 제24조의2 제1항). 국회의장은 선거구획정안을 위원회에 회부하고 이를 회부받은 위원회는 지체 없이 심사하여 국회의원 지역구의 명칭과 그 구역에 관한 규정을 개정하는 법률안을 제안하여야 한다. 이 경우 위원회는 국회의원선거구획정위원회가 제출한 선거구획정안을 그대로 반영하되, 제25조 제1항의 기준에 명백하게 위반된다고 판단하는 경우에는 그 이유를 붙여 재적위원 3분의 2 이상의 찬성으로 국회의원선거구획정위원회에 선거구획정안을 다시 제출하여 줄 것을 한 차례만 요구할 수 있다(동법 제24조의2 제3항).[5]

비례대표제

국회의원선거제도는 헌법 제41조 제3항에 근거하여 지역구와 비례대표제를 혼합하여 채택하고 있다. 비례대표제는 오늘날 정당제 민주주의에서 각 정당의 지지도에 비례하여 국회의원 의석을 배분하는 선거제도로서 일반적으로 인물 중심의 지역선거구제를 기본으로 하면서 정당명부식 비례대표제의 혼합형을 채택하고 있다. 영국이나 미국과 같은 양당제가 확립된 국가에서는 비례대표제가 채택되지 않고 있으며, 독일 등 유럽의 다당제 국가에서 비례대표제를 유지하고 있다.

우리나라의 경우 비례대표의원 후보에 대한 투표는 2004년 「공직선거법」 개정으로 1인 2표제가 채택됨에 따라 유권자는 1표를 지역구 후보자에게 투표하고 나머지 1표는 정당이 제출한 비례대표후보자 명부에 투표한다. 2004년 「공직선거법」 개정 전의 1인 1표제는 정당명부에 투표하는 것이 아니고 지역구 후보에 대한 투표를 정당에 대한 투표로 간주한 것으로서 유권자의 진정한 의사가 반영되지 못하여 민주주의원리와 직접선거의 원칙에 위배되며, 무소속 후보자에 투표한 경우 그 투표는 비례대표의원의 선출에는 전혀 기여를 하지 못하여 투표가치의 불평등을 발생하므로 평등선거의 원칙에 위배되는 것이었다. 그리고 구법상의 비례대표제 의석 배분에 관한 '저지조항'(의석할당을 받을 수 있는 득표율이나 지역구 의석수의 요건)의 내용인 '5% 득표율'이나 '5석 이상의 의석수'에 대해서도 위헌문제가 제기되었으나 헌법재판소는 그 저지조항의 기준이 과도한지에 대해서는 판단하지 않고, 정당투표를 전제로 하지 않는 1인 1표제 하의 저지조항은 정당에 대한 정확한 지지도를 반영하지 못한다고 하여 평등원칙 위배를 이유로 위헌으로 결정한 바 있다(헌재 2001. 7. 19. 2000헌마91등). 이 위헌결정으로 「공직선거법」은 개정되어 비례대표의석배분요건에 관한 저지 조항은 비례대표 국회의원선거에서 유효투표 총수의 '100분의 3' 이상을 득표하였거나 지역구 국회의원총선거에서 '5석 이상의 의석'으로 규정하게 되었다(동법 제189조 제1항).

　　2019년 12월 개정된 「공직선거법」은 비례대표의석(47석)의 배분방식으로 이른바 '준연동형 비례대표제'를 채택하였다. 새로 채택된 준연동형 비례대표제에 의한 각 의석할당정당별 의석배분방식을 보면, 기본적으로 국회의원 정수(300명)에서 의석할당정당이 추천하지 않은 지역구 국회의원 당선인 수를 뺀 수에다 해당 정당의 비례대표 국회의원선거 득표비율을 곱한 수에서 해당 정당의 지역구 국회의원 당선인 수를 뺀 수의 '2분의 1'을 연동배분의석수로 한다(동법 제189조 제2항 제1호).

이러한 방식의 준연동형 비례대표제는 연동형 비례대표제의 원형인 독일식 비례대표제와는 커다란 차이가 있다. 독일의 경우 지역구 의석수와 비례대표 의석수가 동일하며, 유권자의 제2투표에 의한 정당의 득표율에 연동하여 당해 정당의 총의석수가 결정되고 그 의석수 내에서 당해 정당이 지역구에서 얻은 의석수를 제외한 나머지를 비례대표명부에서 추가하는 방식을 취한다. 만일 지역구에서 획득한 의석수가 정당 득표율에 따라 결정된 의석수보다 많은 경우에는 초과의석이 발생하게 됨으로써 총선거 결과 의원정수는 변동이 있게 된다. 초과의석은 정당득표율에 비해 과다 의석을 갖게 되는 것이므로 이 경우 나머지 정당들에 추가로 조정의석을 배분해 정당 간 득표율에 따른 의석수의 균형을 이루도록 한다.[6] 이에 비해 우리의 준연동형은 정당 득표율에 따라 해당 정당의 총의석수가 정해지는 것이 아니며, 더욱이 비례대표 의석수는 전체 의석수의 일부분(6분의 1 수준)에 불과하다.[7]

선거운동 제한의 문제

우리나라 선거법제의 두드러진 특징은 선거운동의 자유가 지나치게 광범위하게 제한을 받고 있다는 점이다. 특히 표현활동을 통한 선거운동의 방법과 기간 등에 관한 과도한 제한은 서구 민주주의 국가에서는 그 입법례를 찾아볼 수 없는 것으로 그 위헌 여부에 관한 문제가 제기되어 왔다. 헌법재판소는 우리의 선거법상 선거운동 제한은 선거의 공정을 확보하기 위한 것으로 목적의 정당성이 인정되고 과잉금지원칙에 위배되지 않는다는 소극적 입장을 취해 왔다. 그러나 우리나라 선거법제는 이제 구시대적인 관주도형에서 탈피하여 서구형의 유권자 중심의 민주적 방향으로 개선되어야 할 시점에 와 있다고 할 것이다.

선거운동은 오늘날 주권자인 국민이 정치적 의사를 조직적으로 표명하고 유권자의 판단에 호소하는 중요한 기회이기 때문에 그 자유는 최대한 보장되어야 한다. 선거운동의 자유는 널리 선거 과정에서 정치적 의사를 표현할 자유의 일환이므로 표현의 자유의 한 태양이기도 하다. 이러한 정치적 표현의 자유는 선거 과정에서 선거운동을 통하여 국민이 정치적 의견을 자유로이 발표하고 교환함으로써 비로소 그 기능을 다하게 된다고 할 것이므로, 선거운동의 자유는 헌법이 정한 언론·출판·집회·결사의 자유의 보장규정에 의한 보호를 받는다. 서구사회에서 선거운동의 자유는 법적 규제를 거의 받지 않고 최대한 보장되고 있으며 선거의 공정성을 확보하기 위한 법적 규제는 선거비용에 대한 제한을 의미하게 된다.

우리나라 「공직선거법」은 제58조 제1항에 선거운동을 정의하여 "이 법에서 '선거운동'이라 함은 당선되거나 되게 하거나 되지 못하게 하기 위한 행위를 말한다"고 하고, 다만 선거에 관한 단순한 의견개진 및 의사표시, 입후보와 선거운동을 위한 준비행위, 정당의 후보자 추천에 관한 단순한 지지·반대의 의견개진 및 의사표시, 통상적인 정당활동 등은 선거운동으로 보지 아니한다고 규정하고 있다. 동법 제58조 제2항에는 "누구든지 이 법 또는 다른 법률에 의하여 금지 또는 제한되는 경우를 제외하고는 자유롭게 선거운동을 할 수 있다"고 규정하여 선거운동의 자유를 보장하고 있다. 그러나 다른 한편, 선거의 공정성 확보를 목적으로 하여 「공직선거법」은 선거운동의 자유에 대한 광범위한 제한을 규정하고 있다. 그 제한의 내용으로는 시기상의 제한과 방법상 제한 및 비용상 제한 등이 있다.

선거운동 기간의 제한은 기성 정치인에 유리하다

현행법은 선거운동의 기간을 제한하여 선거운동은 선거기간 개시일부터 선거일 전일까지에 한하여 허용함으로써 사전선거운동을 금지하고 있다. 선거별 '선거기간'은 대통령선거는 23일, 국회의원선거와 지방자치단체의 의원 선거 및 장 선거는 14일로 규정하고 있다(동법 제33조 제1항). 대통령선거의 경우 선거기간은 후보자등록 마감일의 다음 날부터 선거일까지를 말하며, 국회의원선거와 지방선거의 경우는 후보자등록 마감일 후 6일부터 선거일까지로 한다(동법 제33조 제3항). 다만 「공직선거법」은 예비후보자의 선거운동에 대해서는 예외를 인정하여, 후보자나 후보자가 되고자 하는 자가 자신이 개설한 인터넷 홈페이지 등을 이용하여 선거운동을 하는 것은 인정된다(동법 제59조 단서). 예비후보자제도는 선거일 전 일정 기간 내에 관할 선거관리위원회에 예비후보자로 등록된 사람은 법률이 정한 방법에 따라 일정한 범위 안에서 선거운동을 할 수 있도록 허용하는 제도를 말한다. 대통령선거는 선거일 전 240일, 국회의원선거는 선거일 전 120일부터 예비후보자로 등록된 사람은 사무소에 간판·현판 또는 현수막을 설치할 수 있다. 예비후보자의 선거운동 방법으로는 명함을 직접 주거나 지지를 호소할 수 있으며, 선거운동을 위하여 어깨띠나 표지물을 착용할 수 있고,

전자우편이나 문자메시지를 이용하여 선거운동정보를 전송할 수 있다. 예비후보자의 배우자와 직계존비속, 선거사무장·선거사무원 등은 예비후보자의 선거운동을 위하여 예비후보자의 명함을 직접 주거나 지지를 호소할 수 있다(동법 제60조의3). 지방선거의 비례대표 시·도의회의원후보자의 경우 지역구 시·도의회의원후보자에 비해 예비후보자등록제도가 없어, 선거기간 전에 선거운동을 하는 것이 허용되지 않는다.

선거운동의 기간 제한에 대해 헌법재판소는 선거운동 방법의 제한과 마찬가지로 합헌성을 인정하고 있으나(헌재 1994. 7. 29. 93헌가4등), 이러한 선거운동기간의 제한은 문제가 있다고 본다. 선거운동기간 제한이 현실적인 선거풍토와 과열선거의 상황에서 불가피하다고 하지만, 이는 그 자체로써 선거운동의 자유를 제한하게 될 뿐만 아니라 기성 정치인과 신인 후보자 간의 불평등을 초래하는 근본적인 문제점을 안고 있다. 선거운동기간의 제한은 현직 의원의 후보에게는 정치활동 하에 사실상 사전운동이 행해질 위험이 있으며, 이에 따라 신인 후보자의 정치권 진입을 억제하는 결과가 되기 때문에 선거운동의 실질적인 기회균등에 반하게 된다. 즉 사전선거운동의 금지는 기존 정치인에게만 유리하고 신인 후보자의 대두를 방해하는 의도를 내포하고 있다고 볼 수도 있다. 그리고 경제력의 차이에 의한 불공정의 시정은 선거운동기간의 법정에 의해서 해결되는 것이 아니라, 정치자금을 비롯한 법정선거비용의 문제로써 해결되어야 하는 것이다.[8] 오히려 서구 여러 나라의 경우처럼 선거운동기간의 제한 없이 상시 선거운동을 허용하게 되면 선거의 과열현상은 상당히 해소될 것으로 예상된다.

미국의 경우 선거운동의 자유는 최대한 보장되고 있으며 선거운동기간 제한도 찾아볼 수 없다. 다만 일부 주에서는 주 법률로써 투표 당일 마지막 단계에서의 선거운동을 금지하고 있다. 그것이 선거인에 대한 미혹행위가 될 우려가 있고 특히 허위의 정보가 유포되어도 상대 후보자는 그에 대한 유효한 반론의 기회가 없게 된다는 이유에서다. 그러나 이러한 투표 당일의 선거운동 제한에 대해서도 연방대법원은 표현의 자유를 침해하는 것으로 위헌이라고 판시한 것을 볼 수 있다(Mills v. Aabama, 384 U.S. 219(1966)).

선거운동 방법에 대한 과도한 제한

우리나라 「공직선거법」은 선거운동으로 금지되거나 제한되는 경우 이외에는 자유롭게 선거운동을 할 수 있다고 규정하면서도 선거운동의 방법으로 금지되거나 제한되는 것을 광범위하게 열거함으로써 사실상 선거운동의 방법으로 허용되는 것은 매우 한정된 범위로 축소되고 있다. 따라서 법률이 정한 광범위한 선거운동 제한으로 인하여 결과적으로 후보자와 일반 국민은 자유롭게 선거운동을 할 수 없게 된다. 예컨대 문서·도화 등에 의한 선거운동 방법으로는 법률에 정한 양식의 선전벽보, 선거공보, 선거공약서와 현수막, 어깨띠로 한정하고 있으며 현수막이나 어깨띠의 사용도 엄격히 제한적으로 허용된다(동법 제64조~제68조), 언론·방송에 의한 선거운동(동법 제69조~제73조)과 공공장소에서의 연설·대담, 후보자 등 초청 대담 토론회 등이 법률이 정한 범위 안에서 허용된다(동법 제79조~제82조의3).

「공직선거법」상 금지되는 선거운동의 구체적 내용으로는 기관·단체의 선거운동 금지가 있으며(동법 제87조), 각종 집회 등을 제한하여 누구든지 선거기간 중 선거에 영향을 미치기 위하여 향우회·종친회·동창회·단합대회 또는 야유회, 그 밖의 집회나 모임을 개최할 수 없고(동법 제103조 제3항), 누구든지 선거일 전 180일부터 선거일까지 선거에 영향을 미치기 위하여 이 법의 규정에 의한 것을 제외하고는 문서·도화 등의 배부·게시가 금지되어 왔다(동법 제93조). 또한 누구든지 선거운동을 위하여 호별로 방문할 수 없으며(동법 제106조 제1항) 선거구민에 대한 서명운동 등이 금지된다(동법 제107조). 그 밖에 선거일 전 6일부터 선거일 투표 마감 시까지 선거와 관련한 여론조사 결과를 공표하거나 보도할 수 없다(동법 제108조).

    선거운동 방법의 제한에 있어서 문서·도화 등의 배부·게시 등의 금지나 호별방문금지 규정은 위헌성의 문제가 있다. 문서·도화 등의 배부·게시 등의 금지와 호별방문금지와 같은 선거운동 제한은 서구의 민주국가에서는 그 입법례를 찾아볼 수 없는 것으로 일본과 한국에서만 볼 수 있는 제한규정이다. 영국이나 미국 등에서는 호별방문을 비롯한 개인적인 투표권유운동은 선거운동의 가장 유력한 방법이 되고 있다. 독일에서도 연방선거법상 선거운동의 기간·방법 등에 대한 제한이 없으며 호별방문을 특별히 금지하는 규정도 없다. 호별방문은 그 행위 자체가 범죄시 될 수 없으며, 그것이 선거 시에 한하여 범죄행위로 된다는 것은 불합리하다. 오히려 선거 시에 있어서 주권자인 국민은 누구든지 자기의 견해와 주장을 선전하고 의견을 상호교환하는 가능하도록 최대한의 자유를 보장하는 것이 바람직하다. 호별방문이 매수행위 등의 부정행위를 유발할 가능성이 있다고 하지만 그것은 추상적인 위험에 불과하고 실제에 있어서는 그러한 우려가 없는 경우도 얼

마든지 있으며, 호별방문에 따른 폐해는 방문시간의 제한 등과 같은 일정한 조건과 선거인의 자각에 의해 제거될 수 있는 것이다. 헌법상 중요한 가치를 가지는 선거운동의 자유와 표현의 자유를 이러한 해악 발생의 우려 때문에 일률적으로 금지하는 것은 곤란하다고 본다.[9)]

여론조사 결과 공표금지의 문제

「공직선거법」은 선거운동 제한과 관련하여 제108조 제1항에 "누구든지 선거일 전 6일부터 선거일의 투표마감 시까지 선거에 관하여 정당에 대한 지지도나 당선인을 예상하게 하는 여론조사의 경위나 그 결과를 공표하거나 인용하여 보도할 수 없다"고 규정하고 있다. 이 조항은 2005년에 개정된 것으로 그 이전의 법률에서 선거기간 개시일부터 선거일까지 여론조사 결과를 공표할 수 없도록 제한하였던 것을 상당히 완화하여 금지기간을 단축한 것이다. 그러나 현행의 여론조사 결과 공표금지기간(선거일 전 6일부터 선거일의 투표마감 시까지) 자체도 언론·출판의 자유와 선거정보에 관한 국민의 알 권리를 과도하게 제한하는 측면이 있다고 할 것이다. 헌법재판소는 1995년 구「대통령선거법」의 여론조사 결과공표금지규정(선거일 공고일부터 선거일까지의 선거기간)에 대해 "언론·출판의 자유와 알 권리 및 선거권을 침해하였다고 할 수 없다"고 합헌결정을 한 바 있다(1995. 7. 21. 92헌마177등). 이 사건에서 헌법재판소는 "여론조사가 공정하고 정확하게 실시된다고 하더라도 여론조사의 결과를 공표하는 것은 유권자의 의사에 영향을 주어 국민의 진의와 다른 선거결과가 나올 수 있으므로 선거의 본래의 취지를 살릴 수 없게 될 가능성도 없지 아니할 것"이라고 하고, 또한 여론조사는 불공정·부정확하게 행해지기 쉽고 그러한 여론조사 결과의 공표는 많은 폐해를 낳을 수 있으므로 선거의 공정을 위하여 선거일을 앞두고 어느 정도의 기간 동안 여론조사 결과의 공표를 금지하는 것은 부득이하며, 이 사건 법률조항의 금지기간은 현저히 불합리하여 입법재량의 범위를 벗어난 규정이라고 볼 수 없다고 판시하였다.

이 헌법재판소 결정에 대해서는 다음과 같은 반론이 제기될 수 있다. 첫째, 여론조사 결과의 공표가 선거에 미치는 영향력은 일정한 한계를 지닐 수밖에 없으며, 또한 선거운동기간 중에 유권자는 여론조사 결과에 의해 그의 정치적 판단과 선택에 영향을 받는 것은 당연하며 유권자가 여론조사 결과를 기초로 하여 투표권을 행사하더라도 그것은 국민의 진의와 다른 선거결과가 나오는 것은 아니라고 할 것이다. 현대의 대중민주주의는 여론정치를 의미하며 여론에 따라 정치적 의사결정을 하고 투표권을 행사하는 것 자체가 자연스러운 민의의 반영이라 할 수 있다. 둘째, 여론조사기관에 대한 불신 때문에 선거운동기간 전반에 걸쳐 여론조사 결과 공표를 전면적으로 금지하는 것은 선거과정에서의 여론조사가 갖는 긍정적 의미와 기능을 간과하고 있는 것이며, 표현의 자유의 제한원리로서 과잉금지의 원칙이나 명백하고 현존하는 위험의 원칙에 위배되는 것이라 하겠다. 셋째, 헌법재판소는 선거에 관한 여론조사 결과 공표금지기간을 어느 정도로 할 것인가는 입법부의 재량사항이며, 정치성이 짙은 선거법은 국민의 기본권을 현저히 제한하는 것이 아닌 한 그에 관한 국회의 정치적 판단을 존중해야 한다고 하지만, 이 사건 여론조사 결과 공표기간금지규정은 선거과정의 중요한 시점에 있어서 선거권을 행사하는 유권자의 정치적 선택과 판단을 위한 언론·출판의 자유와 알 권리에 대한 본질적 침해라 하지 않을 수 없다.[10] 여론조사 결과 공표금지가 표현의 자유와 국민의 알 권리에 대한 중대한 제한을 초래하는 것이므로 위 법률조항의 위헌여부 심사에 있어서는 입법부의 입법재량의 범위를 벗어났는지에 관한 완화된 심사기준을 적용할 것이 아니라 엄격한 심사기준인 과잉금지원칙이 적용되어야 한다. 과잉금지원칙을 적용할 때 위 법률조항은 선거일을 앞둔 최소한 기간이 아닌 선거운동기간 전반에 걸쳐 여론조사 결과 공표를 금지하는 것이므로 피해의 최소성에 반하게 되며, 위 법률조항에 의해 달성하려는 선거의 공정 확보라는 법익에 비해 선거과정에서의 국민주권원리의 실현과 관련하여 중요한 의미를 갖는 언론·출판의 자유와 국민의 알 권리의 법익이 침해되는 정도가 결코 적다고 볼 수 없으므로 법익의 균형성에도 반하는 것으로 판단할 수 있다.

현행 「공직선거법」 제108조 제1항의 선거일 전 6일부터 선거일 투표마감 시까지의 여론조사 결과 공표금지는 구법(舊法)에 비해 금지기간이 합리적으로 단축되었다고 할 수 있으나, 여전히 문제가 있다. 이 조항에 의해 선거를 앞둔 일정 시점부터 여론조사 결과를 공표해 오다가 선거일 전 6일부터 이를 금지하게 되면(다만 이 기간에도 각 여론조사기관의 여론조사는 실시된다) 유권자의 입장에서는 지지하는 후보자를 결정해야 하는 시점이 다가오고 있음에도 여론조사 결과에 관한 정보를 얻을 수 없게 되며, 특정 정당이나 후보자가 그들에 유리한 여론조성을 유도할 목적으로 왜곡된 여론조사 결과를 의도적으로 공표할 가능성이 있으므로 유권자는 혼돈과 암흑 속에서 정치적 판단과 선택을 할 수밖에 없으며, 이는 선거권의 행사를 심각하게 방해하는 것이 된다. 따라서 여론조사 결과의 공표는 선거운동기간 전반에 걸쳐 허용되는 것이 바람직하며, 다만 선거일 당일에는 선거과정의 혼란과 무질서를 방지하기 위하여 여론조사 결과를 공표하지 않는 것이 필요하다고 하겠다. 여론조사 결과 공표가 유권자에게 정확한 판단자료와 정보를 제공하는 순기능을 다하기 위해서는 여론조사기관에 대한 검증제도가 구비되어야 하고, 여론조사의 공정성과 객관성·정확성을 확보하기 위한 심사 또는 감시기능의 제도화가 전제되어야 할 것이다.

선거운동제한 규정에 대한 위헌결정

헌법재판소는 2010년대에 들어와 선거운동제한규정에 대한 몇 차례의 위헌결정을 통해 선거운동의 자유 보장에 관한 적극적 태도를 취하게 됨을 볼 수 있다. 2011년 헌법재판소는 「공직선거법」 제93조의 탈법방법에 의한 문서·도화의 배부·게시 금지조항에 대한 헌법소원사건에서 정보통신망을 이용한 선거운동의 보장을 위한 적극적 입장에서 주목할 만한 한정위헌결정을 선고하였다. 선거일 전 180일부터 선거일까지 선거에 영향을 미치게 하기 위하여 이 법의 규정에 의하지 아니하고는 정당 또는 후보자를 지지·추천하거나 반대하는 내용이 포함되어 있거나 정당의 명칭 또는 후보자의 성명을 나타내는 광고, 벽보, 문서·도화, 인쇄물이나 녹음·녹화테이프 그 밖에 이와 유사한 것을 배부·게시 등을 금지하고 처벌하는 「공직선거법」 제93조 제1항 및 제255조 제2항 제5호 중 "그 밖에 이와 유사한 것" 부분에 "정보통신망을 이용하여 인터넷 홈페이지 또는 그 게시판·대화방 등에 글이나 동영상 등 정보를 게시하거나 전자우편을 전송하는 방법"이 포함된다고 해석한다면, 과잉금지원칙에 위배하여 정치적 표현의 자유 내지 선거운동의 자유를 침해하는 것이라고 판시하였다(헌재 2011. 12. 29. 2007헌마1001등). 즉 "인터넷은 누구나 손쉽게 접근 가능한 매체이고, 이를 이용하는 비용이 거의 발생하지 아니하거나 또는 적어도 상대적으로 매우 저렴하여 선거운동비용을 획기적으로 낮출 수 있는 정치공간으로 평가받고 있고, 오히려 매체의 특성 자체가 '기회의 균형성·투명성·저비용성의 제고'라는 「공직선거법」의 목적에 부합하는 것이라고도 볼 수 있는 점, 후보자에 대한 인신공격적 비난이나 허위사실 적시를 통한 비방 등을 직접적으로 금지하고 처벌하는 법률규정은 이미 도입되어 있고 모두 이 사건 법률조항보다 법정형이 높으므로, 결국 허위사실, 비방 등이 포함되지 아니한 정치적 표현만 이 법률조항에 의하여 처벌되는 점 등을 고려하면, 선거일 전 180일부터 선거일까지 인터넷상 선거와 관련한 정치적 표현 및 선거운동을 금지하고 처벌하는 것은 후보자 간 경제력 차이에 따른 불균형 및 흑색선전을 통한 부당한 경쟁을 막고, 선거의 평온과 공정을 해하는 결과를 방지한다는 입법목적 달성을 위하여 적합한 수단이라고 할 수 없다"고 판단하고 있다.

  헌법재판소는 또한 2013년, 후보자의 선거운동에서 후보자의 배우자가 그와 함께 다니는 사람 중에서 지정한 1명도 명함교부를 할 수 있도록 한 「공직선거법」 조항에 대하여 배우자의 유무라는 우연적인 사정에 근거하여 합리적인 이유 없이 배우자 없는 후보자와 배우자 있는 후보자를 차별 취급함으로써 배우자 없는 후보자의 평등권을 침해하여 위헌이라고 결정하였다(헌재 2013. 11. 28. 2011헌마267). 2016년에는 선거운동의 주체에 대한 제한으로 언론인의 선거운동을 금지하고 위반 시 처벌하도록 규정한 것에 대해서도 헌법재판소는 언론인으로 하여금 선거운동의 기간과 방법, 태양을 불문하고 일체의 선거운동을 금지하고 이에 따라 언론인이 언론매체를 이용하지 아니하고 업무외적으로 개인적인 판단에 따른 선거운동조차 할 수 없도록 하는 것은 '과잉금지의 원칙'에 위배하여 선거운동의 자유라는 개인의 기본권을 침해하는 것으로 위헌이라고 판시하였다(헌재 2016. 6. 30. 2013헌가1).

헌법재판소는 2022년 7월 21일 「공직선거법」상 일련의 선거운동 제한규정에 대하여 다시 한 번 적극적 입장에서 위헌 내지 헌법불합치 결정을 함으로써 향후 선거운동에 대한 불합리하고 광범위한 제한은 크게 개선될 수 있게 되었다. 헌법재판소는 「공직선거법」상 단체의 선거운동 제한(제103조 제3항)에 대한 위헌소원에서 "누구든지 선거기간 중 선거에 영향을 미치게 하기 위하여 …그 밖의 집회나 모임을 개최할 수 없다"는 부분은 선거기간 중 선거와 관련된 집단적 의견표명 일체가 불가능해짐으로써 일반 유권자가 받게 되는 '집회의 자유'와 '정치적 표현의 자유'의 제한 정도가 매우 중대하므로 이 조항은 집회의 자유, 정치적 표현의 자유를 침해한다고 하여 위헌결정을 하였다(헌재 2022. 7. 21. 2018헌바164). 즉 선거기간 중에는 선거에 영향을 미치게 하기 위하여 종친회·향우회·동창회·야유회 뿐만 아니라 그 밖의 모든 집회나 모임을 개최할 수 없도록 한 것은 과잉금지원칙에 위배되어 집회의 자유와 정치적 표현의 자유를 침해하는 것이라고 판시한 것이다. 헌법재판소는 또한 일정 기간 선거에 영향을 미치게 하기 위한 현수막, 광고물의 설치·게시 금지와 벽보 게시, 인쇄물 배부 금지 등에 관한 조항(동법 제90조 제1항 제1호, 제93조 제1항)에 대해서도 정치적 표현의 자유를 침해한다고 판시하면서 2023년 7월 31일을 시한으로 이 법률조항의 개정을 명하는 헌법불합치결정을 하였다(헌재 2022. 7. 31. 2017헌바100등).

이러한 헌법재판소의 선거운동 제한규정에 대한 적극적 태도는 종래의 소극적 입장을 변경한 것으로 매우 긍정적으로 평가할 수 있으며, 앞으로 입법자는 선거운동의 자유를 대폭 확대하는 방향으로 개선입법을 행하여야 할 것이다.

선거의 부패 방지를 위한 선거운동비용의 제한

「공직선거법」은 선거의 부패를 방지하기 위하여 선거운동비용의 상한선을 법정하고 선거비용의 수입·지출의 보고와 공개 등을 상세하게 규정하고 있다(동법 제119조~제136조). 법정 선거비용제한액을 보면 대통령선거는 인구수×950원이며, 지역구 국회의원선거는 1억 원+(인구수×200원)+(읍·면·동수×200만 원), 비례대표 국회의원선거는 인구수×90원으로 규정하고 있다(동법 제121조 제1항). 선거비용제한액을 산정할 때에는 전국소비자물가변동률을 감안하여 정한 제한액산정비율을 적용하여 증감할 수 있다. 이 경우 제한액산정비율은 관할 선거관리위원회가 해당 선거 때마다 정한다(동법 제121조 제2항). 정당·후보자·선거사무장·회계책임자 등이 선거비용제한액의 200분의 1 이상을 초과하여 선거비용을 지출한 때에는 5년 이하의 징역 또는 2천만 원 이하의 벌금에 처하게 된다(동법 제258조 제1항).

그러나 우리나라의 선거비용의 현실은 「공직선거법」상 법정선거비용 제한규정에 의해 선거비용지출을 통제하고 있음에도 불구하고 후보자들은 법정선거비용을 훨씬 초과하는 거액을 선거비용으로 지출하게 되는 '고비용 선거구조'가 문제로 지적되고 있다. 선거관리위원회에 보고하는 명목상의 선거비용 지출액 이외에 음성적으로 조달하고 지출하는 불법선거자금이 문제일 뿐만 아니라 법정선거기간의 선거비용 이외에 법정선거기간 이전의 일상적인 정치활동에 의한 사실상의 선거운동비용이 문제된다. 즉 현행의 정치자금법제는 선거기간 중의 선거비용과 일상적인 정치자금을 구별하여 규제하는 이원적 구조를 취하고 있으며, 그에 따라 기성정치인은 법정선거기간 이전부터 사실상 신인 후보자에 비해 거액을 선거비용으로 지출하게 되고 신인 후보자는 법정선거비용만으로 선거를 치르게 됨에 따라 결과적으로 이는 후보자 간의 선거운동의 기회균등에 반하게 되는 심각한 문제로 연결될 수 있다. 이 점에서 볼 때 영국의 경우처럼 선거운동기간의 제한이 없으면서도 선거비용지출총액을 엄격히 제한하는 제도가 훨씬 합리적이라고 할 수 있다.

이러한 불합리한 법정 선거비용제한규정의 실효성을 확보하기 위해서는 법정 선거비용에 대한 규제 이외의 일상적인 정치자금에 대한 규제를 강화할 필요가 있다. 정치자금의 수입과 지출에 있어서도 법정 선거비용의 경우와 마찬가지로 실질적인 정치자금의 실명제와 투명성 확보를 위해 법적 규제를 강화하는 것이 요구된다. 이와 관련하여 현행 「정치자금법」이 이 법에 의하여 1회 120만 원을 초과하여 정치자금을 기부하는 자와 1회 50만 원을 초과하여 정치자금을 지출하는 자 및 선거비용으로 20만 원을 초과하여 지출하는 자는 수표나 신용카드·예금계좌 입금 그 밖에 실명이 확인되는 방법으로 기부 또는 지출하여야 한다고 규정(동법 제2조 제4항)한 것과 정당, 국회의원, 공직선거후보자 등의 정치자금 수입 지출은 그 회계책임자만이 할 수 있으며 회계책임자는 관할 선거관리위원회에 신고된 예금계좌를 통해서 하여야 한다고 규정(동법 제36조)한 것은 정치자금의 투명성 확보를 위해 입법적 개선이 이루어진 부분이라 할 수 있다.

선거운동 규제의 개선방안은?

선거운동의 제한은 개인의 선거운동에 관한 표현의 자유가 일정한 경우 선거범죄로서 단속의 대상이 되는 것을 의미하므로 신중을 기해야 한다. 본래 선거범죄는 선거의 자유와 공정에 대한 직접 또는 간접의 침해를 방지하기 위하여 규정되는 것으로, 선거범죄의 법익은 선거의 자유와 공정의 확보에 있다. 선거범죄는 실질범과 형식범의 두 가지가 있으나 매수·이해유도죄, 선거의 자유방해죄 등과 같이 현실적으로 선거의 자유와 공정을 고의로 해하는 범죄인 실질범은 현대 대의제 민주주의하에서는 그 행위 자체가 반사회적이고 비도덕적인 것으로 형사범을 의미하게 된다. 이에 비해 형식범은 본래 범죄성을 갖는 것은 아니지만 단지 선거의 공정을 기하는 의미에서 선거의 적정한 집행을 위한 규제법령의 위반으로 범죄가 되는 것을 말한다. 예컨대 선거사무소, 선전벽보, 연설회, 선거운동기간 등에 관한 규제 위반과 같은 반행정적 행위로서 행정범의 성격을 띠는 것이다.

선거법상 선거의 자유·공정을 침해하는 반사회적 형사범적 선거범죄에 관한 규정은 위헌의 문제가 제기되지 않지만, 우리나라와 같이 실질범 이외의 각종의 행정범적 선거범죄를 광범위하게 규제의 대상으로 하는 것에 대해서는 위헌성의 의문이 제기될 수 있다. 그리고 선거범죄에 있어서 행정범 내지 형식범의 확대는 현실적으로 공권력의 선거간섭을 크게 허용하게 되고, 선거범죄의 취급에 있어서도 형식범 본래의 속성상 불평등한 처리가 되기 쉬운 경향이 있기 때문에 형식범은 최소화하는 것이 바람직하다. 헌법재판소는 선거법상 각종의 선거운동방법제한 규정의 위헌 여부에 관하여 기본적으로 소극적 태도를 취해 왔으나, 이와 관계없이 이제 우리의 선거법제는 선진국형으로 입법 개선이 이루어질 때가 되었다고 하겠다.

우리나라 선거법제의 문제점을 개선하기 위해서는 먼저 선거운동의 자유를 확대해 나가는 것이 필요하다고 본다. 현행의 한정된 법정 선거운동기간 내에서만 선거운동이 허용되는 것은 선거운동의 기회균등을 침해하는 근본적인 문제점을 안고 있다. 선거운동기간 제한의 문제를 보완하기 위해 예외적인 예비후보자제도를 채택하고 예비후보자를 위해 선거운동을 할 수 있는 주체를 확대하며 선거운동방법을 부분적으로 확대한다고 해서 근본적인 문제점이 해결되는 것은 아니다. 선거운동의 기회균등을 통한 선거의 공정성 확보를 위해서는 선거운동기간제한을 폐지하는 것이 바람직하다.

헌법재판소는 현행 선거규제의 정당화논리로 기간의 제한 없는 무한정의 선거운동을 허용하게 되면 선거의 과열에 의한 사회경제적 손실을 가져오게 되고, 후보자 간의 경제력의 차이에 따른 불공평이 신참 후보자의 입후보 기회를 빼앗는 결과를 가져올 수 있으므로 이러한 과열선거의 폐해를 막고 선거의 공정을 확보하기 위해서 선거운동기간제한이 필요하다는 것이다. 그러나 선거운동기간제한은 그 자체로써 기성 정치인과 신인 후보자 간의 불평등을 초래하는 근본적인 문제점을 안고 있기 때문에, 선거의 공정을 목적으로 선거운동기간을 제한해야 한다는 논리는 타당하다고 할 수 없다. 또한 무한경쟁과 선거의 과열로 인한 폐해 방지를 위해서도 선거기간제한이 필요하다는 논리도 전적으로 수긍하기 어렵다.

생각건대 선거의 과열은 선거운동기간이 한정되어 있고 이 제한규정 위반의 경우 사전선거운동으로 처벌받게 되는 현행 선거법에 그 직접적 이유가 있다고 하겠다. 즉 상시선거운동이 허용되지 않기 때문에 후보자들은 법정 선거운동기간을 최대한 활용하기 위해 상호비방과 흑색선전 등의 네거티브 캠페인과 과열·불법선거운동을 행하게 되는 것이다. 오히려 선거운동기간제한을 폐지하면 상시 선거운동이 가능하여 후보자 및 정당 간에 과열선거운동은 거의 사라지게 될 것이며, 네거티브 캠페인보다는 정책선거를 기대할 수 있고 유권자의 입장에서도 장기간에 걸쳐 후보자를 검증하고 각 정당의 정책을 이성적으로 분석하고 판단할 수 있게 되는 장점이 훨씬 많다고 할 수 있다. 상시 선거운동을 허용하게 되면 후보자 간 무리한 경쟁의 장기화로 경비와 노력이 지나치게 들어 사회경제적 손실을 가져올 수 있다는 우려는 기우에 불과하다고 본다. 왜냐하면 선거비용의 과다화는 선거비용과 정치자금에 대한 엄격한 법적 규제를 통해서 해결할 수 있는 문제이기 때문이다. 이에 관하여 영국의 경우처럼 선거운동기간의 제한 없이 최소비용으로 선거를 치루고 있다는 점은 우리에게 시사하는 바가 크다.[11]

다만 현행의 선거운동기간제한을 전면적으로 폐지하게 되면 일시적으로는 선거의 과열과 혼란이 예상될 수 있으므로 적어도 「공직선거법」 제60조의2에 규정된 예비후보자등록기간에 맞춰 대통령선거의 경우 선거일 전 240일, 지역구 국회의원선거와 시·도지사선거의 경우는 선거일 전 120일, 지역구 국회의원선거와 자치구·시·군의 장 선거의 경우는 선거기간 개시일 전 60일 정도로 선거운동기간을 확대하고 일정 시점 이후에는 선거운동기간제한을 전면 폐지할 것을 검토할 필요가 있다.[12]

주

1) 「공직선거법」 이전의 「대통령선거법」(제35조)과 「국회의원선거법」(제40조)은 "선거운동은 이 법에 규정된 방법 이외의 방법으로는 이를 할 수 없다"라고 규정하였던 것을 「공직선거법」 제58조 제2항은 "누구든지 자유롭게 선거운동을 할 수 있다. 그러나 이 법 또는 다른 법률의 규정에 의하여 금지 또는 제한되는 경우에는 그러하지 아니하다"라고 개정되었다.

2) 일본의 메이지헌법시대의 보통선거법 제정에 의한 선거운동제한은 당시 천황주권원리의 외견적 입헌주의헌법에 합치되는 것으로 시민을 통치권의 객체로 보고 시민에게 어떠한 국정 참여의 기회를 부여할 것인가는 국가의 재량사항이었다는 점에서 당연한 것으로 간주되었다. 따라서 당시의 선거운동규제조치는 선거권의 대중화에 따른 천황제질서의 동요를 막기 위해 시민의 정치적 자유를 크게 억압하였던 시대적 배경 속에서 이해될 수 있다. 이러한 영향을 받은 전후의 일본 「공직선거법」상 선거운동제한규정들의 위헌성 여부에 관한 논의가 1950년대 이후 오늘날까지 지속적으로 전개되고 있다. 정만희, '선거운동의 자유와 호별방문금지-일본에서의 학설 판례의 경향을 중심으로-', 「동아법학」 제3호, 1986, 155면 이하.

3) 선거공영제의 문제점에 관해서는 정만희, 『헌법과 통치구조』 법문사, 2003, 435면 이하.

4) 선거구획정위원회의 직무 독립성을 확보하기 위해 그 소속을 중앙선거관리위원회에 두도록 한 것은 2016년 3월 「공직선거법」 개정에 의한 것이다. 이전의 구법에서는 선거구획정위원회가 국회 소속으로 되어 있었으며 국회의장이 교섭단체 대표 의원과 협의하여 11인 이내의 위원으로 구성하였다.

5) 「공직선거법」이 2016년 3월 개정되기 전 구법에서는 선거구획정위원회의 획정안을 '존중'하여야 한다고 규정하였으나, 개정 법률에 의해 선거구획정위원회의 획정안을 '그대로 반영'하는 것을 원칙으로 하게 됨으로써 선거구획정위원회의 기능이 강화되고 선거구획정안의 국회에 대한 기속력을 상당한 수준으로 향상시키게 되었다고 할 수 있다. 그러나 선거구획정위원회는 상설기구가 아니라 선거 때마다 일시적으로 운영되고 있어, 선거구획정에 관한 충분하고도 신중한 관련 자료와 정보의 조사·검토, 선거구 주민의 의견수렴을 위한 공청회 활동 등을 통한 합리적인 선거구획정안을 작성하기는 곤란하다고 할 수 있다. 선거구획정위원회의 원안이 실질적인 권고안으로서 국회를 사실상 기속하기 위해서는 획정위원회의 구성이 중립적인 제삼자기관으로 설치되어야 할 뿐만 아니라 그 위원회가 영국, 독일 등과 같이 상설기구로 운용되어야 할 필요가 있다. 상세한 내용은 정만희, '선거구획정의 기본문제', 「공법학연구」 제13권 제3호, 2012, 117면 이하 참조.

6) 독일의 연방선거법상 연방하원의원의 총의석수는 598명이며 비례대표의석수와 지역구의원의 의석수는 각각 299명으로 동일하다. 완전 연동형 비례대표제에 의해 초과의석과 조정의석이 발생함에 따라 2017년 총선에서는 의원정수에 비해 초과의석 111석이 발생하였으며 2021년에는 초과의석이 138석

으로 증가하게 되었다. 초과의석에 따른 의석수 증가의 문제를 해결하기 위해 연방의회는 최근 2023년 3월 선거법을 개정하여 초과의석을 반영하더라도 총의석수가 630석을 넘지 못하도록 제한하였다.

7) 참고로 2020년 4월 15일 실시된 제21대 국회의원선거 결과를 보면 지역구의석 253석 가운데 더불어민주당이 163석, 미래통합당이 84석, 정의당 1석, 무소속 5석을 얻었으며, 비례대표의석 47석은 미래한국당 19석, 더불어시민당 17석, 정의당 5석, 국민의당 3석, 열린민주당 3석으로 배분되었다. 여기서 미래한국당과 더불어시민당은 각각 미래통합당과 더불어민주당의 위성정당으로서 새로운 연동형 비례대표제에 따라 편법으로 신당을 창당하여 지역구 후보를 내지 않고 비례대표의석만을 얻게 된 것이다. 결국 새로운 비례대표제에서도 기존 거대 정당들의 불합리한 과다한 의석 점유의 문제점은 전혀 개선되지 못하고 말았다. 2024년 4월 10일 제22대 총선에서도 더불어민주당과 국민의힘은 위성정당을 창당하였으며, 선거 후 양당은 각각 위성정당과 합당하여 더불어민주당은 175석(161석+14석), 국민의힘은 108석(90석+18석)을 획득하였다.

8) 정만희, 앞의 책, 387면.

9) 정만희, 앞의 책, 401면.

10) 정만희, 앞의 책, 409면 이하.

11) 주지하다시피 영국은 선거운동의 '자유시장'론에 의거하여 선거운동 방법이나 기간에 대한 제한은 거의 없으며 후보자의 선거비용 지출 제한을 중심으로 선거규제가 이루어지고 있다. 최초의 선거비용 제한은 1883년의 「부패 및 위법행위방지법」(Corrupt and Illigal Practices Prevention Act)에 의해 지역선거구 후보자의 선거비용 지출상한액과 수지보고서 제출을 규정하였다. 선거비용 제한에 관한 현행법인 국민대표법(Representation of the People Act)은 선거비용 지출에 관하여 "선거 이전, 선거 중, 선거 이후에 관계 없이 선거행위 내지 선거관리에 지출된 비용"이라고 정의하고 있다.

12) 참고로 미국의 경우는 선거운동방법의 제한은 거의 찾아볼 수 없으나 일부 주의 법률이나 자치단체의 조례에 의해 선거운동제한이 행해진 바 있는데, 이에 대한 1960년대 이후 연방대법원판례를 주목할 필요가 있다. 선거운동을 위한 문서의 배포에 집필자와 책임자를 명시하도록 규정한 주 법률을 위헌이라고 하였으며, 선거운동을 위한 호별방문행위에 있어 사전 신고의무를 부과한 뉴저지주 자치단체의 조례를 위헌이라고 판시하였다. Talley v. California, 362 U.S. 60 (1960); Hynes v. Mayor and Council of Borough of Oradell, 425 U.S. 610 (1979).

제3장
대의제 민주주의와 정당제도

대의제 민주주의와 정당정치의 필연성

오늘날의 대의제 민주주의는 보통선거제의 채택 이래 유권자 수의 비약적 확대에 따른 '대중민주주의'(mass democracy)시대를 배경으로 한다. 이러한 현대적 민주주의에 있어서 정당은 민주주의의 전제조건인 동시에 국민의 정치활동의 필수불가결한 요소라 하지 않을 수 없다. 즉 정당과 민주주의는 상호관계 속에서 공존하는 것으로 정당 없이 민주주의는 존재할 수 없는 것이다. 국민이 정치에 참여하는 것은 정당을 통하여 행해지고 정당지도자가 정통의 또는 헌법상의 지배자로 격상되는 현실정치에서 볼 때 현대의 정당 중심의 민주주의는 곧 독일의 라이프홀츠 교수(G. Leibholz)의 주장대로 '정당국가적 민주주의'(parteienstaatliche Demokratie)를 의미하게 된다.

국민주권원리하에서 국민이 능동적 지위에서 국정에 참가하는 방식은 제도적으로는 선거와 국민투표가 있다. 그렇지만 그러한 방법은 시기나 요건 등이 법정되어 있는 것이므로 그 이외의 경우에는 일반적으로 헌법상 보장된 기본권의 행사를 통하여 정치적인 요구나 비판 등을 부단하게 투영하는 방법으로 행해진다. 여기에서 국민 개개인은 그 자신만으로는 정치적으로 거의 기능을 발휘할 수 없음은 의심의 여지가 없다. 따라서 그와 같은 개개인의 무력하고 분산된 정치적 의사 중에서 그 최대공약수를 추출하여 그것을 구체적인 정책에 반영시키고 또는 자발적으로 특정의 정견을 전달·유포하는 것으로서 분산적인 국민 대중과 국가권력을 매개·결합하는 단체의 발생이 필연적이라 할 수 있는데, 그러한 기능을 담당하는 정치적 결사가 곧 정당이다. 그리하여 국가의 공권력 행사의 방향에 대한 실질적인 결정은 대부분 정당이라는 정치집단에 의하여 직접적으로 또는 정당의 매개를 통하여 간접적으로 행해지게 된다. 이러한 현상은 국가의 통치구조나 정부형태의 여하를 불문하고 현대 민주주의국가에서 보편적으로 나타나고 있다.

이러한 정당국가적 민주주의에 있어서는 다수당의 의사가 곧 국민의 의사로 간주되며, 의회는 국민의 대표자인 의원의 자유로운 토론에 기초한 다수결의 장으로서의 성격을 상실한 채 정당의 명령을 받는 구속된 의원들이 집합하여 미리 결정된 정당의 의사를 등록하는 장소에 지나지 않게 된다. 선거에 있어서도 유권자는 후보자의 인물을 보고 투표하는 것이 아니라 당적을 보고 투표하는 정당 본위의 선거로 변질된 것이 특징이다. 이러한 정당국가적 경향에 따른 대의제 민주정치의 변질은 헌법상 대의제 원리와 정당정치의 현실이 충돌하는 문제가 제기된다.

근대적 정당의 성립과 발전

　　근대적 의미의 정당의 발생은 근대 입헌주의 국가의 성립이라는 역사적 상황에서 언론 집회의 자유가 인정되고 시민계급이 대두하면서 그 시민계급의 정치적 거점인 의회의 발달에 기인한다고 할 수 있다. 정당은 의회 내의 정파(政派)로부터 출발하여 선거인과 의회를 매개하는 조직으로 성장하여 오늘날에는 민주정치의 필수적인 요소로서 정치권력의 획득과 유지를 목적으로 결합된 정치적 행동통일체를 의미하게 되었다.

영국과 미국의 정당 성립 기원

　　의회주의의 모국인 영국의 정당 성립의 기원은 17세기 후반 의회 내의 왕당파인 토리(Tories)와 그 반대파인 휘그(Whigs)의 출현에서 찾을 수 있다. 이들 정당은 18세기 입헌주의가 확립된 때에도 귀족들의 사적 결사(私的 結社)에 불과하였으며 의회는 국민의 의사나 여론과 무관한 존재였다. 1832년 선거법 개혁으로 선거권이 확대되고 휘그가 자유당, 토리가 보수당으로 개칭되었어도 정당은 의회 의원의 느슨한 결합에 불과하였다. 그러나 1867년 제2차 선거법개혁 이후 선거권이 대폭 확대됨에 따라 정당은 조직과 선전에 의해 선거인을 자기 정당에 참여시킬 필요성을 인식하게 되었다. 이 시점부터 정당은 의회선거의 후보자를 지명하고 선거자금을 조달하기 위해 영속적인 대중정당조직을 갖추게 되었다. 1900년에는 노동조합을 기반으로 하는 노동당이 발족하여 제1차대전 후 자유당의 쇠퇴와 함께 보수당과 노동당의 새로운 양당제가 전개되었다.

　　미국의 경우 정당의 성립과 발전은 영국의 정당과는 달리 의회를 중심으로 발생하여 성장한 것이 아니라, 대통령선거 과정에서 후보자지명의 필요에 따라 발전하게 된 것이 특징이다. 미국 건국 초기에는 정당의 조직을 필요로 하지 않았으며 헌법 제정자들도 정당의 중요성을 예견하지 못하였다. 오히려 그들은 의회 내에서의 도당이나 파벌에 대한 적대감만을 가지고 있었다. 그러나 1790년대 초 워싱턴 대통령 시대의 재무장관 해밀턴과 국무장관 제퍼슨 간 정책상의 충돌을 계기로 연방주의자 정당(federalist party)과 반연방주의자 정당(anti-federalist party)이라는 대립하는 두 정파가 출현하게 되었는데, 이것이 곧 미국의 양당제 성립의 기원이 된다. 1796년 제3대 대통령선거에서 처음으로 두 정당의 후보자 간 대결이 이루어지고 선거 결과 연방주의자 정당의 아담스가 당선되고 부통령에 반연방주의자 정당의 제퍼슨이 선출되자 동일한 집행부 내에 상반하는 정당의 당수가 동석하는 사태가 발생한 것이다. 이러한 우연한 결과는 정당 기능의 중요성을 예견하지 못한 헌법규범과 정치현실 사이의 모순이 드러난 것이었다. 그리하여 1804년 수정헌법 제12조를 통해 정당을 고려한 선거절차를 내용으로 하는 헌법개정이 이루어지게 되었다.[1]

정당의 헌법에의 편입

　　위와 같은 정당정치의 전개 과정에서 정당에 대한 국가의 태도는 국가와 시대에 따라 각각 다르게 나타났음을 알 수 있다. 정당에 대응한 국가의 태도에 관한 서구의 사례는 트리펠(Triefel)의 발전단계이론으로 설명할 수 있다. 이 이론에 의하면 정당은 초기 적대시의 단계와 무시의 단계를 거쳐, 승인과 합법화의 단계로 이행하고, 오늘날의 헌법적 편입의 단계로 변천해 온 것이라고 한다. 초기의 정당은 의회 내의 정파로서 의회의 주도권을 잡기 위한 결사로 출발하였으나 그 후 대중민주주의 시대가 전개되면서는 국민의 정치적 의사 형성에 참여함으로써 정치과정의 불가결한 요소가 됨에 따라 이를 합법화하게 된 것이다.

정당에 관하여 헌법에 직접적으로 명문 규정을 두는 국가들이 나타나게 된 것은 제2차 대전 이후의 일이다. 1949년 서독 기본법상의 정당조항(제21조)을 비롯하여 프랑스 헌법과 이탈리아 헌법, 남미 여러 나라의 헌법 등에 정당조항이 채택됨에 따라 정당의 헌법적 편입의 시대로 접어들게 된 것이다.

각국에 있어 정당이 헌법규범에 편입하게 된 것은 헌법생활에 있어서 정당이 강력한 정치권력을 담당한다는 인식에 기초하여 정당국가의 현실과 성문헌법을 조화시켜 양자의 사이에 존재하는 긴장을 제거하기 위한 것이었다. 즉, 정당이 헌법상에 규정되기 전에는 헌법의 대의제원리와 정당정치현실 사이에 서로 대립되는 현상이 나타났으나, 정당이 헌법상에 들어오게 됨으로써 정당정치의 헌법과 현실 사이의 상호 대립이 해소되기에 이른 것이다. 그리하여 정당의 헌법적 편입은 단순히 정당정치의 법적 승인을 의미하는 것뿐만 아니라 정당을 통해서 나타나는 정치권력이 헌법의 테두리 밖에서 헌법의 파괴를 초래한 역사적 경험(나치정당의 출현과 바이마르공화국의 붕괴)을 되살려서 정당의 조직과 활동의 규제를 포함하는 '정당의 헌법제도화'로 결단을 내리게 된 것을 의미한다.

헌법에 정당조항을 두지 않은 미국과 일본의 경우

위와 같이 오늘날 정당제 민주주의 국가들은 대체로 헌법에 정당제도를 직접 규정하여 정당에 대한 국가적 보호와 법적 제한이 행해지고 있으나, 미국이나 일본 같은 나라는 헌법에 직접 정당조항을 두고 있지 않은 것이 특징이다. 의회민주주의와 선거과정의 현실에서 정당이 필수불가결의 요소로서 활동하고 있지만 헌법상 정당제도에 관한 일반조항을 규정하지 않고 있다. 미국의 연방헌법 및 각 주의 헌법은 정당에 관한 직접적인 규정은 두고 있지 않을 뿐만 아니라, 결사의 권리(right of association)에 관해서도 특별한 규정을 두고 있지 않지만, 개인의 자발적인 정당 결성 자유는 국민의 고유한 권리로 인정되고 있다. 이와 같이 미국에서 정당에 대한 헌법상 지위의 보장은 '결사의 권리'의 헌법상 보장에 관한 판례를 통하여 찾아볼 수 있다. 결사의 권리를 헌법상의 권리로 수립하는 데 있어서 판례는 결사를 언론·집회의 자유에 포함되는 것으로 인정하기도 하고, 참정권에서 근거를 구하거나 통치 형태에 고유한 것이라는 등의 접근으로 이론구성을 하고 있다. 요컨대 국민의 정당결성권은 헌법상 직접적인 명문의 규정이 없더라도 언론의 자유·집회의 자유 및 선거권 등에 대한 헌법적 보장의 부산물로 인정되는 것이다.

일본의 경우에도 정당은 현실적인 정치과정에서 중요한 역할을 수행하고 있지만, 헌법은 정당에 대하여 직접적인 규정을 두고 있지 않다. 그렇지만 일본의 판례와 학설은 정당이 의회제민주주의의 기반을 이루는 불가결한 요소이며, 헌법은 정당의 존재를 당연히 예정하고 있는 것이라고 적극적으로 평가하고 있다. 그리고 정당은 일본 헌법 제21조가 보장하는 일반적 결사의 경우와 같이 정당결성의 자유, 정당에의 가입·탈퇴의 자유, 정당의 자치적 활동의 자유가 보장되는 것으로 이해하고 있다. 이와 같이 일본의 정당은 헌법상 근거와 관계없이 정당의 자유는 기본권으로 보장되고 있다.

반면에 정당에 대한 법적 규제는 개별적인 법률에 의해 이루어지고 있다. 정당규제의 측면을 보면 일본은 일찍부터 정치자금에 관한 의혹사건이 발생하였고, 이로부터 정치와 돈에 관한 규제의 강화가 지적되어 왔다. 그리하여 '정치자금규정법'의 제정과 개정을 통하여 정당의 정치자금의 투명화 등을 꾀하여 왔다. 정치자금규정법은 정당 및 기타 정치단체의 기능적 중요성 등을 고려하여 정치단체 및 공직 후보자에 의해 행해지는 정치활동을 국민의 부단한 감시 하에 두기 위하여 정치단체의 신고, 정치단체에 관한 정치자금의 수지 공개, 정치단체 및 공직 후보자에 관한 정치자금의 수수규정 등의 조치를 강구하고 있다. 그러나 이러한 정치자금규정법의 운용 등을 통해서도 정치자금을 둘러싼 부패가 근본적으로 해결되지 못하자, 그 대안으로서 정당의 국고조성에 관한 '정당조성법'이 제정되어 1995년부터 시행되고 있다. 정당조성법은 의회제민주주의에 있어서 정당의 중요성을 고려하여 국가가 정당에 대하여 정당교부금으로 조성하고, 이를 위하여 필요한 정당의 요건, 정당의 신고, 기타 정당교부금의 교부에 관한 절차를 규정함과 동시에, 그 용도의 보고와 기타 필요한 조치를 강구함으로써 정당 정치활동의 건전한 발달을 촉진하고, 그 공명과 공정을 확보하는 것을 목적으로 하고 있다.

우리나라 정당제도의 성립과 전개 과정

광복 후 군소정당의 난립과 미군정의 정당규제

우리나라는 1945년 광복 직후 혼란스러운 사회의 무질서 속에서 수많은 정당들이 출현하였으며 군소정당 및 좌익정당의 난립이 문제가 되었다. 그리하여 당시 미군정 당국은 군소정당과 좌익정당에 대한 규율이 필요함에 따라 최초의 정당에 관한 규제법을 만들게 되었다. 1946년 11월 23일 공포된 미군정령 제55호 '정당에 관한 규칙'이 그것이다. 이 규칙에 의하여 정당의 등록을 규정함으로써 정당활동을 명확히 하고 비밀정당이 금지되었다. 정치적 활동을 목적으로 단체 또는 협회를 조직하여 어떠한 형식으로 정치적 활동에 종사하는 자로 구성된 3인 이상의 각 단체는 정당으로서 등록하여야 하며, 정치적 영향을 미치기 쉬운 활동을 은밀히 행하는 단체 또는 협회는 금지되었다. 정당의 등록사항으로는 정당의 명칭 및 기호, 당헌, 보통 당원 이상의 특정 당원의 지위와 성명 등, 사무소의 주소, 정당의 조직과 정치활동 개시일, 당원 수 등을 규정하였다. 또한 이 규칙은 당원의 입당자격에 관하여 법상의 공직자격 상실자, 외국 국적을 가진 자 등은 자격이 없음을 규정하고 비밀입당은 위법이며, 당원 이외의 출처로부터의 기부 또는 직접·간접의 원조를 금지하고 각 도에 거주하는 당원명부를 도지사에 제출하도록 규정하였다. 이와 같은 군정법령에 의하여 당시의 미군정 당국은 혼란한 정당질서를 바로 잡기 위해 정당을 법적 규제의 대상으로 하였으며, 공산당에 대하여 강경책으로 나가는 한편, 남한의 민주정당의 육성 및 민주정치의 기반을 견고히 하는 데 주력하였다.

1948년의 건국헌법은 정당에 관한 아무런 규정을 두지 않고 묵시적인 태도를 취하였다. 그리하여 헌법은 정당을 일반결사에 포함시켜 취급하였으며 정당에 대하여 다른 결사와는 상이한 특별한 지위를 인정하지 않았던 것이다. 국법상 정당은 다른 일반 결사와 동일하게 취급되었으나, 다만 「국회법」상 인정된 교섭단체 및 교섭단체에 입각한 위원회의 구성은 사실상 정당의 존립을 전제로 한 것이었다.

헌법상 정당제도의 채택과 전개 과정

우리나라의 헌법상 정당에 관한 조항을 최초로 규정한 것은 1960년 제2공화국헌법이다. 당시 헌법 제13조 제2항에 "정당은 법률이 정하는 바에 의하여 국가의 보호를 받는다. 또 정당의 목적이나 활동이 헌법의 민주적 기본질서에 위배될 때에는 정부가 대통령의 승인을 얻어 소추하고 헌법재판소의 판결로써 그 정당의 해산을 명한다"라고 규정함으로써, 일반 결사와 구별되는 정당의 특수성을 인정하였다. 이것은 이승만 대통령의 자유당시대의 쓰라린 야당탄압 경험을 살려 정당 해산을 행정부의 자의에서 해방시켜 헌법의 수호자인 헌법재판소의 판결에 의하여 해산할 수 있게 한 점에서, 헌법제도로서의 정당의 존립을 보장한 데에 그 의의가 있는 것이었다.

이 헌법규정에 근거하여 정당의 등록에 관한 입법이 행해지게 되었다. 1960년 「신문 등 및 정당 등의 등록에 관한 법률」은 제3조에 정당의 등록을 규정하여 정당 및 기타 정치활동을 목적으로 하는 단체를 조직할 때에는 그 명칭, 정강 정책, 당헌, 주소, 대표자, 조직 연월일 등을 기재한 요식 등록을 하도록 하였다.

　　1962년의 제3공화국헌법은 제7조에 정당에 관한 일반조항을 둔 것이 특징이다. "① 정당의 설립은 자유이며 복수정당제는 보장된다. ② 정당은 그 조직과 활동이 민주적이어야 하며 국민의 정치적 의사형성에 필요한 조직을 가져야 한다. ③ 정당은 국가의 보호를 받는다. 다만 정당의 목적이나 활동이 민주적 기본질서에 위배될 때에는 정부는 대법원에 그 해산을 제소할 수 있고, 정당은 대법원의 판결에 의하여 해산된다"라고 규정하였다. 또한 정당은 헌법상 국회의원 후보자 공천권, 대통령 후보자 공천권을 가지고 있어서 대통령선거와 국회의원선거에 입후보 할 경우 당적의 보유를 필수요건으로 하였으며, 국회의원이 당적을 이탈·변경한 경우에는 자격이 상실되도록 하여 정당은 강력한 권한을 가진 사실상의 헌법기관적 역할을 담당하였다. 이처럼 제3공화국헌법은 철저한 정당국가적 경향을 지향하였던 것이다. 현대의 대중민주주의가 정당국가로 발전하는 것은 부인할 수 없는 현상이지만, 제3공화국헌법과 같은 정당의 우월한 지위를 규정한 헌법은 그 유례를 찾아보기 힘든 것이었다.

　　1972년의 제4공화국헌법에서는 정당국가적 경향을 대폭 완화하여 정당의 지위를 격하시키게 되었다. 즉, 제4공화국헌법에서는 국회의원선거에 있어서 무소속입후보를 허용하고, 통일주체국민회의의 대의원선거에서는 정당소속원의 출마를 금지하는 등 정당국가적 경향을 상당히 후퇴시켰다. 1980년의 제5공화국헌법은 제4공화국헌법의 정당조항을 거의 그대로 답습하면서 정당의 지위를 강화시켰다고 볼 수 있다. 특히 정당운영자금의 국고보조규정은 새롭게 신설된 조항이다. 정당자금의 국고보조조항은 과거의 정치자금으로 인한 부정부패를 일소하기 위해 채택되었다는 점에서 그 의의가 있다고 할 수 있다. 그리고 제5공화국헌법은 부칙 제7조에서 "새로운 정치질서의 확립을 위하여 이 헌법 시행과 동시에 이 헌법 시행 당시의 정당은 해산된다"고 규정하여 당시의 정당이었던 민주공화당, 신민당, 민주통일당, 통일사회당 등이 1979년 10월 27일 해산되고, 새로이 민주정의당, 민주한국당, 민주국민당, 민권당, 신정당 등의 여러 정당이 창당되었다.

헌법상 정당제도의 보장

헌법 제8조 정당조항

현행 헌법 제8조의 정당조항의 의미는 첫째로, 그것이 헌법상 '제도적 보장'에 관한 규정이라는 것이다. 제도적 보장이란 정당제도, 선거제도, 공무원제도, 지방자치제도, 사유재산제, 가족제도 등 국가존립의 기반이 되는 기존의 전통적 제도를 헌법의 수준에서 보장함으로써 당해 제도의 본질을 유지하려는 것을 말한다. 헌법에 의하여 일정한 제도가 보장되면 입법부는 그 제도를 설정하고 유지할 입법의 의무를 지게 될 뿐만 아니라 그 제도를 법률로써 폐지하거나 그 본질을 훼손할 수 없는 구속을 받게 된다. 즉, 제도적 보장은 입법권을 비롯하여 집행권과 사법권까지도 구속한다는 점에서 단순한 프로그램적 성격을 띠는 것이 아니라 직접적 효력을 가지는 재판규범으로서의 성격을 가진다.

  정당조항은 또한 헌법개정과 관련하여 중요한 의미를 가지고 있다. 정당 설립의 자유와 복수정당제의 보장은 헌법상 자유민주적 기본질서의 핵심적 구성요소를 의미한다. 오늘날의 정당국가적 민주주의에 있어서 정당 설립의 자유와 복수정당제는 민주주의의 초석이며 헌법의 기본질서를 구성하므로, 이에 대한 침해는 독재정치를 강요하는 것이 되어 허용될 수 없다. 따라서 정당 설립의 자유와 복수정당제 보장에 관한 규정은 헌법개정 절차에 의해서도 개정할 수 없는 헌법개정의 한계를 의미한다.

  우리 헌법의 정당조항은 헌법의 예방적 수호라는 측면에서 중요한 의미를 가진다. 헌법 제8조 제4항은 "정당의 목적이나 활동이 민주적 기본질서에 위배될 때에는 정부는 헌법재판소에 그 해산을 제소할 수 있고, 정당은 헌법재판소의 심판에 의하여 해산된다"라고 규정하고 있는데, 이 조항은 정당활동의 헌법적 한계에 관한 규정이며, 동시에 그것은 반국가적·반민주적 정당활동을 방지하기 위한 '헌법의 예방적 수호'에 관한 규정을 의미한다. 즉 헌법 제8조 제4항의 위헌정당의 금지에 관한 규정은 정당의 목적이나 활동이 민주적 기본질서에 위배될 경우 그 존립과 활동에 관한 특권을 박탈하여 민주주의의 적으로부터 민주주의를 수호한다는, 이른바 '방어적 민주주의'에로의 헌법제정권자의 결단을 의미하는 것이다.

정당의 법적 개념요소

정당의 개념에 관해서는 학자들에 따라 다양하게 정의될 수 있으나, 일반적으로 정치학적·사회학적 개념과 법적 개념으로 구분하여 생각할 수 있다. 정치학적 개념으로 보면 정당이란 정치적 영역에 있어 필수적인 사회적 행동통일체로서, 그것은 "권력 획득을 목적으로 하는 투쟁단체"로 정의되고 있다. 현대적 대중민주주의에 있어 정당은 그 자체의 모든 이데올로기적 요소를 배제하고 보면 정치적 권력의 획득과 유지를 위해 투쟁하는 투쟁단체에 불과하다고 할 수 있다. 즉, 그 것은 권력 획득을 위한 선거조직으로서의 기능과 사실상의 통치조직으로서의 기능을 수행하고, 이러한 목적을 위하여 공동의 주의·주장으로 결합된 행동통일체를 의미한다.

정당의 법적 개념은 헌법 제8조의 정당조항과 그 조항을 구체화하는 「정당법」상의 규정들에 의해 정의될 수 있다. 오늘날 대의제 민주주의에 있어 정당의 활동과 기능의 중요성이 강조됨에 따라 정당제도가 헌법에 수용되고, 그 헌법에 의해 정당의 기능과 활동이 보장되고 헌법과 법률에 따라 정당의 권리와 의무가 규정되고 있는 정당국가적 민주주의에 있어서 정당의 법적 개념은 헌법과 「정당법」의 규정들을 근거로 다양하게 정의되고 있다.

우리 헌법재판소는 헌법 제8조와 「정당법」 제2조에 근거한 정당의 법적 개념 징표에 대해 "① 국가와 자유민주주의 또는 헌법질서를 긍정할 것, ② 공익의 실현에 노력할 것, ③ 선거에 참여할 것, ④ 정강이나 정책을 가질 것, ⑤ 국민의 정치적 의사형성에 참여할 것, ⑥ 계속적이고 공고한 조직을 구비할 것, ⑦ 구성원들이 당원이 될 수 있는 자격을 구비할 것 등"을 제시하고 있다(헌재 2006. 3. 30. 2004헌마246).

정당의 헌법상 지위를 어떻게 볼 것인가?

정당의 헌법상 지위에 관한 국내 학설은 헌법에 정당조항을 신설한 1960년 제2공화국헌법 시대부터 논의가 되기 시작했으며, 제3공화국헌법에 들어 정당조항의 해석과 함께 정당의 헌법상 지위에 관한 학설이 매우 활발하게 대두되었다. 그 학설은 국가기관설, 사적 결사설, 중개적 권력체설 등으로 구별되는데, 오늘날에는 중개적 권력체설이 통설적 견해로 받아들여지고 있다.

제3공화국헌법상 정당의 지위에 관한 학설은 국가기관설 내지 헌법기관설이 다수설의 입장이었다. 즉, 정당은 그 설립이 자유로운 결사이지만 그것이 국민의 정치적 의사 형성에 참여하는 경우 헌법기관적 기능을 수행하기 때문에 헌법상의 기관으로 볼 수 있다는 것이다. 그러나 오늘날에는 국가기관설 내지 헌법기관설을 취하는 입장은 거의 없다. 사적 결사설은 정당이 국민의 정치적 의사 형성에 참여한다는 헌법적 과제를 부여받고 있지만, 정당은 국민의 자발적 조직으로서 결코 국가기관이 될 수 없으며 여전히 자유로운 사회적 성격을 가진 사적 결사라는 것이다. 정당의 헌법상 지위에 관한 논의에서 사적 결사설의 주장은 독일에서 일부 학자들의 견해이며, 국내에서 이를 주장하는 학자는 거의 찾아보기 어렵다.

'중개적 권력체설'은 정당을 국가기관이나 사적 결사의 어느 일면만으로 보지 아니하고, 양자의 중간적 형태로 보는 입장이라 할 수 있다. 즉, 정당을 국가조직의 일부로 보는 것을 거부하면서 그렇다고 정당이 국민의 정치적 의사 형성 과정에서 차지하는 공적 지위를 간과하지 않고, 다른 한편 정당의 자유로운 사회적 기본성격을 계속 인정하려는 중개적 권력체설이 지배적 견해이다. 헌법재판소도 이러한 중개적 권력체설의 입장에서 정당의 공적 기능을 강조하고 있다. 즉 정당은 국민의 자발적 조직이기는 하지만 다른 집단과는 달리 그 자유로운 지도력을 통하여 무정형적(無定型的)이고 무질서적인 개개인의 정치적 의사를 집약하여 정리하고 구체적인 진로와 방향을 제시하며 국정을 책임지는 공권력으로까지 매개하는 중요한 공적 기능을 수행하기 때문에, 헌법도 정당의 기능에 상응하는 지위와 권한을 보장하고 있는 것이라고 판시하였다(헌재 1991. 3. 11. 91헌마21).

생각건대 오늘날의 정당국가적 민주주의에 있어 정당이 수행하는 헌법상 기능의 중요성에 비추어 볼 때 정당은 국민과 국가기관 사이의 중개체의 지위를 가지는 것으로서, 일반의 사적 결사와도 구별되고 국가기관으로도 볼 수 없는 특수한 정치적 결사라고 할 수 있다.

정당의 법적 형태에 관한 논의

정당의 헌법상 지위 문제와 함께 주요한 논점으로 제기되는 문제는 정당의 법적 형태 내지 법적 성격에 관한 것이다. 우리나라 「정당법」은 정당에 법인격을 부여하고 있지 않기 때문에 정당의 외형적인 법적 형태에 관하여 견해가 나뉘고 있으나, 일반적으로 사법(私法)상의 결사 또는 사단의 일종으로 보는 것이 지배적이다. 즉, 정당은 국민의 정치적 의사 형성에 참여하는 것을 그 기능으로 하는 정치적 결사로서 헌법과 「정당법」 등에 의하여 특수한 지위와 기능이 부여되어 있을 뿐,

그 법적 형태 내지 결사로서의 본질은 당원들에 의하여 자발적으로 구성된 단체로서 "법인격 없는 사법상 사단의 일종"으로 보는 것이다.

정당의 법적 형태에 관한 논의는 정당의 본질에 관련된 문제이지만 현실적으로 정당과 정당 간에 분쟁이 발생한 경우라든지, 특정 정당 내의 분쟁이 발생한 경우 그 분쟁 해결을 위한 법적 절차와 관련되는 문제이다. 따라서 정당의 내부적 의사결정과정에 다툼이 있는 경우 정당의 본질을 사법상의 사단으로 보아 통상의 민사사건과 마찬가지로 법원 사법심사의 대상이 될 수 있는가의 여부가 문제된다. 이에 관하여 1979년 '신민당총재단직무집행정지가처분결정사건'에서 서울민사지방법원은 정당의 본질을 사법상의 사단으로 보아 사법심사의 대상이 된다고 판시한 바 있다.

생각건대 정당의 법적 형태를 단지 사법상의 결사 내지 사단으로 보아 정당 내부의 분쟁에 대해 일률적으로 일반의 민사사건과 마찬가지로 법원 사법심사의 대상이 된다는 것은 문제가 있다. 정당은 본래 사적 결사로서 조직된 정치적 단체이지만, 정당활동의 공적 기능의 중요성에 비추어 정당 내부의 분쟁에 대해 일률적으로 일반적인 사법상의 분쟁과 마찬가지로 취급하는 것은 곤란하다고 본다. 정치적 성격이 강한 정당의 내부 분쟁은 정당의 자율성을 존중하여 사법부가 자제하는 것이 바람직하다고 할 것이다.

정당 설립의 자유

헌법 제8조 제1항은 "정당의 설립은 자유이며, 복수정당제는 보장된다"라고 하여 정당 설립의 자유와 복수정당제를 보장하고 있다.

현대 정당국가적 민주주의에 있어서는 정당의 존재가 필수적으로 전제되어야 하므로 헌법은 정당 설립의 자유를 보장하고 있는 것이다. 정당은 민주정치의 불가결한 요소인 국민의 자유롭고 공개된 정치적 의사 형성을 가능하게 하는 것이므로 국가로부터 자유로운 지위에 서 있지 않으면 안 된다. 따라서 정당 설립의 자유는 정당의 설립에 있어서 국가로부터의 자유를 의미하며, 여기에서 정당조직의 국가화와 관제화가 금지된다. 그러므로 정당의 설립에는 사전에 국가권력에 의해 제한을 받을 수 없으며 정당 설립의 허가제는 위헌을 면할 수 없다.

또한 헌법 제8조 제1항이 명시하고 있는 "정당의 설립은 자유이며…"라는 규정은 정당 설립의 자유뿐만 아니라 설립될 정당의 조직형태를 선택할 정당조직선택의 자유와 그와 같이 선택된 조직을 결성할 정당조직의 자유 및 정당활동의 자유를 포함하는 '정당의 자유'를 정하고 있다. 이러한 정당의 자유는 국민이 개인적으로 갖는 기본권일 뿐만 아니라, 단체로서의 정당이 가지는 기본권이기도 하다.

그러나 한편 정당의 설립에 있어서 군소정당의 난립으로 건전한 의회정치를 저해할 수 있는 요인을 방지하기 위하여 그 설립에 일정한 요건을 요구하고, 또한 질서유지를 위한 최소한의 필요에 의해 '정당의 등록제'를 채택하는 것은 정당 설립의 자유와 양립될 수 없는 것은 아니라고 보는 것이 통설이다. 즉, 헌법상 정당은 자유롭게 설립되지만 동시에 정당은 헌법 제8조 제2항에 따라 "국민의 정치적 의사 형성에 참여하는 데 필요한 조직"을 가져야 하므로 여기서 국민의 정치적 의사형성에 필요한 조직이 무엇인가를 구체화하는 것은 「정당법」에 의하여 그 최소한의 조직기준을 규정하게 되고, 자유롭게 설립되는 정당이 그 조직기준을 충족하고 있는지를 확인하는 절차가 등록이라 할 수 있으므로 이러한 '확인적 성격'의 등록은 정당 설립의 자유를 침해하는 것이라 할 수 없다. 그렇지만 「정당법」에 의한 정당의 조직기준이 지나치게 엄격하면 이는 실질적으로 정당 설립의 자유를 침해하게 되는 문제가 제기된다.

지구당의 강제 폐지는 합헌인가?

2004년 정치개혁 입법의 일환으로 「정당법」을 개정하여 지구당을 폐지했다. 지구당 폐지의 배경은 무엇보다 지구당 운영으로 인한 고비용을 줄이고 지구당위원장의 지구당 운영의 사당화경향을 타파하여 유권자의 참여를 증대시키고, 지방정당조직의 사적 요소를 제거하여 정당을 공적 조직으로 만들려는 것이었다고 할 수 있다. 그러나 이러한 법률에 의한 지구당조직의 강제적 폐지에 대해서는 정당조직의 자유를 침해하는 것이 아닌가 하는 문제가 제기되었다. 정당이 국민의 정치적 의사 형성에 참여하는 헌법적 기능을 수행하기 위해서는 정당의 조직이 기본적으로 전국적인 조직을 갖춰야 하며, 당원과 국민의 정치적 의사를 '밑에서부터 위로 향하여' 형성할 수 있는 상향적 조직을 가져야 한다. 즉, 국민의 정치적 의사 형성에 참여하는 민주적 정당의 조직은 상향식의 의사 형성을 가능하게 하는 '지역단위의 상향식 조직'이어야 한다. 그러나 종래의 지구당이 폐지된 상황에서 중앙당과 시도당의 조직만으로 상향식의 정치적 의사 형성을 기대하기 어렵다고 할 것이다. 지구당 운영의 현실적 폐해가 아무리 크다고 한들, 지구당조직을 전면적으로 폐지하는 법적 강제는 정당 설립의 자유, 정당조직의 형태를 선택할 자유를 지나치게 제한하는 것이 된다.

헌법 제8조 제1항이 명시하는 정당 설립의 자유는 설립할 정당의 조직형태를 어떠한 내용으로 할 것인가에 관한 정당조직 선택의 자유 및 그와 같이 선택된 조직을 결성할 자유를 포괄하는 '정당조직의 자유'를 포함한다. 따라서 「정당법」에 의한 지구당 폐지의 강제는 헌법상 보장된 정당의 설립과 조직 및 활동의 자유를 침해하는 것이 아닌가의 의문이 제기될 수밖에 없다. 지구당 폐지의 목적이 아무리 고비용 저효율의 정당구조를 개선하는 데에 있다고 한들, 정당의 본질로서 국민의 자유로운 자발적 결사로서 정당의 조직과 활동의 자유를 최대한 보장하기 위해서는 정당의 조직형태에 국가가 관여하는 것은 가급적 배제되어야 한다. 정당조직의 최소 단위로서 지구당의 존치 여부는 정당의 자율에 맡기는 것이 타당하며 법률로써 지구당설치를 금지하는 것은 정당의 자유 보장에 관한 헌법정신에 위배된다고 볼 수 있다.

그러나 이 문제에 대해 헌법재판소는 2004년 사건에서 소극적 입장을 보였다. 즉 「정당법」상 지구당 폐지에 관한 법률조항들이 정당의 조직과 활동의 자유를 제한하는 것이라고 하더라도 그 자유를 본질적으로 침해하는 것은 아니며 과잉금지의 원칙에도 위배되는 것이 아니라고 판단하였다. 지구당 폐지에 관한 조항들이 정당으로 하여금 그 핵심적인 기능과 임무를 전혀 수행하지 못하도록 하거나 이를 수행하더라도 전혀 비민주적인 과정을 통할 수밖에 없도록 하는 것이라면 정당의 자유의 본질적 내용을 침해하는 것이 되지만, 지구당이나 당 연락소가 없더라도 이러한 기능과 임무를 수행하는 것이 불가능하지 아니하고, 특히 교통, 통신, 대중매체가 발달한 오늘날 지구당의 통로로서의 의미가 상당 부분 완화되었기 때문에 본질적 내용을 침해한다고 할 수 없다고 판시하였다(헌재 2004. 12. 16. 2004헌마426).

당원의 자격문제

우리나라 정당제도는 헌법상 정당 설립과 활동의 자유가 보장되고 있으나 실제로 당원 가입에 있어서 법적 제약을 많이 받고 있는 것이 아닌가의 의문이 든다. 서구 민주주의 국가에서는 정당의 조직과 활동에 있어 당원 자격에 관한 제한이 거의 없다. 예컨대 미국이나 영국, 독일 등에서는 공무원이나 교사 등도 쉽게 정당에 가입하여 정치활동을 할 수 있다. 우리의 경우는 「정당법」에 의하여 공무원과 교원의 정치적 중립성 보장을 이유로 정당가입을 제한하고 있다. 그 밖에도 다른 법률조항에 의해서도 당원자격이 제한되는 경우들이 있다.

교원이 정당에 가입하여 그의 정치활동을 교육의 장에 끌어들이는 것은 교육의 정치적 중립성을 침해하고 학생의 입장에서 수업권을 침해당하는 문제가 있으므로 허용될 수 없으나, 교원이 주권자인 국민의 한 사람으로서 교육의 장과 엄격히 구별하여 당원으로서 정치적 토론에 참여하고 사회공동체의 공익을 위해 정치활동을 하는 것은 일정한 범위에서 인정할 필요가 있지 않은가 생각한다. 공무원의 경우에도 점진적으로 정당 가입과 정치활동을 허용하는 방향으로 나아가는 것을 검토할 수 있을 것이다.

당원의 자격 제한과 관련하여 헌법재판소는 초·중등학교 교원의 정당가입금지에 대하여 합헌이라고 결정하였다. 헌법재판소 판례에 의하면 "초중등학교 교원의 정당 가입 및 선거운동의 자유를 금지함으로써 정치적 기본권을 제한하는 측면이 있는 것은 사실이나, 공무원의 정치적 중립성 등을 규정한 헌법 제7조 제1항·제2항 교육의 정치적 중립성을 규정한 헌법 제31조 제4항의 규정취지에 비추어 보면, 감수성과 모방성 그리고 수용성이 왕성한 초·중등학교 학생들에게 교원이 미치는 영향은 매우 크고, 교원의 활동은 근무시간 내외를 불문하고 학생들의 인격 및 기본생활습관 형성 등에 중요한 영향을 끼치는 잠재적 교육과정의 일부분인 점을 고려하고, 교원의 정치활동은 교육수혜자인 학생의 입장에서는 수업권의 침해로 받아들여질 수 있다는 점에서 현시점에서는 국민의 교육기본권을 더욱 보장함으로써 얻을 수 있는 공익을 우선시해야 할 것이라는 점 등을 종합적으로 감안할 때, 초·중등학교 교육공무원의 정당 가입 및 선거운동의 자유를 제한하는 것은 헌법적으로 정당화될 수 있다"고 판시하였다(헌재 2004. 3. 25. 2001헌마710).

그러나 당원의 자격 제한과 관련하여 헌법재판소는 검찰총장이 퇴직 후 2년간 정당의 발기인, 당원이 될 수 없도록 규정한 「검찰청법」 규정이 위헌이라고 판단하였으며, 경찰청장에 대해서도 이와 동일한 제한을 둔 「경찰공무원법」에 대해 위헌결정을 내린 바 있다.

정당등록취소조항의 위헌성 여부

　　정당 설립의 자유 제한과 관련하여 정당의 등록취소제도가 문제될 수 있다. 현행 「정당법」은 정당등록제도와 함께 등록취소제도를 규정하고 있다(제44조). 즉 정당이 「정당법」 제44조 제1항의 제1호에서 제3호의 등록 취소사유에 해당하게 되면 당해 선거관리위원회는 그 정당의 등록을 취소하는데, 그 등록 취소사유는 다음의 세 가지로 규정하고 있다. 첫째, 「정당법」 제17조(법정시·도당수) 및 제18조(시·도당의 법정당원수)의 요건을 구비하지 못하게 된 때, 다만 요건의 흠결이 공직선거의 선거일 전 3월 이내에 생긴 때에는 선거일 후 3월까지, 그 외의 경우에는 요건흠결시부터 3월까지 그 취소를 유예한다. 둘째, 최근 4년간 임기 만료에 의한 국회의원선거 또는 임기 만료에 의한 지방자치단체장선거나 시·도의회의원선거에 참여하지 아니한 때, 셋째, 임기 만료에 의한 국회의원선거에 참여하여 의석을 얻지 못하고 유효투표 총수의 100분의 2 이상을 득표하지 못한 때이다. 위의 정당등록 취소사유 중에서 첫째 사유는 정당등록제도를 전제로 한 그 당연한 결과라고 볼 수도 있다. 그러나 정당등록 당시의 등록요건을 등록 이후의 사정으로 유지하지 못하게 된다고 해서 반드시 정당등록을 취소하는 것이 헌법에 합치하는 것인지의 의문이 제기될 수 있다. 정당의 자유는 정당 설립의 자유뿐만 아니라 정당의 존립과 활동의 자유를 포함하는 것이며, 특히 헌법 제8조 제4항의 정당해산제도는 헌법재판소의 위헌정당해산결정 이외에는 어떠한 경우에도 정당을 강제 해산시킬 수 없다는 '정당존립의 특권'을 의미하는 것이므로 이 점에서 정당의 등록취소는 정당존립의 특권을 보장하는 헌법에 위배되는 문제가 있다.[2] 2014년 1월 헌법재판소는 위 「정당법」 제44조 제1항 제3호의 등록 취소사유, 즉 국회의원선거에 참여하여 의석을 얻지 못하고 유효투표 총수의 100분의 2 이상을 득표하지 못한 정당에 대해 그 등록을 취소하도록 한 규정에 대한 위헌법률심판에서 이 규정은 과잉금지의 원칙에 위배되어 정당 설립의 자유를 침해하는 것으로 위헌이라고 판단하였다(헌재 2014. 1. 28. 2012헌가19). 이 사건에서 헌법재판소는 헌법 제8조 제1항의 정당 설립의 자유와 헌법 제8조 제4항의 입법취지를 고려하여 볼 때, 단지 일정 수준의 정치적 지지를 얻지 못한 군소정당이라는 이유만으로 정당을 국민의 정치적 의사결정과정에서 배제하기 위한 입법은 헌법상 허용될 수 없다고 하였다.

정당활동의 자유와 관련하여 정당에 대한 정치자금 제한이 문제될 수 있다. 구 「정치자금법」상 정당에 대한 후원회 금지규정에 관해 헌법재판소는 정당이 당원 내지 후원자들로부터 정당의 목적에 따른 활동에 필요한 정치자금을 모금하는 것은 정당의 조직과 기능을 원활하게 수행하는 필수적인 요소이자 정당활동의 자유를 보장하기 위한 필수불가결한 전제로서 정당활동의 자유의 내용에 당연히 포함된다고 하고, 정당 후원회의 금지는 정당제 민주주의하에서 정당에 대한 재정적 후원이 전면적으로 금지됨으로써 정당이 스스로 재정을 충당하고자 하는 정당활동의 자유와 국민의 정치적 표현의 자유를 침해하는 것이라고 하였다(헌재 2015. 12. 23. 2013헌바168).

복수정당제 보장은 자유민주주의의 본질적 요소

복수정당제의 보장은 정당 설립의 자유 보장의 당연한 논리적 귀결이다. 정당 설립의 자유는 필연적으로 다원적 정당제를 보장하는 것을 의미한다. 따라서 법률로써 강제하든 사실상으로 강제하든 일당제는 헌법에 위반된다. 복수정당제의 보장은 공산주의국가에서의 공산당 일당독재를 헌법상 보장하는 것과는 대조적인 것으로서, 이는 자유민주적 기본질서의 본질적 구성요소를 의미한다. 복수정당제는 양당제만을 뜻하는 것이 아니라 다원적 정당제를 의미하는 것이므로 법률로써 양당제만을 존립하게 하는 것은 허용될 수 없다.

복수정당제의 헌법적 보장은 일당독재를 부정하는 것뿐만 아니라 상이한 사회적 조건과 정치적 견해를 가진 여러 정당의 존재를 인정함으로써 다원적 정당국가의 성립을 가능하게 하려는 것을 의미하므로 여당과 야당, 거대 정당과 군소정당을 막론하고 모든 정당에 평등한 보호와 기회균등이 보장되어야 한다. 이는 헌법이 정당제 민주정치에 있어서 야당(opposition party)의 존재를 필수조건으로 해야 하고 야당을 보호해야 한다는 의미를 내포하고 있다. 말하자면 조직화된 반대의사의 존재는 민주주의의 본질적 특징이며 이러한 반대의사의 효과적인 조직은 야당 없이는 불가능한 것이므로, 야당의 존재와 정치적 이견(異見)의 존중은 복수정당제 보장의 전제가 되는 것으로서 중요한 의미를 가진다.

정당의 내부 질서는 왜 민주적이어야 하는가?

오늘날의 정당제 민주주의에 있어서는 정당의 목적이나 활동이 헌법의 테두리 안에서 민주적 기본질서를 준수해야 하는 것이 중요하지만, 그와 아울러 정당의 조직 자체도 민주적이어야 한다. 정당의 조직과 내부 질서의 민주화는 이른바 '당내민주주의' 문제로서 현대 정당 정치의 주요 과제가 되고 있다. 우리 헌법도 정당조직의 민주화에 관한 근거규정을 두어 제8조 제2항에 "정당은 그 목적·조직과 활동이 민주적이어야 하며, 국민의 정치적 의사 형성에 참여하는 데 필요한 조직을 가져야 한다"라고 규정하고 있다. 이는 정당의 헌법적 의무로서 정당의 목적과 활동이 민주적이어야 할 뿐만 아니라, 그 내부 조직도 민주적이어야 한다는 것을 밝힌 것이다. 또한 정당의 헌법적 기능으로서 국민의 정치적 의사 형성에의 참여와 이러한 정당의 기능을 수행하기 위한 정당의 조직확보에 관한 의무를 명시하고 있다.

정당의 조직 또는 내부 질서의 민주화는 정당 내부의 의사 형성이 민주적 기본원칙에 합치하여야 한다는 헌법적 요청을 규정한 것이다. 여기서 '민주적'이라는 말은 헌법의 기본원리로서의 민주주의 원리를 의미하며, 따라서 헌법상의 국민주권원리(제1조 제2항)를 이념적 기초로 하는 국민에 의한 지배의 원리를 비롯하여 민주선거의 원칙(제41조 제1항, 제67조 제1항), 다수결의 원칙(제49조) 등이 정당의 내부 조직과 의사 결정에 적용되어야 함을 의미한다. 이 헌법규정에 근거하여 「정당법」은 제29조 제1항에 "정당은 민주적인 내부질서를 유지하기 위하여 당원의 총의를 반영할 수 있는 대의기관 및 집행기관과 소속 국회의원이 있는 경우에는 의원총회를 가져야 한다"라고 규정하고 있다.

정당조직의 민주화를 요구하는 이유 내지 이론적 근거는 다음의 두 가지를 들 수 있다. 하나는 정당조직 자체의 성격, 즉 정당의 본질적 속성에 따른 '과두화현상'이 나타남에 따라 민주적 원칙에 입각한 정당의 내부질서를 강하게 요청하게 되는 것이고, 또 하나는 정당이 담당하는 헌법적 기능으로서 '국민의 정치적 의사 형성에 참여'라는 측면에서 볼 때 정당조직의 민주화는 필수불가결한 것이라 할 수 있다. 정당의 내부 조직을 완전히 정당의 자유에 맡기게 되면 민주주의적 원칙에 합치되지 않는 자기조직을 갖게 될 가능성이 커진다. 따라서 정당의 자유에서 발생하게 되는 그러한 결함을 방지하기 위해, 정당의 자율권에 개입하여 정당에 대한 민주화의 의무를 규정함으로써 민주국가구조와 균형을 이루는 정당의 내부질서를 확보할 것을 요구하게 되는 것이다.

이와 관련하여 정당 내 공직선거후보자추천의 민주화가 중요한 의의를 가지게 된다. 즉, 정당 내부질서의 민주화를 구현하는 여러 방안 중에서 특히 후보자공천의 민주화가 큰 비중을 차지하는 것은 선거에 관한 정당의 공천이 민주화되지 못할 때 그 선거의 민주화를 기대할 수 없으며, 선거의 민주화 없이 민주주의를 실현할 수 없기 때문이다. 따라서 정당 내부질서의 민주화가 선행되어야만 정당의 헌법적 기능이 제대로 수행될 수 있고, 나아가 헌법의 민주적 기본질서가 유지될 수 있는 것이다.

정당의 국고보조금제도

정당제 민주주의에 바탕을 둔 우리 헌법은 정당 설립의 자유와 복수정당제를 보장하고 있으며, 나아가 정당의 목적·조직과 활동이 민주적인 한 법률이 정하는 바에 의하여 국가의 보호를 받도록 하고, 정당운영에 필요한 자금도 보조받을 수 있도록 하고 있다. 이는 일반결사에 비하여 정당을 특별히 두텁게 보호하고 있음을 말해준다. 현행 헌법 제8조 제3항에 규정된 정당 운영자금의 국고보조는 1980년 헌법에서 최초로 채택한 것인데, 이 조항은 정당에 대한 정치자금의 적정한 제공을 보장하여 정당을 보호·육성하며, 정당의 자금조달 과정과 결부된 정치적 부패를 방지하는 데 그 의의가 있다.

  정당에 대한 국고보조제도를 채택하고 있는 나라들 중에서 헌법상에 직접 국고보조를 명문으로 규정한 경우는 드물다. 독일기본법 제21조의 정당조항에도 정당의 국고보조에 관한 명문의 규정을 두고 있지 않으며, 다만 연방 법률에 의하여 정당의 재정에 대한 일정한 범위 내의 국고지원은 허용되고 있다.[3]

  우리나라 「정치자금법」은 정당에 대하여 국고에서 보조금을 지급하도록 강제하고 있다. 보조금의 지급은 각 정당에 균등하게 배분하는 것이 아니라 정당의 의석수와 득표율을 기준으로 배분하며 교섭단체를 구성하지 못하는 군소정당의 경우에는 교섭단체를 구성하는 정당에 비해 보조금의 배분 규모가 적다. 법에 의하면 보조금은 지급 당시 동일 정당의 소속의원으로 교섭단체를 구성한 정당에 대하여 그 100분의 50을 정당별로 균등하게 배분·지급하고, 보조금의 지급 당시 위의 배분 지급대상이 아닌 정당으로서 5석 이상의 의석을 가진 정당에 대해서는 100분의 5씩을, 의석이 없거나 5석 미만을 얻은 정당 중 일정 요건을 갖춘 정당에 대해서는 100분의 2씩을 배분·지급한다. 그 잔여분 중

100분의 50은 지급 당시 국회의석을 가진 정당에 그 의석수의 비율에 따라 배분 지급하며, 그 잔여분은 최근에 실시된 국회의원총선거 득표수 비율에 따라 배분·지급한다. 헌법재판소는 이러한 보조금 지급기준에 대하여, 교섭단체의 구성 여부에 따라 보조금의 배분 규모에 차이가 있더라도 그러한 차등 정도는 각 정당 간의 경쟁상태를 현저하게 변경시킬 정도로 합리성이 결여된 차별이라고 보기 어렵다고 하였다.

정당의 국고보조제도는 정당에 대한 정치자금의 적정한 제공을 보장하여 정당의 자금조달 과정과 결부된 정치적 부패를 방지하는 데 그 의의가 있지만, 다른 한편으로 보아 정당의 국가로부터의 자유를 침해하게 되는 문제성을 내포하고 있다. 국가가 정당에 대해 운영자금을 보조해 주는 만큼 국가는 정당에 간섭하게 됨으로써 정당의 자유로운 지위가 제한을 받게 되는 문제가 있다.

우리나라의 정당에 대한 국고보조제도는 헌법에 직접적인 근거조항을 두고 있으므로 위헌성의 문제는 제기되지 않으나, 현실적으로 각 정당에 배분 지급되는 국고보조금의 증대는 정당의 보호·육성을 벗어나 정당의 국가로부터의 자유를 침해하고 국가에 대한 종속을 초래하게 될 우려가 있다. 그러므로 각 정당에 지급되는 국고보조금의 총액은 독일의 경우처럼 각 정당이 스스로 조달할 수 있는 운영자금을 초과해서는 안 될 것이며 부분적인 정당재정의 보조에 그쳐야 할 것이다. 또한 정당의 의석수와 득표율을 기준으로 각 정당에 대한 국고보조금을 배분하면 기성정당과 거대 정당에 유리하고 신생 정당과 군소 정당에 절대 불리하게 되어 정당 간의 기회균등을 침해하게 되는 문제가 있다. 국고보조제도가 정당자금의 적정한 제공을 보장하여 건전한 정당제도를 보호·육성한다는 데 의의를 두고 있다면, 각 정당의 의석수와 득표율만을 배분기준으로 할 것이 아니라, 당비 수입과 정당조직의 전국적 분산의 정도, 정당 소속 의원과 일반 당원의 전국적 분포 등도 배분 기준으로 삼는 것을 검토할 필요가 있다고 본다.[4]

위헌정당 해산은 헌법수호와 정당보호의 수단이다

우리 헌법의 정당조항은 정당의 자유를 보장함과 동시에 정당의 목적과 활동의 헌법적 한계를 명시하고 그 한계를 벗어난 정당에 대해 국가가 강제 해산시키는 제도를 채택하고 있다. 그리하여 헌법 제8조 제4항은 "정당의 목적이나 활동이 민주적 기본질서에 위배될 때에는 정부는 헌법재판소에 그 해산을 제소할 수 있고, 정당은 헌법재판소의 심판에 의하여 해산된다"라고 규정하고 있다. 이 조항은 정당활동의 한계에 관한 규정임과 동시에 그것은 반국가적·반민주적 정당활동을 방지하기 위한 '헌법의 예방적 수호'에 관한 규정을 의미한다. 즉, 위헌정당의 금지는 정당의 목적이나 활동이 민주적 기본질서에 위배될 경우 그 존립과 활동에 관한 특권을 박탈하여 민주주의의 적으로부터 민주주의를 수호한다는, 이른바 '방어적 민주주의'에로의 결단을 의미하는 것이다.

우리 헌법상의 정당해산조항은 독일기본법의 정당조항을 모방한 것이다. 독일기본법의 정당조항은 바이마르헌법시대의 정당에 대한 방임적 태도와 세계관적 중립성에 대한 역사적 반성으로 전후 기본법에 채택된 것이다. 즉, 바이마르헌법시대의 정당에 대한 가치중립적 태도가 나치스 독재 정당의 출현을 가져왔고 나치스에 의한 민주주의와 헌법질서 파괴라는 역사적 경험에 기초하여, 헌법적대적 정당의 출현을 방지하기 위한 헌법적 요청으로 제도화된 것이 정당해산조항이다. 헌법재판소는 2014년 12월 19일 헌정사상 최초의 정당해산심판 청구 사건에서 방어적 민주주의의 이론에 입각하여 피청구인 '통합진보당'에 대해 민주적 기본질서에 위배된다고 판단하여 해산결정을 하였고, 그 정당 소속 국회의원 5인에 대해서도 의원직 상실을 명하는 종국결정을 선고하였다.

또한 정당해산조항은 국가를 부정하거나 민주적 기본질서에 반하는 정당의 존립을 부정하는 것이면서, 다른 한편 정당의 헌법적 보호를 규정한 것이라는 데 그 의의가 있다. 즉, 정당의 해산은 헌법재판소의 심판절차에 의한 결정으로써만 가능하게 하며, 그것도 정당 해산의 요건으로서 민주적 기본질서에 대한 위배를 엄격한 기준에 의해 적용하도록 함으로써 행정부의 일방적·자의적 처분에 의한 정당 해산을 금지하며, 특히 야당이 집권당에 의하여 부당하게 그 활동을 제한받거나 해산되지 않도록 정당존립의 특권을 보장하는 의미를 가진다.

정당 해산의 실질적 요건으로서 '민주적 기본질서의 위배'란?

헌법 제8조 제4항에 의해 해산되는 정당은 "그 목적이나 활동이 민주적 기본질서에 위배될 때"에 한한다. 해산의 대상이 되는 정당은 원칙적으로 정당으로서의 등록을 마친 기성정당을 말한다. 따라서 정당 방계조직이나 대체 정당 등은 여기의 정당에 해당되지 않는다. 정당의 목적이나 활동이 '민주적 기본질서'에 위배될 때에 그 정당은 해산되는데, 여기서 민주적 기본질서란 무엇인가가 문제된다. 국내의 학설은 민주적 기본질서를 헌법 전문과 제4조에서 규정하고 있는 '자유민주적 기본질서'와 같은 의미로 파악하는 것이 통설이다. 따라서 정당해산의 실질적 요건으로서의 자유민주적 기본질서란 헌법의 근원적 기본질서를 말하는 것으로 이는 헌법질서 그 자체를 의미하는 것이 아니라, 헌법질서 중에서 자유주의적·민주주의적 요소에 관한 질서만을 의미한다.

그리고 헌법 제8조 제4항의 민주적 기본질서에 '위배될 때'의 해석은 정당해산제도의 남용을 막기 위하여 엄격한 기준에 따라 이루어져야 한다. 따라서 정당이 자유민주적 기본질서에 계속 대항해서 투쟁하는 경향을 보이거나 그 투쟁이 계획적으로 추진되는 것을 인식할 수 있는 경우라고 해서 바로 정당 해산을 선언하기는 어렵다고 보며, 정당의 해산은 자유민주적 기본질서에 대한 실질적 해악을 끼칠 수 있는 '구체적 위험'이 있어야 가능한 것이다. 그러므로 정당해산심판에 있어서 정당의 목적이나 활동이 민주적 기본질서에 위배된 것으로 판단하여 해산결정을 하기 위해서는 민주적 기본질서를 침해하려는 구체적 위험이 존재하여야 하며, 그 구체적 위험을 전제로 하여 기본권제한에 관한 일반원칙인 비례의 원칙이 적용되어야 할 것이다. 헌법재판소는 헌법 제8조 제4항이 의미하는 민주적 기본질서란 "개인의 자율적 이성을 신뢰하고 모든 정치적 견해들이 각각 상대적 진리성과 합리성을 지닌다고 전제하는 다원적 세계관에 입각한 것으로서, 모든 폭력적·자의적 지배를 배제하고, 다수를 존중하면서도 소수를 배려하는 민주적 의사결정과 자유·평등을 기본원리로 하여 구성되고 운영되는 정치적 질서를 말하며, 구체적으로는 국민주권의 원리, 기본적 인권의 존중, 권력분립제도, 복수정당제도 등이 현행 헌법상 주요한 요소라고 볼 수 있다"라고 판시하고, 민주적 기본질서의 '위배'란 "민주적 기본질서에 대한 단순한 위반이나 저촉을 의미하는 것이 아니라, 민주 사회의 불가결한 요소인 정당의 존립을 제약해야 할 만큼 그 정당의 목적이나 활동이 우리 사회의 민주적 기본질서에 대하여 실질적인 해악을 끼칠 수 있는 구체적 위험성을 초래하는 경우를 가리킨다"고 판시하였다(헌재 2014. 12. 19. 2013헌다1).

정당 해산의 제소절차

정당 해산의 실질적 요건이 구비되면 정부는 국무회의의 심의를 거쳐 헌법재판소에 그 해산을 제소할 수 있다. 헌법 제8조 제4항에 따라 현행 정당해산심판을 청구할 수 있는 제소기관은 정부이다. 여기서 정부는 행정부를 의미하며 행정부의 수반은 대통령이기 때문에 정당 해산 제소권은 정부의 권한이며 곧 대통령의 권한을 의미한다. 헌법상 정당 해산의 제소는 국무회의의 심의사항으로 규정하고 있으므로(헌법 제89조 제14호) 대통령은 국무회의의 심의를 거쳐 헌법재판소에 정당 해산을 제소할 수 있다. 따라서 국무회의의 심의를 거치지 않고 대통령이 헌법재판소에 정당 해산을 제소하는 것은 절차상 중대한 하자가 있는 위헌적인 행위로서 무효라 할 것이다.

정부의 정당해산제소권 내지 정당해산심판청구의 성격에 관해서는 학계의 견해가 나뉘는데, 정부가 정당 해산을 제소할 것인가의 여부는 정부의 자유 재량사항 내지 정치적 재량으로 보는 것이 다수설이다. 즉 정부의 제소권 행사는 정치적 재량에 속하는 일로서 위헌정당의 해산을 제소하는 것이 정부의 기속적인 의무는 아니라고 본다. 독일의 연방헌법재판소 판례도 연방정부가 정당해산심판을 청구하는 것은 정치적 재량에 속하는 것으로 보고 있다.

정당이 해산되면 의원직은 상실되는가?

헌법재판소의 정당 해산결정이 선고되면 그때부터 그 정당은 모든 특권을 상실하게 된다. 정당은 해산결정에 의해 자동적으로 해산되며 해산된 정당의 대표 및 간부는 그 정당의 강령 또는 기본정책과 동일하거나 유사한 대체정당을 창설하지 못한다(「정당법」제42조). 해산된 정당의 잔여재산은 국고에 귀속된다(동법 제41조 제3항). 문제가 되는 것은 해산된 정당의 소속 의원의 의원자격 상실 여부에 관한 것인데, 헌법이나 법률의 명문 규정이 없기 때문에 국회의원직을 상실하는지 아니면 무소속으로 남게 되는지 의문이 있다. 이 점에 관하여 학계의 견해는 갈리고 있다. 우리 헌법상 무소속후보자금지규정이 없고 현행 「공직선거법」상 무소속 입후보를 인정하고 있으므로 국회의원의 자격은 그대로 유지되고 무소속의원으로 남는다는 견해가 있으며, 그와 반대로 정당 해산과 함께 소속 의원의 의원직도 상실된다고 보는 견해가 있으나, 의원직상실설이 다수적 견해라 할 수 있다. 독일의 경우 연방헌법재판소는 1952년 사회주의국가당 해산결정에서 실정법적 근거가 없음에도 불구하고 해산되는 정당의 소속 의원의 자격상실을 명한 바 있으며, 그 후 연방선거법은 의원자격상실에 관한 명문 규정을 두고 있다. 현대적 정당국가적 경향에 비추어 볼 때 정당활동의 실질적 주체인 의원의 자격을 상실하도록 하는 입법은 방어적 민주주의의 헌법정신에 위배된다고 할 수 없다.

헌법재판소는 2014년 통진당해산청구사건에서 정당 해산결정과 함께 소속 의원의 의원직 상실을 선고하였다. 즉 정당 해산결정으로 해산되는 정당 소속 국회의원의 의원직 상실은 정당해산심판제도의 본질로부터 인정되는 기본적 효력으로 봄이 상당하므로, 이에 관하여 명문의 규정이 있는지 여부는 고려의 대상이 되지 아니하고, 그 국회의원이 지역구에서 당선되었는지, 비례대표로 당선되었는지에 따라 아무런 차이가 없이, 정당 해산결정으로 인하여 신분유지의 헌법적인 정당성을 잃으므로 그 의원직은 상실되어야 한다고 판시하였다(헌재 2014. 12. 19. 2013헌다1).

생각건대 정당 해산결정의 효과로서 당해 정당 소속 의원의 의원직 상실에 관한 명문 규정이 없는 경우 정당 해산결정과 함께 소속 의원의 의원직 상실을 명하는 것은 쉽게 결론을 내릴 수 있는 문제가 아니라고 본다. 이 문제에 대한 학설의 대립은 기본적으로 방어적 민주주의에 기초한 헌법수호의 실효성 확보라는 법익과 대의제 민주주의에 입각한 국회의원의 국민 대표성 및 자유위임의 원칙이라는 법익의 충돌을 의미하지만, 그 해결 방안은 대립하는 양 법익 사이의 선택적 문제가 아니라, 상호 우열관계가 있는 것으로 보기 어려운 동등한 지위를 갖는 양 법익을 어떻게 조화롭게 실현할 것인가에서 찾아야 할 것이다. 따라서 정당 해산의 결과로서 소속 의원의 의원직을 상실시키도록 하는 입법이 국민적 합의로 이루어지게 되면 이는 정당 해산 효과의 실효성 확보와 자유민주주의 헌법수호를 위해 정당화될 수 있다. 그렇지만 의원직 상실 여부에 관한 명문 규정이 없는 경우에 헌법재판소가 정당 해산결정과 함께 의원직 상실을 명하는 결정을 하는 데에는 매우 신중을 기해야 할 것이다. 헌법재판소는 헌법상의 권한으로 정당해산심판을 관장하지만, 국민 대표자의 지위를 갖는 국회의원의 자격을 해산정당 소속을 이유로 박탈할 수 있는 권한은 대의민주주의 원리와 권력분립의 원칙상 인정되기 어렵다고 할 수 있다. 대의민주주의원리의 구성요소로서 자유위임의 원칙은 정당의 기속으로부터 자유로운 의원의 지위가 보장되는 것이며, 헌법상 의원의 자격심사와 제명에 대해서는 국회의 자율권으로 보장되고 있고 이에 대해서는 법원에 제소할 수 없도록 규정(제64조 제4항)하고 있는 것도 권력분립원리를 전제로 한 것이기 때문에 헌법재판소가 정당 해산결정에 부수하여 의원직 상실을 명하는 결정을 내리는 것은 대의제원리와 권력분립원리에 위배된다고 할 것이다. 그렇다면 정당 해산결정을 하더라도 소속 의원의 자격상실 여부는 별도로 국회의 자격심사와 징계절차를 통해 자율적으로 해결하는 것이 옳다고 하겠다.[5] 이 문제에 대한 근본적인 해결책은 정당 해산의 효과로서 의원직 상실에 관한 규정을 국민적 합의를 바탕으로 명문화하는 것이 필요하다고 보며, 궁극적으로는 헌법개정 시 헌법 제8조 제4항의 정당해산조항에 이를 직접 규정하는 것을 검토할 필요가 있다고 본다.

한국의 정당개혁, 어떻게 할 것인가?

　　우리나라 정치개혁의 핵심은 정당제도와 정당정치의 개혁에 있다. 우리 헌법은 총강에 정당조항(제8조)을 규정하여 정당제 민주주의를 지향하면서 정당 설립과 활동의 자유를 보장하고 있으며, 세계에서 유례를 볼 수 없는 정당자금에 대한 국고보조를 규정하고 있다. 그러나 정당정치의 현실은 현대 대의제 민주주의의 불가결한 요소로서 정당이 국민의 정치적 의사 형성에 참여하는 기능을 제대로 수행하지 못하고 있으며, 국민과 국가기관을 매개하는 중개적 권력체로서의 역할을 다하지 못하고 있다. 집권당의 경우 오히려 정당을 매개로 한 입법권과 행정권의 통합으로 인해 대통령에의 권력 집중과 독점의 위험성이 문제되고 있다. 또한 여당과 야당의 관계는 국가이익을 우선하는 입장에서 생산적 토론과 타협, 견제와 비판, 포용과 협치의 태도는 기대할 수 없고 오로지 권력 획득·유지를 위한 대결과 투쟁으로 일관하는 행태를 보여, 국민의 정치적 의사 형성에 참여하는 정당의 헌법적 기능과는 괴리가 크다.

　　우리나라 정당정치의 현실이 정당제도 보장의 헌법정신에 합치될 수 있도록 하기 위한 개혁의 주요 과제로는 다음의 몇 가지를 생각해 볼 수 있다. 첫째, 정당이 국민의 정치적 의사 형성에 참여하는 헌법적 기능을 수행하기 위해서는 정당의 조직과 내부 질서의 민주화, 즉 당내민주주의(intra-party democracy)의 확립이 중요하다. 당내민주주의의 실현을 위해서는 정당 의사결정에 '상향식'의 원칙이 적용되어야 하는 것이 핵심이며, 특히 정당공천의 민주화가 관건이 된다. 우리나라 국회의원선거에서 정당공천의 민주화는 아직 국민의 기대 수준에 미치지 못하고 있다. 정당 지도부에 의한 전략공천은 민주적 공천에 역행하는 것이므로 중앙당의 공천권을 배제하여 상향적으로 지역구의 당원과 일반 유권자의 의사를 반영한 공천이 이루어져야 한다. 비례대표제 후보 공천의 경우에도 민주경선제가 채택되어야 하며, 공천심사위원회를 통한 후보 결정에도 공정하고 투명한 절차가 보장되어야 한다. 다만 지방선거의 경우 적어도 기초의회와 기초자치단체장 선거에서의 정당공천은 재고되어야 할 것이다. 현실적으로 기초자치단체장의 정당공천은 그 폐해가 심각한 수준에 이르고 있으므로 정당공천은 배제되어야 할 것이다. 지방자치의 최소 단위인 기초자치단체는 본질적으로 정치중립적인 생활자치를 기반으로 하고 있으므로, 정당의 개입을 통한 기초자치단체의 정치화를 막고 비민주적인 정당정치의 폐해를 지방자치 영역에까지 확산시키는 것을 방지하기 위해서라도 정당공천은 배제되는 것이 타당하다.[6]

둘째, 정당 운영자금에 대한 국고보조제도의 합리적 개선방안이 재검토되어야 한다. 현행 「정치자금법」에서 매년 각 정당에 지급되는 국고보조금의 계상방법과 배분, 지급방법 등을 규정하고 있으나 그 총액은 매년 증가하고 있으며 총액 자체도 과다한 것이 아닌가 하는 의문이 있다. 보조금 배분방식에 있어서도 각 정당의 의석수와 득표율을 기준으로 하기 때문에 거대 정당에 유리하고 신생 정당과 군소정당의 경우에는 보조금을 지급받는 데 매우 불리하다. 국가 재원에 의한 정당에 대한 재정지원은 정당의 국가로부터의 자유로운 지위를 침해하게 되는 문제가 있으므로, 본래 정당 스스로 조달할 수 있는 운영자금을 기준으로 그 조달액을 초과하지 않는 범위 내에서 국고보조금을 지급하는 것이 바람직하다. 정당이 자기조달로 확보할 수 있는 비용보다 훨씬 많은 자금을 국가가 보조할 때 정당의 자유로운 지위가 국가권력에 의해 침해되는 위험성이 크기 때문이다. 또한 국고보조금의 배분방식과 관련하여 정당의 의석수와 득표율뿐만 아니라 정당조직의 전국적 조직망이나 지역적 분산, 정당 소속 의원의 전국적 분포, 정당의 각 시·도당의 진성 당원수 등을 기준으로 포함시킴으로써 기성정당의 지역주의를 탈피하도록 하여 전국정당화의 조건을 유도하는 것도 고려해 볼 필요가 있다고 본다.[7]

셋째, 한국의 정당정치 개혁의 궁극적 과제는 무엇보다도 우리 사회의 고질적 병폐인 지역주의와 지역균열구도에 바탕을 둔 지역정당성을 극복하여 진정한 전국 정당으로 거듭나는 것이다. 정당조직의 전국적 분포를 확보하기 위해서는 전국의 국회의원선거구 중심의 단위조직을 활성화하고 이러한 '지역단위의 상향식 조직'을 통해 전국적 규모의 정치적 의사를 수렴하는 것이 필요하다. 현행의 시·도당 조직만으로 국민의 정치적 의사를 상향적으로 반영하는 것은 어렵기 때문에, 이 점에서 종래의 지구당조직을 폐지한 것은 문제가 있다고 보는 것이 필자의 생각이다. 헌법상 정당 설립의 자유는 '정당조직의 자유'를 포함하는 것이므로 정당조직의 형태는 정당의 자율적 선택에 맡기는 것이 타당하다.

넷째, 집권당인 여당에 의한 권력독점을 방지하기 위해서는 여당과 정부(대통령실)의 분리가 실현되어야 한다. 대통령이 집권당 소속 당원의 지위를 갖고 있더라도 그 정당에 대한 영향력과 지배권 행사는 자제되어야 하며 정당의 인사에 관여해서는 안 될 것이다. 당정 분리는 대통령의 권력독점을 방지하기 위한 중요한 조건이므로 대통령으로 선출된 이후에는 그가 속한 정당으로부터 중립성을 유지하는 것이 필요하다. 대통령은 모든 국민을 대표하는 국가원수의 지위에서 국민을 통합해야 하고 국민 전체에 대한 봉사자로서의 책무를 다해야 하기 때문이다. 또한 대통령은 「공직선거법」상 선거에서의 중립의무를 준수해야 하는 공무원에 포함된다는 것이 2004년 헌법재판소 결정에 의해 분명하게 밝혀진 이상, 대통령의 공직선거에서의 중립의무는 준수되어야 함은 물론이다.

끝으로 한국 정당정치의 개혁을 위해서는 궁극적으로 정당 구성원인 국회의원의 의식개혁이 중요하다. 우리나라 정당정치와 의회주의의 병폐는 정당 소속 의원들이 정당의 규율과 강제에 지나치게 구속되고 있다는 데 있다. 의원은 정당의 대리인 내지 구성원이기 이전에 전체 국민의 대표자임을 재인식하고 국가이익을 우선해야 하는 헌법상의 의무(제46조 제2항)를 충실히 이행해야 한다. 정당의 정치적 목적이 권력의 획득과 유지에 있다고 하더라도 정당 소속 의원들은 당리당략보다는 국가이익을 우선해야 하는 것이 그들에게 요구되는 국회의원의 양심이며 헌법의 명령임을 명심해야 한다. 의안에 대한 국회 표결에서도, 당론이 채택된다고 해서 무조건 따를 것이 아니라 당론을 존중하면서도 의원의 양심에 따라 국가와 국민 전체의 이익을 우선하는 입장에서 자유투표에 임할 수 있어야 한다.

주

1) 미국 헌법에 규정된 원래의 대통령선거절차(제2조 제1항)는 대통령과 부통령 후보를 구별하지 아니하고 대통령선거인단이 2명에 대하여 투표하여 최고득표자를 대통령으로 선출하고 차점자를 부통령으로 선출하는 방법을 규정하였다. 그러나 정당이 선거과정에 개입함에 따라 동 조항의 중대한 결함이 지적되자 수정헌법 제12조에 의해 대통령과 부통령의 후보를 구별하여 각 후보자 중에서 1명씩을 선거인단이 선출하는 현행의 방식을 채택하게 되었다.

2) 특히 정당등록요건을 겨우 충족시킨, 이른바 '한계정당'의 경우 정당 설립 이후의 운영 과정에서 등록요건에 부분적으로 미달하게 되는 요인이 발생하면 3개월의 유예기간을 거쳐 즉각 등록취소를 하는 것은 권력에 의한 야당탄압의 수단으로 악용될 우려가 있으며, 이는 정당 존립의 자유를 보장하는 헌법정신과 조화될 수 없는 것이 된다. 더욱이 세 번째 등록취소 사유인 '정당이 선거에서 실패한 경우', 즉 선거에서 의석을 얻지 못하고 유효투표 총수의 100분의 2 이상을 얻지 못한 경우 그 정당의 등록을 취소하는 것은 본질적으로 정당의 자유를 침해하는 것이라 하지 않을 수 없다. 특정 정당이 선거에서 유권자의 지지를 얻지 못하여 의석을 확보하지 못하고 일정한 득표율을 얻지 못하였다고 해서 그 정당을 등록 취소시키는 것은 사실상 정당 해산을 의미하는 것으로, 이는 헌법 제8조 제4항의 위헌정당해산제도와의 관계에서도 체계정당성의 원리에 부합하지 않는 것이 된다. 상세한 내용은 정만희, '정당법상 정당의 자유제한의 문제점', 「동아법학」 제54호, 2012, 126면 이하.

3) 독일에서는 이미 1960년대부터 정당에 대한 국고보조는 정당의 국가로부터의 자유를 침해한다고 하여 위헌판결을 받고 금지되어 왔으나, 1992년 연방헌법재판소 판결에서는 정당의 선거비용뿐만 아니라 정당활동비용에 대한 국고보조는 허용된다고 하면서, 다만 정당의 국가로부터의 자유원칙을 고려하여 정당활동비용의 부분적 보조만이 허용된다고 판시한 바 있다. 즉, 정당에 대한 국고보조의 합헌성 기준으로서 '절대적 상한'과 함께 정당의 국가로부터의 자유를 확보하기 위한 '상대적 상한'을 제시하여 국고보조금의 총액은 정당의 노력으로 자기 조달할 수 있는 수입 총액을 초과할 수 없다고 하였다. 그에 따라 연방의회는 1993년 「정당법」을 개정하여 국고보조의 연간 총액을 2억 3천 마르크라는 절대적 상한으로 설정하고, 각 정당에의 국고보조금은 당해 정당이 매년 자기 조달할 수 있는 수입 총액을 초과할 수 없도록 하였다.

4) 이에 관해서는 정만희, '정당법상 정당의 자유제한의 문제점', 「동아법학」 제54호, 2012, 139면.

5) 정만희, '정당해산심판의 헌법적 쟁점-정당해산심판의 요건과 효과를 중심으로-', 「공법연구」 제42집 제3호, 2014, 132면 이하.

6) 정만희, '지방선거와 정당참여에 관한 헌법적 고찰', 「공법연구」 제33집 제1호, 2004, 25면.

7) 정만희, '정당법상 정당의 자유제한의 문제점', 「동아법학」 제54호, 2012, 138-139면.

제4장
정부형태론

정부형태의 개념

　우리 헌법상의 대통령제를 이해하는 데 있어서는 먼저 정부형태의 개념이 전제되어야 한다. 정부형태(government regime)란 국가권력의 구조에 있어서 권력분립원리의 구체적 적용 형태를 의미한다. 특히 국가 통치구조에서의 입법부와 행정부 간의 권력분립의 기능적 실현 형태를 중심으로 하여 전통적으로 대통령제와 의원내각제의 정부형태가 구분되고 있다. 따라서 대통령제와 의원내각제의 분류는 기본적으로 입법부와 행정부의 상호관계를 중심으로 하여 그 관계가 상호독립이고 엄격한 분립관계인가, 아니면 밀접한 협력관계와 느슨한 분립관계인가에 따라 전자를 '대통령제 정부형태'라 하고 후자를 '의원내각제 정부형태'라고 한다. 대통령제는 1787년 미국 헌법의 제정에 의해 독창적인 정부형태로 출현하였으며, 제2차 대전 이후에 아시아·아프리카·중남미의 여러 나라들에 보급되었다. 의원내각제는 영국의 오랜 헌정경험 속에서 정치적 관행에 의해 18세기 중반 형성된 정부형태를 의미하며 유럽 각국에 크게 영향을 미쳤다.

현대적 정부형태 분류이론에 의하면 뢰벤슈타인은 현실적인 정치권력이 통제되고 있느냐의 여부에 따라 입헌주의(constitutionalism) 정부형태와 전제주의(autocracy) 정부형태로 분류하기도 한다. 입헌주의적 정부형태란 국민의 자유와 권리를 보장하기 위하여 국가권력이 분립되고 권력 상호 간에 견제와 균형이 유지되는 정부형태를 말한다. 예를 들면 영국의 의원내각제, 미국의 대통령제, 프랑스 이원정부제 등이 이에 해당한다. 여기서 이원정부제란 의원내각제와 대통령제의 혼합형 정부형태를 말하는데, 프랑스의 의원내각제적 전통 위에 미국형 대통령제의 요소를 가미한 절충형의 정부형태를 의미한다.

전제적 정부형태란 국가권력이 한 개인이나 한 계급·정당 등에 집중되고 집권자가 아무런 구속·제한을 받지 않고 자의적으로 권력을 행사하는 통치방식을 말한다. 전제적 정부형태는 권위주의적 정부형태(authoritarian regimes)와 전체주의적 정부형태(totalitarian regimes)로 구분되는데, 권위주의적 정부는 단일의 권력 담당자가 정치권력을 독점하고 국가 의사 형성에 피치자의 참여를 허용하지 않는 정부를 말한다. 입헌주의 체제 이전의 유럽의 군주제 또는 현대의 신대통령제(neo-presidentialism)가 그 대표적 예이다. 신대통령제란 대통령의 절대적 우위와 권력분립원리가 부분적·불균형적으로 채택된 대통령제를 의미한다. 전체주의 정부는 권위주의적 성격에 더하여 사회통제를 위한 일정한 요소들(시민들의 사적 생활과 정신을 통제하는 지배적 이데올로기, 통제도구로서의 경찰조직, 단일정당의 지배 등)이 부가된 것이다. 독일의 나치즘, 이탈리아의 파시즘, 구소련의 공산주의가 이에 해당한다.

우리나라의 정부형태는 건국헌법 제정 시부터 현행 헌법에 이르기까지 대통령제 중심의 권력구조를 채택하여 유지하고 있다. 다만 4·19 혁명에 의한 제2공화국헌법 시대는 대통령제를 부정하고 의원내각제를 일시적으로 채택한 바 있다. 대통령제를 70년 이상 시행해 왔지만 우리의 대통령제는 순수한 대통령제와 구별되는 것으로 의원내각제적 요소가 가미된 혼합형의 정부형태를 특징으로 한다. 1987년 헌법개정으로 우리의 대통령제는 구 헌법에 비해 합리적으로 개선되었으나 정부형태를 바꿔야 한다는 개헌논의가 정치권을 중심으로 끊임없이 이어져 오고 있다.

우리나라 정부형태는 무엇이 문제인지, 왜 개헌해야 하는지, 국민에게 생소한 개념인 이원정부제로 개헌해야 한다는 주장이 무엇인지를 제대로 이해하기 위해서는, 대통령제의 원형에 대한 이해를 비롯하여 서구에서 보편화된 의회 중심의 의원내각제 원리와 프랑스형의 이원정부제 원리를 알아야 한다.

대통령제

미국 대통령제의 탄생

대통령제(presidentialism)란 행정부가 입법부 및 사법부와 엄격하게 분리·독립되어 국가기관 상호 간에 권력적 균형이 유지되고 행정부의 수반인 대통령이 국민에 의해 선출되는 정부형태를 말한다. 대통령제는 미국 헌법의 제정자들에 의해 독창적으로 탄생한 것으로, 그 사상적 기초는 몽테스키외의 엄격한 삼권분립론에 바탕을 두고 있다.

    1787년 미국 헌법의 제정 과정에서 논의된 새로운 정부형태는 당시 영국 본국의 헌정과 군주제에 대한 반동으로 공화제의 채택을 대전제로 한 것이다. 그리고 당시 새로운 독립국가로서 미국(미합중국)의 탄생은 연방국가의 성립을 의미하는 것이었으며 대통령제는 연방국가를 전제로 한 중앙정부의 구성 방법에 관한 것이었다. 미국 대통령제를 이해하는 데 있어 헌법제정 당시의 역사적 배경에 대한 이해가 매우 중요하다. 1787년 미연방헌법 제정 이전에 아메리카 대륙의 13개 식민지들은 1776년 7월 4일 독립선언을 통해 각각 독립국가로서 개별적인 주 헌법(state constitution)을 제정하게 되었고, 13개 주들은 영국에 대해 공동으로 저항하기 위해 국가연합의 형태로 결합하여, 1777년 그 국가연합의 헌법에 해당하는 연합규약(Articles of Confederation)을 제정하였다. 그러나 이 연합규약은 연합체제의 중앙정부의 기능이 취약했기 때문에 국가연합의 체제를 보다 강력한 중앙정부에 의해 통합할 수 있는 연방국가 헌법의 제정에 각 주의 대표들이 합의하게 되었으며, 그것이 1787년 필라델피아 헌법제정회의이다. 이 헌법제정회의에서 연방국가의 중앙정부 구성 방법으로서 대통령제를 탄생시키게 된 것이다. 따라서 미국의 권력구조는 기본적으로 국가권력이 연방정부와 주정부로 수직적으로 분산되어 있고, 중앙정부의 권력도 어느 한 기관에 집중되지 않도록 삼권분립을 기초로 하여 대통령은 의회 및 사법부와의 관계에서 견제와 균형을 유지하도록 설계된 것이기 때문에, 대통령에 의한 권력 행사의 집중이나 독재의 위험성은 생각하기 어렵다.

    이와 같이 미국의 대통령제는 연방국가의 구성을 전제로 하여 군주제와 의원내각제를 부정하면서, 국민의 자유 확보를 위한 '제한정부'(limited government)와 의회와 행정부 간의 권력적 균형을 위한 '균형정부'(balanced government)를 모색하는 과정에서 탄생한 정부형태를 의미한다. 미국 헌법의 제정자들이 대통령제를 채택한 것은 당시 영국 국왕의 전제(專制)에 대한 공포에 기초한 것이었으나, 그렇다고 해서 약한 행정부를 의도한 것은 아니었으며 오히려 입법부와 권력적 균형을 이룰 수 있는 행정부를 기대하였다. 그리하여 안정된 행정의 수장제(首長制)를 채택하면서 국민에 의해 선출된 대통령이 국민에 대한 책임을 지는 정부형태를 탄생시키게 된 것이다.

대통령제의 본질적 요소

미국 대통령제를 원형으로 하는 대통령제 정부형태의 본질에 관해서는 다음과 같은 네 가지의 구성요소로 설명할 수 있다.

첫째, 대통령제는 대통령이 국민에 의해 선출되고, 그 임기 동안 의회에 대해 정치적 책임을 지지 않는 것을 본질적 요소로 한다. 행정부의 수반인 대통령이 임기가 고정되어 있고 탄핵을 제외하고는 의회의 불신임결의에 의하여 강제로 사임당하지 아니한다. 행정부의 구성을 의미하는 대통령의 선출을 의회가 담당하게 되면 이는 엄격한 삼권분립에 기초한 대통령제의 원리에 반하게 된다. 대통령제의 원형인 미국 대통령의 선거방식은 의회의 선출이 아닌 국민에 의한 선거를 채택하면서, 다만 그 방식은 국민에 의한 직선제가 아니라 대통령선거인단에 의한 간선제를 취하고 있다. 그러나 이러한 간선제의 방식은 미국 정당정치의 발전 과정에서 직선제와 같은 효과를 가지면서 운용되고 있다.[1]

둘째, 행정부의 구조가 일원화되어 대통령은 국가원수(Head of State)와 행정부의 수반(Chief Executive)의 지위를 겸한다. 행정부의 최고 결정권이 대통령 1인에게 있으며 각료회의는 대통령의 보좌기관 내지 자문기관에 불과하다. 이 점에서 행정부가 국가원수와 내각 수상의 이원적 구조로 구성되는 의원내각제와 본질적으로 구별된다. 미국 헌법상 대통령제의 성립 배경은 당시 유럽의 군주제를 부정하고 공화제를 채택한다는 기본전제에서 출발하여 군주의 대용물로서 대통령을 두고 대통령이 국가원수의 지위와 행정부의 수반으로서의 지위를 갖도록 하여 공화제하에서의 강력한 행정부(strong executive)를 의도한 것이다. 이러한 대통령제의 요소는 대통령에의 권력의 집중을 초래하는 위험성이 있는 것으로 미국 이외의 대통령제 국가들에서는 대통령의 독재화 경향의 주된 원인이 되고 있다.

셋째, 대통령제는 몽테스키외의 엄격한 권력분립원리의 구현을 의미하는 것으로서 행정부의 성립과 존속이 의회로부터 전적으로 독립되는 상호독립성을 전제로 하기 때문에, 대통령은 의회에 대해 책임을 지지 아니하며 의회해산권도 갖지 아니한다. 의회 의원도 행정부 각료 겸직이 금지되며 정부의 법률안 제출권도 인정되지 아니한다. 이러한 의회와 행정부의 엄격한 분리·독립은 의원내각제에서의 의회와 내각 간 상호의존성의 원리와 본질적으로 구별된다.

넷째, 대통령제는 입법부와 행정부 간의 상호견제(mutual checks)를 통한 권력적 균형을 유지하는 것을 본질적 요소로 한다. 따라서 대통령은 의회의 입법권에 대한 법률안거부권과 입법권고권 등을 행사하며 의회는 정부의 고위공무원 임명에 대한 동의권, 국정조사권, 탄핵소추권 등을 통해 행정부를 견제한다.

미국 대통령제의 성공 요인은 무엇인가?

　　미국의 대통령제를 받아들인 많은 국가에서는 거의 예외 없이 대통령의 독주와 전횡을 거듭하면서 대통령제는 실패한 정부형태로 간주되기도 하였다. 그러나 미국의 경우에는 대통령제가 민주정치의 후진국에서 나타나는 독재는 찾아보기 어렵고 비교적 안정적인 입헌민주정치를 유지하고 있다고 평가할 수 있다.

　　미국형 대통령제가 성공적으로 운용되고 있는 요인으로 생각해 볼 수 있는 것은 우선 연방국가적 구조에 의한 권력의 수직적 분산을 들 수 있고, 사법부가 헌법수호자로서의 강력한 권력통제기능을 수행하며, 정당조직의 지방분권적 특성에 따라 정당에 의한 권력통합현상이 방지되고 있는 점에서도 그 원인을 찾을 수 있다. 그 밖에 공정한 선거제의 확립, 평화적 정권교체의 기회보장, 자유로운 여론 형성과 여론 존중 등이 일반적으로 거론되고 있다. 이처럼 미국 대통령제는 연방국가원리에 의해 국가권력의 분산을 전제로 하기 때문에 단일국가에서의 대통령의 광범위한 권한과는 근본적인 차이가 있다. 그리고 엄격한 권력분립제가 실질적으로 작동하고 있으며, 미국 정당정치의 특성상 정당에 의한 권력집중을 생각하기 어렵다. 더욱이 국민의 의사에 바탕을 둔 언론기관의 권력에 대한 비판과 감시기능이 대통령 권력에 대한 실질적인 통제기능을 수행한다는 것이 중요한 요인으로 작용하고 있음은 시사하는 바가 크다.

　　특히 미국의 대통령제는 정당정치의 현실과의 관계에서 그 운용상의 특징을 찾아볼 수 있다. 미국의 정당정치의 현실은 대통령이 소속한 집권당과 의회의 다수당이 일치하지 않는, 이른바 '분점정부' 내지 '분열정부'(divided government) 현상이 보편적으로 나타나고 있는 것이 특색이다. 이러한 분점정부는 한국에서의 '여소 야대'와 같은 것으로 이러한 현상은 경우에 따라서는 의회와 정부의 마찰과 충돌로 인하여 국가기능의 마비와 교착상태, 정책의 일관성 결여 등에 영향을 미치게 된다는 문제점이 지적되기도 한다. 그렇지만 이러한 분점정부하에서도 심각한 국정의 혼란이나 정국의 불안정 문제가 발생하지 않는 이유는, 미국 정당조직의 특성상 의원의 독자성이 강하고 소속 정당에의 결속이 결여되어 있으며, 의원들은 국가이익을 우선하는 초당파적 입장에서 자유로운 표결에 참여할 수 있기 때문이다. 오히려 분점정부의 상황은 의회가 실질적으로 행정부에 대한 통제기능을 발휘할 수 있게 하며, 이 점이 대통령의 독재화를 막을 수 있는 결정적인 요인이 되고 있다. 분점정부와 반대되는 통합정부(unified government)의 경우에도 여당 의원들은 일방적으로 대통령과 행정부의 정책을 지지하는 것은 아니며, 국익을 우선하여 의회의 표결 과정에서 야당의 입장에 찬성하는 자유로운 교차투표(cross-voting)가 인정되기 때문에, 의회와 행정부 간에는 기본적으로 견제와 균형의 원리가 작동되고 있다.[2]

의원내각제

의원내각제의 원리와 구성요소

　　의원내각제(parliamentary government)란 의회와 행정부의 권력분립을 전제로 실질적 행정권을 담당하는 내각이 의회의 신임을 조건으로 존립하며, 의회의 내각불신임권과 내각의 의회해산권이 서로 견제수단이 되어 의회와 집행부의 균형이 유지되는 정부형태를 말한다. 의원내각제는 의회에서 선출되고 의회에 대하여 책임을 지는 내각 중심으로 운영되는 정부형태로서, 여기에 행정부의 의회에의 '의존성'이 인정되며 대통령제와는 달리 입법부와 집행부 간에 권력의 '연성적'(軟性的) 분립이 적용되는 것을 본질적 특색으로 한다.

　　의원내각제에 있어서는 실질적 행정권을 담당한 내각의 수반(총리 또는 수상)이 의회에 의해 선출되고 내각이 의회에 대하여 연대하여 정치적 책임을 지는 것이 원칙이다. 이 점에서 의원내각제는 '책임의 원리'를 그 본질로 하게 된다. 뒤베르제(M. Duverger)도 의원내각제는 의회의 내각불신임권이 본질적 요소라고 강조한다.

　　의원내각제는 행정부가 대통령(또는 군주)과 내각의 두 기구로 구성되는 이원적 구조로 되는 것이 특징이다. 상징적인 국가원수로서의 대통령 또는 국왕은 국가를 대표하는 의례적 존재이며 행정권은 수상을 정점으로 하는 내각에 속한다. 여기서 행정부의 이원적 구조는 형식적 구조의 이원화를 의미할 뿐이며 실질적 행정권의 이원화를 의미하는 것은 아니다. 실질적인 행정권의 이원화는 프랑스 이원정부제에서 나타나는 대통령과 수상 간의 실질적인 행정권의 분점형태를 의미하며, 의원내각제상 행정부의 이원화는 형식적 구조에 있어서의 이원화를 의미할 뿐 실질적 행정권은 수상과 내각이 가진다.

의원내각제는 의회와 내각이 밀접한 공화·협력관계를 유지하는 것이 특색이다. 내각이 의회의 다수당 의원들로 구성되므로 의원과 각료의 겸직이 인정되며, 행정부가 법률안제출권을 가지고 행정부 각료가 의회에 출석하여 발언할 수 있다.

의원내각제는 의회의 내각불신임과 내각의 의회해산권을 통하여 두 기관 간의 권력적 균형을 유지하는 정부형태이다. 이러한 의회와 내각 간의 권력적 균형이 유지되는 내각의 의회해산권을 의원내각제의 본질적 요소로 볼 때 의원내각제는 '균형의 원리'라고 할 수 있다. 그리하여 레즐로브(R. Redslob)는 내각의 의회해산권이 존재하고 기능하는 것을 '진정한 의원내각제'라 하고 의회해산권이 존재하지 않거나 그 기능을 하지 못하는 경우를 '부진정(不眞正)한 의원내각제'라고 구분하고 있다.

영국 의원내각제의 성립과 발전

영국에서 성립하여 발전된 의원내각제의 기원은 1688년의 명예혁명을 계기로 한 의회주권(議會主權)의 원칙의 확립에서 찾을 수 있다. 명예혁명 이후 국왕에 대한 의회의 우월적 지위 확보는 전통적인 국왕의 내각(King's Cabinet)을 '의회의 내각'으로 변질시켰고, 내각 구성에도 의회가 점차 주도권을 갖게 되었다. 1714년 독일의 하노버가 출신의 조지(George) 1세가 즉위하였으나 국왕은 통치권을 사실상 행사하지 않게 되고 의회의 다수파 휘그당의 지도자 월폴(R. Walpole)이 등장하여 1721년부터 내각의 각의를 주재하게 됨으로써 수상제(prime minister)의 성립을 보게 되었다. 여기서 사실상 통치권을 행사하지 않는 조지 1세의 즉위와 내각의 주도권을 행사하는 월폴의 등장은 "군주는 군림하되 통치하지 않는다"는 입헌군주제의 원칙을 확립하는 동기가 되었다. 그 후 18세기 후반에는 의회의 다수파가 내각을 구성하고 내각이 의회에 책임을 지게 되고 의회의 내각불신임에 대한 내각의 의회해산이라는 정치적 관행이 형성됨에 따라 비로소 의원내각제가 성립하게 되었다. 1782년에 의회는 노드(F. North) 수상에 대한 불신임결의를 하여 내각이 최초로 사퇴하게 되었고, 1783년에 소(小)피트(William Pitt, the Younger) 내각이 성립하자 하원은 내각의 사퇴를 요구하였고 이에 대항하여 내각은 1784년 의회를 해산하고 새로운 총선거를 실시하게 되었다. 이 1784년의 총선거는 영국 의원내각제의 성립을 의미하며, 이 선거를 계기로 토리당이 집권함에 따라 휘그와 토리의 양당제(two-party system)가 확립되었다.[3]

  이러한 과정을 거쳐 성립된 영국의 고전적 의원내각제는 의회와 국왕의 권력적 균형에 입각한 것으로 내각은 국왕과 의회의 쌍방에 책임을 지는 '이원적(二元的) 의원내각제'를 의미하는 것이었다. 그 후 1832년 선거법 개혁을 계기로 하여 의회의 지위가 향상됨에 따라 영국의 의원내각제는 국왕과 내각에 대한 의회 우위의 '일원적(一元的) 의원내각제'로 이행하게 되었으며, 1867년의 제2차 선거법 개혁과 1884년의 제3차 선거법 개혁을 통해 의원내각제는 또 다른 변질을 하게 되어 1880년대부터는 의회에 대한 내각 우위의 의원내각제로 발전하게 되었다. 즉 19세기 후반의 선거법 개혁으로 선거권의 비약적 확대는 선거인과 국민이 거의 일치하게 되는 것을 의미하게 됨으로써 국가의 정치적 의사결정은 의회라기보다는 선거인이고 내각의 진퇴를 결정하는 것도 선거인으로서의 국민을 의미하게 되었기 때문에 내각의 지위는 의회에 의존하는 것이 아니라 국민에 의존하는 것이 되었다. 그리하여 영국의 전통적 의회주권원리에 있어서 의회는 '법적 주권'만을 갖게 되고 '정치적 주권'은 국민인 유권자에 속하게 됨에 따라 종래 의회의 내각과 국민에 대한 지배는 소멸하게 되고, 따라서 의회의 내각선택권은 상실되고 국민에 의해 내각선택권이 행사되는 것으로 변질되었다. 이러한 내각우위형 의원내각제는 오늘날 국가기능의 확대에 따른 행정부에의 권력집중과 정당국가적 경향에 따른 수상의 우월적 지위를 특징으로 하는 '내각통치제'(cabinet government) 내지 '수상정부제'(prime ministrial government)라고 불리고 있다.

대통령제와 의원내각제의 장단점 분석

오늘날 정부형태에 관한 논의 중에는 종래의 대통령제와 의원내각제라는 두 유형의 형식적 구분에서 벗어나 두 유형의 정부형태가 현실적으로 '통치의 효율성과 안정성'에 어떤 영향을 미치는지에 관한 의미있는 분석이 있다. 이러한 신제도론적 입장에서의 분석은 대통령제와 의원내각제의 장점과 단점을 이해하는 데 도움이 된다. 이 이론에 의하면 대통령제를 채택하는 경우의 제도적 장점을 다음과 같이 제시한다. 첫째, 대통령이 국회 구성의 선거와 별도로 국민에 의해 직접 선출되고 그 선거를 통한 권력 형성과 정당성의 획득이 유권자와 행정부를 직접 연결시키므로, 행정부의 최고책임자인 대통령은 직접적으로 '국민에 대한 책임'(accountability)을 지게 된다. 이 점에서 대통령제는 유권자가 직접 행정부를 구성하지 않는 의원내각제보다 우수한 제도이다.[4] 둘째, 유권자가 행정부의 수반을 직접 선택함으로써 국민은 누가 정치권력을 획득해서 집권하게 될 것인가를 인식하고 투표에 임할 수 있다. 의원내각제의 경우는 다당제와 결합될 경우 유권자는 누가 수상으로 선임될 것인가를 쉽게 인지할 수 없는 것이 문제이나, 대통령제는 '정부선택의 인지성'(identifiability)에서 의원내각제보다 우수한 제도이다. 셋째, 행정부와 입법부의 '상호견제'(mutual checks)는 정권 위기를 초래하는 교착상태를 가져오는 것이 아니라 오히려 국정운영의 수준을 높일 수 있는 제도이다. 대통령제는 의회와 행정부가 독립되어 서로 견제함으로써 권력의 균형이 유지되지만, 의원내각제하에서는 내각이 의회의 신임에 의존하므로 사실상 내각이 의회를 통제할 수 없게 되며 내각의 정책 결정에 있어서 의회다수파의 압력과 간섭을 피하기 어렵다. 의원내각제에 있어 의회의 내각에 대한 강제 가능성은 빈번한 내각위기의 원인이 되지만, 대통령제에 있어서는 의회다수파에 대항하기 위한 대통령의 거부권 행사가 행정부의 임기를 위협하지 못한다.

한편 의원내각제를 선호하는 입장에서는 다음과 같은 대통령제의 단점적 측면을 지적하고 있다. 첫째, 대통령제는 행정부와 입법부가 따로따로 국민에 의해 선출되므로 권력의 이중적 정당성(dual democratic legitimacies)을 가지게 되지만, 대통령을 지지하는 유권자의 의사와 의회의 다수당을 선출한 유권자의 의사가 일치하지 않는 경우 행정부와 의회의 마찰로 법안의 입안과 주요 정책의 입안 과정에서 교착상태를 초래함으로써 국정운영이 마비될 수 있다. 둘째, 대통령제는 대통령과 국회가 임기제에 의해 일정한 기간 존속하며 그 임기 동안 상호 영향을 받지 아니하고 존속한다. 이러한 기간의 경직성(temporal rigidity)이라는 제도적 조건이 대통령제의 체제를 경직되게 만든다. 반면에 의원내각제는 정부에 대한 의회의 불신임과 의회에 대한 정부의 해산권을 통해 유연하게 대처할 수 있다. 셋째, 대통령제는 선거의 승자가 모든 것을 얻는 제로섬의 정치게임을 의미하며 합의제 방식보다는 다수제적 경향(majoritarian tendencies)에 입각하여 권력의 형성과 행사가 이루어진다. 따라서 의원내각제에서 나타나는 타협에 의한 권력의 공유가 쉽게 이루어지지 못하는 문제가 있다. 특히 행정부의 집권당이 의회 다수당의 지위를 점하지 못할 경우에는 행정부의 통치기능이 마비될 수 있다.

이원정부제

의원내각제와 대통령제의 혼합형 정부형태

정부형태의 하나로서 '이원정부제'(二元政府制) 또는 이원집정제라는 명칭은 뢰벤슈타인이 최초로 바이마르공화국헌법상에 나타난 혼합형 정부형태를 "the dual executive, die zweigeteilte Exekutive"[5]라고 명명한 데에서 비롯되었다. 이원정부제란 집행부가 대통령과 내각(수상)의 두 기구로 구성되고 대통령과 내각이 각기 행정에 관한 실질적 권한을 나누어 가지는 정부형태를 말한다. 이러한 이원정부제는 의원내각제의 요소와 대통령제의 요소가 혼합된 혼합형 정부형태를 의미하는데, 여기서 혼합형은 의원내각제의 기초 위에 대통령제 요소가 혼합된 것을 의미하므로 '혼합형 의원내각제'(hybrid parliamentarism)라고 표현할 수도 있다. 뒤베르제는 프랑스 제5공화국헌법의 이원정부제를 '반대통령제'(semipresidentialism)라고 지칭한다. 그에 의하면 프랑스의 정부형태는 "의원내각제와 대통령제의 중간형의 제도적 장치에 의한 것이라기보다는 의회의 다수파가 대통령을 지지하느냐 않느냐에 따라 대통령제와 의원내각제의 국면을 교대하는 정부형태(regime as alternating between presidential and parliamentary phases)"라고 한다.[6]

이원정부제의 구체적 원리와 내용은 이를 채택하고 있는 각국의 유형에 따라 어느 정도 차이가 있으나 그 공통적인 본질적 요소로는 첫째, 집행부가 대통령과 수상으로 이원적으로 구성되며, 둘째, 대통령은 국민에 의해 선출되어 그 자신의 고유한 권한을 가지고 의회에 대한 정치적 책임을 지지 아니하고, 셋째, 내각 수상은 의회에 대하여 책임을 지며 의회는 내각불신임권을 행사한다는 것이다.[7]

이와 같이 이원정부제는 대통령과 수상이라는 집행부의 이원화를 통한 '행정권의 양두화'(兩頭化)에 그 본질적 특징이 있다. 여기서 행정권의 양두화란 정부 내에 대통령과 수상의 두 기관이 단순히 존재한다는 것이 아니라 양자가 서로 독립성을 가진다는 것을 의미한다. 그리하여 대통령은 국민에 의해 선출되어 민주적 정당성을 가지고 국가위기 시에는 대통령이 전적으로 행정권을 행사하는 것이 일반적이며, 평상시에는 내각 수상이 행정권을 행사하며 하원에 대하여 책임을 지는 의원내각제 형식으로 운영된다. 다시 말하면 이원정부제는 대통령제적 요소로서 국민의 보통선거에 의해 선출된 대통령이 정부를 구성하며 헌법상 국가원수로서의 고유한 실질적 권한과 비상시의 긴급권을 행사하고, 의원내각제적 요소로서 내각 수상이 의회의 불신임결의에 의해 책임을 지며, 내각불신임에 대항하여 대통령은 의회해산권을 행사할 수 있다는 것을 본질적 요소로 하는 정부형태를 의미한다.

바이마르헌법의 성립과 이원정부제의 등장

이원정부제는 유럽의 각국에서 각기 다른 정치적 상황에서 발생하여 발전해 온 것으로 오늘날 이 제도에 관한 논의는 주로 프랑스 제5공화국헌법을 모델로 하고 있으나, 실제로 이원정부제를 최초로 실험했던 민주체제는 바이마르공화국임을 인식할 필요가 있다.

1919년 바이마르헌법 제정에 참여했던 사람들은 군주제가 붕괴된 독일에서 새로운 정치제도를 찾는 데 있어, 처음에는 영국의 모델을 본받은 입헌군주제적 내각제의 설립을 목표로 하였으나 이 목표가 불가능해지자 당시 독일의 정당체제의 특성과 국가의 연방제적 특성, 어려웠던 국제적 위상에서 요구되었던 지도자에 대한 고려 등이 반영되어 기존의 독일 내각제적 전통을 수용하면서도 국민에 의한 직선 대통령을 두게 하는 제도를 창조하도록 유도하였다. 즉 바이마르헌법의 제정 당시 미국 헌법과 프랑스 헌법은 독일의 새로운 정치제도 도입에 큰 영향을 미쳤으며, 독일의 전통적인 입헌군주제에 있어서 군주의 역할을 대체할 수 있는 인물로 대통령을 두게 된 것이다. 제1차 대전의 종전과 함께 군주제가 종식된 상황에서 새로운 민주체제를 건설하는 데에는 강력한 지도자가 필요하였으므로 여기에 새로운 제도로서 국민에 의해 직접 선출되는 대통령제를 도입하였던 것이다. 그러나 당시 대통령제의 도입은 엄격한 권력분립원리에 입각한 미국형의 순수 대통령제의 도입을 고려한 것은 아니었다.[8] 말하자면 바이마르헌법상의 정부형태는 미국의 경우처럼 의회와 대통령이 거의 완전히 분리되는 형태는 아니면서, 그렇다고 해서 당시 프랑스 제3공화국헌법처럼 대통령에 대한 의회 우위의 내각제와도 구별되는 중간형의 정부형태를 선택한 것이라 할 수 있다.[9]

바이마르헌법하에서의 정치적 불안정은 정권의 빈번한 교체로 나타나게 되었다. 14년간 내각의 교체는 바이마르헌법의 성립 이전인 샤이데만 내각을 포함하여 20회에 달하였다. 수상의 임명은 초기에는 의회의 제1당인 사민당에서 선임되었으나 1920년 이후 거의 대부분 군소정당의 연립내각으로부터 수상이 나오게 되었고, 군소정당이나 무당파 출신의 인물이 선출되기도 하였다. 그리고 1929년 이후의 위기시대에 있어 의회가 경제불황에 대응하는 법률을 제정하지 못하자, 대통령의 긴급명령 발동이 점차 증가하게 되었다. 긴급명령권의 빈번한 발동은 대통령의 독재에의 길을 여는 것을 의미하였고 국민의 기본권의 효력이 정지되는 결과를 초래하였다.

1933년 1월 나치당의 히틀러는 힌덴부르크 대통령을 움직여 자신을 수상으로 임명하도록 하는 데 성공하였으며, 동년 2월 의회가 해산되고 3월 5일의 총선거에서 나치당이 확고한 원내 제1당으로서 크게 약진하여 히틀러의 시대로 이행하게 되었다. 그리하여 1933년 3월 24일 '수권법'(Ermächtigungsgesetz)의 성립은 히틀러에 의한 초헌법적인

전권위임법의 제정을 의미하였으며, 이 수권법에 의해 바이마르체제는 사실상 붕괴하게 된 것이다.[10]

바이마르헌법 이전의 독일은 고유한 입헌군주제의 역사만 있었고 서구의 시민적 자유주의적 이데올로기에 입각한 의원내각제의 역사가 존재하지 않았다. 바이마르헌법에 의해 비로소 서구적 의원내각제에 기초한 혼합형 정부형태를 채택하였으나, 대통령의 직선에 의한 대통령제적 경향과 독일에 있어 의회주의적 전통의 결여는 결국 히틀러의 독재를 낳고 공화제가 무너지게 되는 원인이 되었다고 할 수 있다.[11]

프랑스 제5공화국헌법과 이원정부제

프랑스에서 이원정부제가 성립된 배경을 이해하는 데에는 프랑스 헌정사에 있어 제3공화국과 제4공화국에서의 의원내각제의 원리와 헌정의 실제를 이해할 필요가 있다. 1875년의 프랑스 제3공화국헌법은 영국 의원내각제의 영향을 받아 의회 우위의 의원내각제를 채택하였다. 의회제 중심의 통치구조하에서 대통령은 임기 7년으로 의회에서 선출되었으며, 대통령에 의해 임명되는 내각의 수상과 각료는 의회에 책임을 지도록 규정하였다. 헌법상 대통령의 의회해산권이 규정되었으나 현실의 운용 과정에서 명목화되어, 1877년의 막마웅(MacMahon) 대통령의 의회해산권 행사를 끝으로 그 이후에는 한 번도 행해지지 않았다. 그 결과 의회에 대한 내각의 자주성을 상실하게 되어 내각은 일방적으로 의회에 종속하는 지위에 놓이게 되었다. 이러한 의회의 집행부에 대한 절대적 우위의 의원내각제는 1848년 제2공화국헌법과 나폴레옹 3세의 제2제정에 대한 역사적 반동에서 비롯된 것이었다.

1848년 헌법이 대통령을 국민에 의해 선출하도록 규정한 결과 대통령은 의회를 무시하게 되고 결국 공화정을 전복시키게 된 쓰라린 역사적 경험을 가졌기 때문에, 제3공화정에서는 운명적으로 절대적 의회 우위의 의원내각제를 채택할 수밖에 없었던 것이다. 이러한 의회 우위의 의원내각제는 제4공화국헌법에 이르기까지 지속되었다.

이러한 역사적 배경을 가진 의원내각제는 그 운용에 있어서 의회가 다수의 군소정당으로 난립되어 있었기 때문에 단일의 정당이 단독내각을 구성할 수 없었고, 항상 수개에 이르는 정당의 연립내각에 의존할 수밖에 없었으며 따라서 중요한 국정 현안에 봉착할 때마다 내각은 빈번하게 교체되는 양상을 보이게 되었다. 예컨대 1875년부터 1940년 제3공화정이 붕괴될 때까지를 보면 65년간 무려 100여 번의 내각 교체가 있었으며, 제4공화정에서도 1945년 11월부터 1958년 6월까지의 13년간 내각 교체가 26번 있었다. 제3공화정시대에 한 내각의 평균수명은 8개월에 그쳤으며 제4공화정에서는 평균 6개월 정도였고 1년 이상 지속된 내각은 하나밖에 없었다고 한다.

따라서 프랑스 제5공화국헌법은 위에서 본 바와 같은 제3·제4공화국헌법 당시 의회의 우위와 정부의 불안정성에 기인한 의원내각제 실패에 대한 역사적 반성으로 강력한 권한을 갖는 대통령을 둠으로써 집행권의 강화를 그 기조로 하는 한편, 의원내각제와 대통령제를 혼합한 정부형태를 채택하게 된 것이다. 1958년 드골의 주도하에 안정되고 강력한 집행부의 구성을 의도한 제5공화국헌법은 의원내각제의 기본원리하에서 의회제의 합리적 이념에 기초한 집행권 강화 경향의 새로운 정치제도를 채택하게 되었다.

1958년 헌법에 따라 대통령은 선거인단을 통한 간접선거로 선출되도록 규정하였음에도 불구하고 헌법상 실질적이고 강력한 권한을 부여받았다. 그러나 이러한 간선제가 국민으로부터 정당성을 확보하지 못한 대통령이라는 한계를 나타내자, 드골 대통령은 1962년 대통령직선제 개헌을 통과시켰다. 대통령직선제 개헌에 의해 대통령은 민주적 정당성을 확보함으로써 그 지위가 강화되었다. 대통령의 임기는 7년으로 중임제한이 없는 것이었으나 이러한 장기간의 임기에 대한 개혁논의가 1970년대부터 전개되어 1987년의 지스카르 데스탱의 개혁제안으로 결국 2000년 헌법개정이 이루어져 임기를 5년으로 단축하였다.

프랑스 제5공화국헌법의 이원정부제의 주요 구성원리는 다음과 같이 요약될 수 있다. 첫째, 대통령은 헌법상 국가원수의 지위에서 강력한 실질적 권한을 행사할 수 있다. 헌법상 "공권력의 정상적인 기능과 국가의 계속성"을 자신의 중재에 의하여 보장하는 대통령은 국민적 정당성이 경합하는 또 하나의 권력 축인 의회의 통제로부터 벗어나 있다. 대통령은 국무회의를 직접 주재하며 수상을 임명하고 수상의 제청에 의하여 각료를 임명한다. 대통령은 의회에서 의결된 법률안의 재의요구권, 교서권, 국민투표부의권, 의회해산권 등을 가진다. 특히 의회해산권은 제3공화국과 제4공화국 하에서의 명목적 권한이었던 것과는 달리 대통령의 실질적인 고유한 권한에 해당한다.

둘째, 수상을 중심으로 한 정부(내각)는 대체로 전통적인 의원내각제적인 지위에서 권한을 행사한다. 헌법 제20조에는 "정부는 국가의 정책을 결정하고 지도한다"라고 규정하고 있으며, 제21조에는 "수상은 정부의 활동을 지휘한다"라고 규정하여 전통적인 의원내각제적 규범체제를 유지하고 있다. 그러나 대통령이 가지고 있는 고유의 실질적 권한과 국무회의를 주재하는 지위 및 공권력의 정상적인 기능과 국가의 계속성을 확보하는 지위에서 대통령은 정부를 실질적으로 통제할 수 있다.

셋째, 의회는 전통적으로 양원제로 구성되어 있으며 하원에 해당하는 국민의회에 최종적 우월성이 부여되어 있다. 의회의 의사일정이나 입법 절차, 대정부불신임동의권 등에 대해서는 폭넓은 제약이 가해져 있으며, 의회를 통과한 법률에 대한 헌법위원회의 합헌성 통제 등 입법권에 대한 강한 통제장치가 제도화되어 있다. 그러나 의회는 대통령의 강력하고 실질적인 권한에 대한 아무런 통제수단을 가지고 있지 아니하므로 이 점에서 대통령은 의회에 대한 우월적 지위를 갖는다.

프랑스의 이원정부제는 1958년 출범 이후 1986년까지는 대통령 소속의 정당이 의회의 과반수 의석을 점하는 다수당을 구성하였기 때문에, 대통령은 의회와의 갈등 없이 전권을 행사할 수 있었다. 그러나 1986년 이후 오늘에 이르기까지 대통령이 소속하는 정당과 의회의 다수당이 일치하지 않게 되는 경우가 세 차례나 발생하였고 그때마다 대통령은 야당의 지도자를 총리로 임명하는 동거정부(cohabitation) 체제를 출현시키게 되었다.

제1차 동거정부는 1986년부터 1988년까지 형성되었다. 당시 미테랑 대통령 재임 기간 중 1986년의 총선에서 집권당인 사회당이 패배하고 야당이었던 공화국연합과 민주연합이 의회의 다수파를 차지하게 되자 미테랑 대통령은 공화국연합의 당수인 자크 시락을 총리로 임명함으로써 최초의 동거정부 체제가 출범하게 되었다. 프랑스 제5공화국 헌정사상 처음으로 경험한 동거정부는 적지 않은 혼란을 야기하였다. 좌파 대통령과 우파 총리는 매우 불편한 동거체제로 운영되었으며 양자의 이념적 차이 때문에 처음부터 주요 정책 결정을 둘러싸고 대립을 거듭하였다. 특히 대통령과 총리의 권한이 헌법상 중복되는 모호한 경우에 혼선이 빚어지기도 하였으며 미테랑 대통령은 국방과 외교영역에서 그의 권한행사를 주장하였다. 시락 총리는 동거정부 이전에 대통령에게 포기했던 외교적 권한을 주장하였으며 국제적 정상회담에 대통령과 함께 동석하기도 하였다. 다행히 외교 현안에 대해서는 한목소리를 냈기 때문에 큰 문제는 없었다. 1차 동거체제는 1988년 대선에서 승리한 미테랑 대통령이 의회를 해산하고 총선을 실시하여 좌파가 다수 의석을 차지함으로써 막을 내리게 되었다.

제2차 동거정부는 1993년 미테랑 대통령 임기 중 실시된 총선에서 우파가 다시 다수 의석을 점하게 되자 대통령이 시락의 측근인 발라뒤르를 총리로 임명함으로써 출현하게 되었다. 제2차 동거체제하에서는 미테랑 대통령이 차기 대선에 출마하는 것이 어렵게 되자 대통령과 총리 간의 갈등은 크게 심화되지 않았다. 대통령과 총리는 국익을 위하여 상호 존중하는 자세를 보여주었다고 평가되고 있다. 2차 동거정부는 1995년 대선에서 우파인 자크 시락이 승리함으로써 종지부를 찍게 되었다. 제2차 동거정부는 제1차 동거정부에 비해서 평화적 동거체제라고 할 수 있다.

제3차 동거정부의 출현은 제1차, 제2차 동거체제와는 달리 우파의 시락 대통령이 우파가 압도적 다수를 이루고 있는 의회를 1997년 해산하고 조기 총선을 실시하였으나 선거 결과 패배함으로써 동거정부를 형성하게 된 점에서 차이가 있다. 동거정부의 출현에 대해서는 병리적인 현상으로 분석되기도 하지만, 3차에 걸친 동거정부의 경험은 대통령과 총리 간에, 의회 다수파와 소수파 사이에 인내와 타협의 정치를 받아들이도록 하였으며 건전한 민주주의의 실천을 충실하게 하는 결과를 가져오게 되었다는 긍정적 평가도 있다.

한국 헌법상 대통령제 - 특징과 문제점

1987년 개정된 현행 헌법상의 정부형태는 권력구조의 합리화를 도모하여 비교적 권력분립적인 대통령제를 중심으로 하면서 제헌헌법 이래 부분적으로 채택되어 온 의원내각제 요소가 그대로 유지되고 있는 것이 특색이다. 1980년 헌법에 비해 대통령의 권한을 약화시키고, 국회의 지위를 강화함으로써 권위주의에서 탈피하고 있으며 대통령직선제가 채택됨으로써 미국형 대통령제에 좀 더 접근한 정부형태라고 할 수 있다.

우리나라 대통령제는 대통령제의 본질적 요소로 보기 어려운 단임제를 채택하고 있으며, 상대다수대표선거제에 의한 대통령선거는 민주적 정당성의 취약성이 문제될 수 있다. 그 밖에 제왕적 대통령제로 운용될 위험성 등 여러 가지 문제점이 지적되고 있다.

단임제는 국민에 대한 대통령의 정치적 책임을 묻기 어렵다

현행 헌법은 대통령직선제를 채택하면서 임기 5년의 단임제를 규정하고 있다(제70조). 이러한 단임제와 중임금지조항은 과거 우리의 헌정사에 비추어 장기집권으로 인한 독재에 대한 반성에서 1980년 헌법에 최초로 규정된 것을 그대로 1987년 개정헌법에서도 단임제의 정신을 계승하고 있는 것이다. 다만 1980년 헌법에서는 대통령 임기가 7년이었던 것을 현행 헌법에서는 5년으로 단축하게 되었다. 그러나 비교헌법적으로 볼 때 대통령 임기를 5년으로 규정한 헌법은 흔치 않으며 단임제를 규정한 경우는 멕시코와 필리핀을 제외하고는 거의 찾아보기 어렵다.

대통령제의 본질적 원리에 입각하여 이해할 때, 대통령제는 경성적(硬性的) 권력분립에 기초하여 의회와 행정부의 구성이 개별 국민의 의사에 의해 이루어지며, 대통령은 국민에 의해 선출되고 국민에 대하여 정치적 책임을 지는 것을 기본원리로 하는 것을 의미한다. 따라서 국민에 의해 선출된 대통령은 임기 동안의 직무수행을 국민에 대하여 책임을 묻고 그에 따라 국민의 정치적 심판을 받는 기회가 재선에 도전하는 과정에 의해 부여받게 되는 것이다. 이렇게 볼 때 대통령의 재선을 허용하지 않는 단임제는 대통령에 대한 국민의 심판권을 박탈하는 결과를 초래하게 되므로 대통령의 중임을 허용하는 것이 대통령제의 원리에 부합된다고 할 수 있으며, 대통령의 독재화를 막는 제도적 장치는 단임제보다는 권력분립에 의거한 강력한 통제장치를 마련하는 것이 합리적이다.

대통령제의 모국인 미국의 경우를 보면 헌법제정 과정에서 대통령의 임기제에 관한 논의가 많았으나, 재선금지는 대통령으로 취임한 기간 동안의 경험을 살려 국가를 위하여 다시 봉사하는 기회와 가능성을 부정하는 것이 될 우려가 있으며, 대통령의 선량한 행위(good behavior)를 하는 동기를 배제시키게 된다는 이유로 재선금지안이 부결되었던 것이다. 그리하여 대통령 임기를 4년으로 하면서 영구재선제(permanent re-eligibility)가 채택된 것이다.[12] 그 후 오늘날과 같은 1차에 한하여 중임이 허용된 것은 1951년 연방헌법 수정 제22조에 의해 3선 금지제가 명문으로 채택된 이후이다.[13] 그리고 대통령 단임제는 국가적 중요 정책과제를 지속적으로 일관성 있게 추진하기 어렵고, 중임제에 비해 '레임덕' 현상이 일찍 나타나고 그 기간이 길어지게 될 가능성이 크기 때문에 대통령의 지도력이 약화되기 쉽다. 이 점에서도 단임제는 국정수행의 효율성과 정치적 안정성의 측면에서 문제가 있다고 볼 수 있다.

한편 대통령 단임제를 지지하는 입장에서는 중임 허용이 대통령에 대한 강력한 정치적 책임추궁 수단으로 보기 어렵다고 하고, 단임제는 권력 상호 간의 수평적·수직적 권력분립에 대비되는 "인적-시간적 권력분립의 한 제도화"로서 이해할 수 있다는 견해가 있다.[14] 또한 단임제는 평화적 정권교체라는 선순환을 만들어 냈고 우리 헌정사의 안정에 많은 기여를 했으나 아직 평화적 정권교체의 관행이 확실히 뿌리를 내렸다고 보기 어려운 현실에서 4년 연임제 개헌은 시기상조라는 견해도 있다.

상대다수대표선거제와 '소수파 대통령'의 출현

현행 헌법상 대통령선거제도(제67조 제1항)는 직선제를 통해 일응 대통령의 강력한 민주적 정당성을 확보하였다고 볼 수 있으나, 그 직선제는 대통령 후보자 중에서 다수득표를 한 자를 대통령으로 선출하는 상대다수선거제를 채택하고 있다는 점에서 문제가 제기되고 있다. 이러한 선거제도하에서는 후보자가 난립하게 되면 과반수의 득표를 얻지 못한 후보가 대통령으로 당선되는 이른바 '소수파 대통령'(minority president)이 출현하게 된다.[15]

대통령의 민주적 정당성과 정통성의 확보는 국민에 의한 직선제가 당연한 전제가 되지만 동시에 절대다수대표선거제에 의한 과반수 득표자가 대통령으로 당선되어야만 비로소 완전한 민주적 정당성을 확보하게 된다. 대통령제를 권력구조의 중심으로 하고 대통령직선제를 채택하고 있는 국가들은 대부분 과반수 득표자를 요구하고 1차 투표에서 과반수 득표자가 없는 경우 최고 득표자와 차점자에 대하여 결선투표를 실시하도록 규정하고 있다. 따라서 우리나라의 경우에도 대통령직선제를 유지하는 한 절대다수대표제로 개선되어야 한다는 주장이 강하게 제기되고 있다. 이론적으로는 대통령선거와 민주적 정당성의 관점에서 절대다수대표 선거제도가 타당한 것은 말할 것도 없다. 국내 학계의 입장도 결선투표제 도입을 지지하는 견해가 지배적이라고 할 수 있다.

그러나 반면에 결선투표제의 도입은 대통령선거에 있어서 엄청난 비용과 국가행정력을 소모하게 되고 결선투표를 둘러싸고 후보자나 정당 간의 협상 과정에서 정치적 비리나 부패가 발생할 수 있는 등의 문제점도 예상할 수 있기 때문에, 결선투표제의 도입에 신중을 기해야 한다는 입장도 있다. 절대다수대표제와 결선투표제의 도입에 반대하거나 신중을 기해야 한다는 입장에서는 결선투표제가 오히려 후보자와 정당의 난립을 조장하는 경향을 다분히 드러낸다는 지적이 있으며, 후보자 간의 연대와 제휴로 말미암아 민주적 정당성이 왜곡될 우려가 있고, 결선투표까지 거친 당선자가 민주적 정당성을 남용하여 대통령 권한 과잉을 당연시하는 위험한 결과를 가져올 수도 있다는 견해도 있다.

양당제가 확립되어 있지 않은 한국의 정당정치 상황에서는 상대다수대표선거에 의해 과반수 득표의 당선자가 나오기 어려운 실정이지만, 현행의 제도하에서도 국민의 강력한 여론에 의해 야당 간에 또는 군소정당 간에 후보단일화가 이루어지게 되면 결선투표제를 도입하지 않더라도 과반수 득표의 대통령을 선출할 가능성이 커지게 된다. 그러나 현실적으로 전통적인 지역적 균열구조와 이념적 대립구조에 기인한 다당제의 경향과 후보 간의 다자대결구도 및 유권자의 투표행태 등에 비추어 여론에 의한 여야 간의 양자대결구도의 형성은 기대하기 어려운 것도 사실이다.

대통령제와 국무총리제 결합의 문제점

우리나라 정부형태는 기본적으로 대통령제를 채택하면서 부통령제를 두지 않고 국무총리제를 두고 있는 것이 특색이다. 국무총리제는 의원내각제적 요소에 해당하는 것으로 대통령제 헌법원리의 체계 정합성에 반하는 것이라 할 수 있다. 대통령제와 국무총리제의 결합은 건국헌법의 제정 과정에서 처음 도입된 이래 지금까지 유지되어 오고 있는 것인데, 이러한 결합은 이론적 근거에 기초한 것이 아니며 역사적 경험에 의한 현실적 필요성에 의한 것도 아닌 '우연한 정치적 타협의 산물'이라는 데에 그 태생적 문제점을 안고 있다.

현행 헌법상 국무총리는 국회의 동의를 얻어 대통령이 임명하며 (제86조 제1항), 국무총리가 국무위원과 행정각부의 장에 대한 임명제청권을 행사하고(제87조 제1항, 제94조), 국무위원 해임건의권을 행사할 수 있다(제87조 제3항). 대통령의 보좌기관인 국무총리가 국회의 동의를 얻어 임명되는 것은 행정부의 구성에 국회가 관여하는 것을 의미하며, 이는 미국 대통령제에 있어 대통령을 보좌하는 부통령이 국민에 의해 선출되는 것과 구별된다. 그리고 국무총리의 국무위원 임명제청권과 해임건의권이 대통령을 기속할 수 있는 실질적 권한으로 본다면, 이러한 권한들은 행정부의 일원적 구조라는 대통령제의 기본원리에 반하는 문제가 제기될 수 있다. 반면에 국무총리의 이러한 권한들을 대통령을 기속하지 못하는 형식적 권한으로 본다면 그것은 헌법상 불필요한 권한으로서 오히려 헌법의 규범력을 저하시키는 것밖에 되지 않는다고 할 수 있다.

또한 현행 헌법상 국무총리제는 대통령이 궐위되거나 사고로 인하여 그 직무를 수행할 수 없을 때 국무총리가 대통령 권한대행자로서의 지위(제71조)를 갖는다는 데에 그 특징이 있다. 그러나 이러한 국무총리의 대통령 권한대행제도는 통치구조에 있어서 민주적 정당성의 심각한 공백상태를 초래하는 문제가 있다. 왜냐하면 비록 국회의 동의를 얻어 임명되지만 국민에 의해 직접 선출되지 않은 국무총리가 대통령권한대행자로서의 지위와 권한을 행사하는 데는 민주적 정당성이 크게 부족하다고 할 수 있기 때문이다. 즉 대통령을 보좌하는 행정부의 제2인자로서, 행정각부의 통할·조정기관으로서 국무총리의 민주적 정당성은 국회의 동의를 통해 확보된다고 할 수 있으나, 대통령 유고 시 대통령권한을 대행하기에는 국회의 동의만으로는 민주적 정당성이 크게 부족하다는 의미다.

생각건대 우리 헌법상의 국무총리제는 최초의 도입과정에서부터 정부형태의 법리에 근거한 이성적 숙고의 산물이 아니며 정치적 경험의 현실적 필요성에 의한 것도 아닌 무원칙의 정치적 타협의 산물이라는 태생적 한계를 지니고 있으나, 이미 헌정 70여 년 이상의 경험 속에서 한국형 대통령제의 구성요소로 인식되어 왔음을 부정할 수 없다. 그렇다면 현행 헌법상의 통치구조의 분석에 있어서 대통령제와 결합된 국무총리제의 순기능과 긍정적 역할을 발견하려는 태도가 의미 있다고 할 수 있다. 그러한 맥락에서 볼 때 이원적 민주적 정당성에 기초한 대통령제에 있어 빈번한 여소 야대의 분점정부가 출현하는 경우에는 야당 추천의 국무총리를 임명함으로써 일정한 권력분점을 통해 의회와 정부간의 대립과 국정의 교착상태를 상당 부분 해소할 수 있을 것이다. 이러한 관점에서 현행 헌법상의 정부형태를 프랑스형 이원정부제적으로 해석·운용할 수 있는 가능성을 인정하고 대통령과 국회가 대립되는 분점정부의 경우 그 해결방안으로 대통령과 국무총리의 권력분점 내지 권력분산의 현실화 방안을 제기하는 견해도 있다.[16] 그러나 이러한 견해를 취하는 입장에서도 한국적 정치상황에서 이원정부제적 헌정운용은 결코 쉬운 일이 아니라고 하고, 실제로 이원정부제적 운용을 위한 권력의 분점은 헌법규범의 문리적 해석보다는 양자 간의 정치적 타협이 오히려 더 중요한 요인으로 작동할 수밖에 없다고 보고 있다.

대통령의 지위를 강화시키는 국회의원의 장관 겸직

우리나라 대통령제는 행정부의 장관이 국회의원을 겸할 수 있도록 하고 있는 것이 문제이다. 의원의 각료겸직은 대통령제 원리에 반하는 것이지만 우리나라 국회의원들 중에는 '장관병'에 걸려 대통령에게 잘 보이려고 충성을 경쟁하는 정치인들이 적지 않다는 것이 틀린 말은 아닐 것이다.

헌법은 제43조에 국회의원은 법률이 정하는 직을 겸할 수 없다고 규정하고 있는데, 「국회법」 제29조는 국회의원과 국무위원의 겸직금지를 규정하지 않고 있어서 국무위원과 행정각부의 장이 국회의원을 겸직하는 것이 허용되고 있다.[17] 그러나 이러한 겸직허용은 행정부에 대한 국회의 통제기능을 약화시키는 문제가 있다. 권력분립의 원칙에 입각하여 입법부를 구성하는 국회의원도 대통령과 마찬가지로 국민의 대표자 지위를 가지는데, 국회의원이 국무위원이나 행정각부의 장을 겸하게 되면 국회의원이 대통령에 종속되는 것이 되며 이는 대통령의 우월적 지위를 강화하는 데 일조하게 된다.

국회의원의 행정부 각료 겸직허용은 의원내각제적 요소에 해당하는데, 이러한 의원내각제적 요소는 현실적으로 대통령의 우월적 지위를 강화하는 요인으로 작용하게 된다. 우리나라 같은 대통령우월형 정부형태에 있어서는 의회와 정부 간의 공화와 협력관계보다는 상호 견제와 균형이 요구되기 때문에, 대통령에 대한 의회의 통제기능이 강화되기 위해서도 겸직허용은 금지되어야 하는 것이 대통령제 원리에 부합된다. 미국 헌법은 연방의회 의원의 행정부 각료 겸직금지를 직접 규정하고 있으며, 프랑스 헌법의 경우에는 의원내각제를 기반으로 하는 대통령을 두고 있지만 의회 의원의 각료 겸직금지를 명문화하고 있다.

제왕적 대통령제는 헌법제도의 문제인가, 운용상의 문제인가?

우리나라 대통령제의 문제점에 관한 핵심적 쟁점은 이른바 '제왕적 대통령제'에 대한 우려이다. 한국 헌정사에 있어 대통령제는 과거 자유당 정권의 독재를 경험하였고, 그 후 유신헌법시대와 1980년 헌법의 권위주의시대를 거치면서 대통령에의 권력집중과 권력남용으로 인한 제왕적 대통령제의 폐해가 막대했음을 부정할 수 없다. 그러나 1987년 헌법개정을 계기로 헌법상 권력구조가 합리적으로 개편되고 헌법재판제도가 도입됨으로써 권력에 대한 통제가 현실화되었다. 정치의 민주화가 진행되면서 국민의 기본권이 크게 신장됨에 따라 제왕적 대통령의 가능성에 대한 우려는 과거와는 달리 상당히 불식되었다고 볼 수도 있다. 더욱이 1990년대 이후의 정치상황에서 나타나는 여소 야대의 빈번한 출현에 따라, 더 이상 현행 대통령제가 제왕적 대통령제로 운용되기 어려울 것으로 기대하게 되었다.

그럼에도 불구하고 현행 대통령제는 승자독식에 의해 대통령 개인에게 너무나 광범위하고 강력한 권한들을 부여하고 있기 때문에 언제든지 제왕적 대통령제로 운용될 소지가 있다는 지적이 있다. 직선제 개헌 이후의 노태우 정부와 김영삼 정부를 비롯하여 김대중 정부와 노무현 정부, 최근의 이명박 정부, 박근혜 정부와 문재인 정부에 이르기까지 거의 예외 없이 과거의 권위주의적 통치방식에서 벗어나지 못하였으며 대통령 1인에게 집중된 권력행사의 독주에 의한 부작용이 국정의 실패를 가져오는 오류를 반복해 왔다고 할 수 있다. 헌법상의 권력분립원리에 의해 대통령의 권력행사에 대한 통제장치가 마련되어 있지만 국정운영의 현실에 있어 대통령의 국정최고책임자로서의 권한을 남용함으로써 이러한 권력통제장치가 제대로 작동되지 못한 경우가 적지 않았다. 이러한 대통령의 독주나 권위주의적 통치방식은 헌법규범상의 대통령의 우월적 지위를 규정하고 있는 데서 발생하는 문제점이기도 하지만, 그보다는 헌법운용의 실제에서 나타나는 문제점이 더 크다고 할 수 있다.

제왕적 대통령제의 극복 방안

그렇다면 제왕적 대통령제로의 변질에 대한 우려를 불식하고 대통령제 운용상의 문제점을 극복할 수 있는 방안들은 없는 것인가? 물론 이 문제에 대한 근본적 해결 방안으로 정부형태의 개헌론이 제기되는 것이지만, 여기서는 현행 대통령제가 유지되고 있는 상황에서의 개혁 방안을 생각해 보기로 한다.

첫째, 대통령의 광범위한 권한 중 상당 부분을 국무총리와 행정각부의 장에 위임하도록 함으로써 행정부 내에서 대통령권한의 분산효과를 가져올 수 방안을 검토할 필요가 있다. 헌법상 대통령의 권한을 국무총리에게 위임할 수 있다는 명문 규정은 찾아볼 수 없지만, 국무총리의 국무위원 임명제청권이나 해임건의권·부서권 등의 기관 내 통제기능은 행정부 내에서의 권력분립정신을 구현하는 것이라고 볼 때, 국회와 대통령의 이중적 신임에 기초한 대통령의 보좌기관인 국무총리에게 대통령권한의 일정 부분(일상적인 내치행정에 관한 권한)을 위임한다고 해서 그것이 대통령의 헌법상 지위와 권한을 본질적으로 침해하거나 제약하는 것이라 할 수 없다. 그러므로 행정부 내에서의 이러한 권력 분산을 통한 국무총리의 실질적인 권한행사를 보장하기 위해서는 법률을 제정해 이를 명문화하는 것을 검토할 수 있으며, 대통령과 국무총리 간의 합리적인 국정운용을 위한 대통령 권한의 위임에 관하여 헌법적 관행을 확립해 나가는 것도 고려해 볼 필요가 있다고 본다.[18] 또한 대통령실의 기구 확대는 헌법기관인 국무총리와 행정각부 장의 지위 및 권한을 위축시키고 대통령과 그 측근에게 권력을 집중시키는 결과를 가져오므로, 대통령실 기구의 확대 내지 비대화는 억제되어야 하며 대통령 비서실에 의한 지나친 행정간섭이나 통제 역시 최소화되어야 할 것이다. 헌법기관인 총리나 장관이 법률상의 기구인 대통령 비서실의 실세에 종속되는 일이 현실로 나타나게 되면 이는 헌법상 통치구조의 구성원리에 반하게 된다.

둘째, 제왕적 대통령제의 폐해를 막을 수 있는 현실적인 대안으로서 무엇보다 먼저 대통령의 권한 중 인사권 행사의 남용을 억제하는 것이 중요하다. 대통령은 국회의 동의를 얻어 대법원장과 헌법재판소장과 같은 헌법기관 구성에 관한 인사권을 행사하는 경우, 헌법과 법률에 따른 합법적 인사라 하더라도 정치적 중립성이 요구되는 사법부 구성에 이른바 '코드인사'라는 언론의 비판을 받지 않도록 신중을 기해야 한다. 사법권의 독립이라는 중요한 헌법가치가 훼손되지 않기 위해서는 이념적 편향성에서 벗어나 중립적이고 정당한 인사가 이루어지도록 대통령 스스로 노력하여야 한다. 국회의 다수 의석을 집권당이 점하고 있는 여대 야소의 경우 대통령은 개인의 의지에 따라 사실상 사법부의 구성에 주도적 역할을 하게 되는 위험이 있다.

그리고 새로 취임한 대통령이 헌법상 임기가 보장되어 있는 감사원장과 감사위원, 중앙선거관리위원회 위원 등에 대하여 자진 사임을 유도하는 것은 인사권 남용으로 허용될 수 없다. 헌법기관으로서 감사원이나 중앙선거관리위원회의 인사는 그 헌법기관들과 대통령의 임기차등제의 헌법정신이 훼손되지 않도록 하여야 한다. 대통령의 임기가 5년인 데 비하여 감사원장과 감사위원의 임기는 4년이며, 중앙선거관리위원 위원의 임기를 6년으로 규정한 것은, 임기차등제에 의해 국가기관 간의 견제와 균형을 유지하고 기관 간의 통제기능을 확보하는 데 의의가 있다. 마찬가지로 법률에 의해 임기가 보장되어 있는 고급공무원이나 고위직 공직자의 경우 그러한 임기제에도 불구하고 인사개혁의 일환으로 사임이나 퇴직을 강요하는 것은 자제되어야 한다. 따라서 검찰총장, 한국은행총재, 합동참모의장과 각군참모총장, 방통위원회 위원장 및 위원 등의 경우에 당해 기관의 독립성 보장을 위해 임기제는 존중되어야 한다. 한편 대통령이 임명하는 공공기관의 임원 인사의 경우 대통령의 임기 말 내지 퇴임 직전에 그들에 대한 인사권을 행사하는 것은 후임 대통령의 국정수행을 방해할 수 있으므로 자제하는 것이 옳다고 할 것이다.

셋째, 우리의 대통령제가 쉽게 제왕적 대통령제로 변질될 수 있는 것은 권력분립원리에 기초한 의회와 정부 간 '견제와 균형'의 메커니즘이 작동하지 않는 데 기인하는 것이므로 대통령은 재임기간 중 헌법의 권력분립정신을 준수하여야 하며, 이 점에서 국회의원의 행정각부 장관 겸직은 지양되어야 한다. 여당 국회의원을 장관으로 임명하는 대통령의 인사권 행사는 비록 헌법에서 허용하고 있다 하더라도 불가피한 경우에 한해 최소한으로 그쳐야 한다. 그러한 겸직인사가 빈번하게 이루어지면 의회는 대통령에 종속되는 결과가 되고 대통령은 의회를 사실상 지배하게 된다. 국회의원은 집권당 소속이라 하더라도 의원 개개인이 국민의 대표자인 헌법기관으로서 대통령과 동격의 지위에 있으며, 의원은 국정통제기관인 의회의 일원으로서 행정부에 대한 견제기능을 실질적으로 행사해야 하는 것이다. 미국의 대통령제는 의회의원의 행정각부 장관겸직이 허용되지 않는 경성적 권력분립하에서 의회와 행정부 간의 권력적 균형이 유지되고 있으며, 의원은 여야 소속을 막론하고 정당 기속을 받지 않으면서 대통령에 대한 견제와 비판을 일상적으로 행할 수 있기 때문에 대통령의 독재화는 현실적으로 나타나기 어려운 것이다.

넷째, 대통령이 헌법상 권한행사에 있어서 특히 사면권(제79조)의 행사가 남용되지 않도록 유념할 필요가 있다. 역대 대통령들이 형의 선고를 받은 고위직 공직자나 정치인 및 재벌 기업인에 대해 국민적 정서에 반하는 사면권을 행사해 온 것을 더 이상 되풀이해서는 안 될 것이다. 대통령은 법률이 정하는 바에 의하여 사면, 감형, 복권을 명할 수 있는 은사권 내지 사면권을 행사할 수 있지만 이러한 사면권 행사는 법원의 재판의 결과에 변경을 가져오는 것을 의미하므로 그 기준과 요건은 법률에 엄격히 규정할 필요가 있다. 현실적으로 대통령의 사면권이 문제되는 것은 국회의 동의를 얻지 않고 행사하는 특별사면권이다. 특별사면은 검찰총장이 상신신청하고 법무부장관이 상신하여 대통령이 사면장을 교부하는 방식으로 행하며, 법무부장관이 특정인을 사면·복권 등을 상신하려면 법무부에 설치된 사면심사위원회의 심사를 거치도록 하고 있다(「사면법」 제10조, 제10조의2).

　　대통령은 국민의 의사에 반하는 특별사면권 행사는 자제하여야 할 것이며, 제도적으로도 사면권 행사에 대한 통제를 강화할 필요가 있다. 대통령의 특별사면 대상에서 제외되는 범죄행위를 규정하여 대통령의 사면권 행사를 제한할 필요가 있으며, 향후 헌법의 전면적 개정이 현실화되는 경우 헌법 제79조의 사면권조항을 개정하여 대통령의 특별사면은 '대법원의 자문을 얻어' 명할 수 있도록 규정하여 대통령의 사면권을 인정하되 사법부의 권한을 침해하지 않도록 제한할 필요가 있다.[19]

주

1) 미국 헌법상 대통령선거제도는 18세기 후반의 헌법제정 당시의 시대적 배경 속에서 채택된 대통령선거인단(electoral college)에 의한 간접선거의 방식을 그대로 유지해 오고 있지만, 미국의 전통적인 양당제하에서 선거인단 후보는 각 정당에서 추천된 인사들로 구성되며 이들은 소속 정당에 철저히 기속되므로 일반 유권자가 각 주에서 그들이 지지하는 정당의 대통령 후보 선거인단 명단에 투표하는 것이 동시에 유권자가 지지하는 대통령 후보에 대해 투표하는 것을 의미하기 때문에 직선제와 같은 효과를 갖게 된다. 선거 과정은 11월 행해지는 국민의 일반투표(general vote)에서 각 정당의 후보 중 전체 선거인단 표(538표)의 과반수인 270표를 얻는 후보가 사실상 대통령 당선자로 확정된다. 최종적인 선거인단에 의한 대통령 선출 절차는 요식적인 절차에 불과하게 된다. 그리고 각 주에 할당된 선거인단 표의 집계방식은 각 주에서 한 표라도 많이 득표한 후보가 그 주에 할당된 선거인단 표를 독식하는 '승자독식'(Winner takes All)의 방법을 채택하고 있으며, 각 주에 할당된 선거인단의 수는 그 주의 하원의원 수와 상원의원 수의 합계와 같다. 미국 대통령의 선출방법에 관해서는 정만희 편, 『미국헌법과 통치구조』, 법문사, 1988, 18면 이하 참조.

2) 대통령제의 원형인 미국의 대통령제에 있어서는 일찍이 19세기 중반부터 분열정부현상이 이따금 출현하기도 하였으나 그 양상이 두드러지게 된 것은 1950년대 이후부터로, 오늘날에 이르기까지 분열정부는 일반적이고 보편적인 현상이 되고 있다. 이러한 분열정부에 대한 학계의 입장은 크게 두 개의 대립되는 견해로 나뉜다. 하나는 분열정부가 미국의 헌법과 정치제도의 구조적 결함에 의해 초래된 심각한 문제로서 그 통치구조상의 역기능을 극복하기 위한 방안을 강구해야 한다는 부정적 입장이다. 또 하나의 견해는 분열정부가 강력한 대통령제에 대한 유효한 통제수단이 되고 있다는, 자체의 순기능을 강조하는 긍정적 입장이다. 1980년대 후반부터 미국의 학계에서는 분열정부의 이러한 평가를 둘러싼 활발한 논의가 헌법상 통치구조에 관한 논쟁의 핵심적 과제가 되고 있다. 이 분열정부현상에 대한 긍정적 평가로는 정만희, '대통령제에 있어서 분열정부의 헌법문제', 「헌법학연구」 제14권 제2호, 2008, 391면 이하 참조.

3) 영국 의원내각제의 성립과 전개 과정에 관한 상세 내용은 정만희, 『헌법과 통치구조』, 법문사, 2003, 60-89면 참조.

4) Matthew Soberg Schugart and John M. Carey, President and Assemblies: Constitutional Design and Electoral Dynamics, 1992, p. 44.

5) K. Loewenstein, Political Power and the Governmental Process, 1965, pp. 95-96.

6) Matthew S. Shugart and John M. Carey, op. cit. p.23.

7) 이원정부제의 개념에 관하여 김철수 교수는 "원칙적으로 위기에 있어서는 대통령이 행정권을 전적

으로 행사하나, 평상시에 있어서는 내각 수상이 행정권을 행사하여 하원에 대하여 책임을 지는 의원내각제 형식으로 운영되는 것을 말한다"라고 했으며(김철수, 『헌법학개론』 박영사, 2007, 876면), 권영성 교수는 "이원집행부제란 집행부가 대통령과 내각의 두 기구로 구성되고 대통령과 내각이 각기 집행에 관한 실질적 권한을 나누어 가지는 정부형태를 말한다. 대통령은 외교·국방 등 국가안보에 관한 사항을 관장하고 국가긴급권을 보유하는 데 대하여 수상은 법률의 집행권과 그 밖의 일반행정에 관한 사항을 관장한다"고 했다(권영성, 『헌법학원론』 법문사, 2010, 776-777면). 성낙인 교수는 이원정부제의 본질적 요소로서 "1)집행부의 실질적 이원화(양두제), 2)대통령의 사실상 직선제, 3)의회의 정부불신임권"의 셋을 들고 있다(성낙인, 『헌법학』 법문사, 2019, 936-937면).

8) Linz and Valenzuela/ 신명순·조정관 역, 『내각제와 대통령제』 나남출판, 1995, 139면.

9) 정만희 편, 『비교헌법강의』(제2판), 세종출판사, 2009, 314-315면.

10) 이 수권법의 정식 명칭은 '민족 및 국가의 긴급사태를 제거하기 위한 법률'로서 그 내용은 바이마르 헌법에 규정된 의회의 입법절차 외에 정부에 의한 법률제정권을 규정하고 이 경우 의회주의 규정이 적용되지 않도록 하였으며 바이마르헌법에 위반되는 내용을 규정할 수 있었다. 이 수권법에 근거하여 정부는 유태인배척 입법을 행하고 신정당 설립금지법을 제정하여 나치 일당독재를 확립하였다. 1934년 힌덴부르크 대통령의 사망으로 정부는 국가원수법을 제정하여 히틀러가 대통령과 수상의 지위를 겸하게 되었다.

11) 바이마르헌법의 제정자들은 혼합형 정부형태의 채택을 통해 평상시에는 의원내각제의 민주성을, 비상시에는 대통령을 중심으로 하는 강력한 리더십을 기대하였던 것이나 그 결과는 반대로 나타나 평상시에는 리더십의 부재로 정국의 혼란이, 비상시에는 대통령의 독재가 바이마르공화국의 몰락을 부채질하게 되었던 것이다. 바이마르헌법의 교훈은 이원정부제라는 것은 의원내각제와 대통령제의 장점과 함께 단점도 모두 가지고 있는 제도이기 때문에 그 제도의 장점을 발현시킬 수 있는 조건을 갖추지 못한 경우에는 단점들의 결합으로 인해 결국 그 제도는 성공하기 어렵다는 것을 확인시켜주었다는 데 있다.

12) Stephen J. Wayne, The Road to the White House: The Politics of Presidential Election, 1984, p.5.

13) 이와 같이 미국 헌법은 처음부터 대통령의 중임제한규정을 두지 않았으나 초대 대통령 조지 워싱턴 이래 역대 대통령은 불문율에 의해 3선 대통령선거에 출마한 사람이 없었다. 그러나 1940년 프랭클린 루스벨트 대통령이 3선에 성공하고 1944년에는 4선 대통령으로 당선되자 중임제한의 필요성이 제기되어 1951년 수정헌법 제22조에 의해 3선 금지가 채택된 것이다.

14) 신우철, '한국 대통령제에 관한 몇 가지 생각', 서울대학교 『법학』 제41권 제1호, 2000, 325-326면.

15) 대통령직선제 환원 이후 처음 실시된 1987년 제13대 대통령선거에서는 노태우 후보가 유효투표 총수의 36.6%의 득표로 당선되었고, 1992년 대선에서는 김영삼 후보가 41.4%, 1997년 대선에서는 김대중 후보가 39.7%, 2002년 대선에서는 노무현 후보가 48.5%, 2007년 대선에서는 이명박 후보가 48.7% 득표로 당선되었으나 소수파 대통령을 면치 못하였다. 2012년 대선에서는 박근혜 후보가 51.6% 득표하여 최초로 총유효투표의 과반수 지지를 얻었으나, 2017년 대선에서는 문재인 후보가 41.1% 득표에 그쳐 다시 소수파대통령이 되었다. 2022년 제20대 대선에서는 윤석열 후보가 48.56% 득표로 당선되었다.

16) 성낙인, 『헌법학』(제19판), 법문사, 2019, 376면 이하.

17) 헌법상 국회의원의 국무위원 겸직금지 조항은 제3공화국헌법에서 최초로 명문화(제39조)되었으나, 1969년의 제6차 개헌에 의해 삭제되어 현재에 이르고 있다. 이러한 국회의원의 각료겸직허용은 대통령제 정부형태의 헌법원리에 있어서 중대한 예외를 인정하는 것이므로 헌법에서 직접 의원의 겸직허용을 명문화하는 경우에만 가능하다고 할 것이며, 겸직허용을 법률에 백지위임하는 것은 인정되기 어렵다고 보는 것이 타당하다.

18) 예컨대 프랑스 제5공화국헌법의 이원정부제는 헌법상 대통령의 권한과 수상의 권한이 명확하게 구분되어 있지 않으며, 대통령과 수상의 권력관계와 양 기관의 권한행사의 범위 등은 헌법운용의 실제와 정치적 관행에 의해 정해지는 것이 적지 않다는 점에서도 알 수 있듯이, 헌법상 통치구조의 구체적인 운용은 국가권력의 기본권기속성의 헌법이념에 반하지 않고 통치구조의 기본원리에 위배되지 않는 한 그에 관한 헌법적 관행을 형성해 나가는 것은 바람직하다고 할 수 있다. 프랑스 이원정부제에서의 대통령과 수상의 권한과 상호관계에 관해서는 정만희, '이원정부제 정부형태의 검토', 「동아법학」 제52호, 2011, 157면 이하.

19) 참고로 프랑스의 사면법은 대통령의 사면권을 엄격히 제한하여 부정부패공직자, 선거법위반사범, 테러범, 15세 미만 미성년자에 대한 폭행범, 마약밀수사범, 불법낙태사범 등 국가와 사회의 기본가치와 법익을 침해한 범법자에 대해선 사면복권을 원칙적으로 금지하고 있다. 특히 핀란드헌법은 대통령이 사면권을 행사하는 경우 대법원의 자문을 얻도록 규정하고 있는데 이러한 입법례는 우리의 사면권제도에 시사하는 바가 크다.

제1장
국회

제2장
국회의원

제2부
입법부

제1장

국회

의회주의

근대 의회주의의 성립

근대 입헌주의와 민주주의에 있어 의회는 국민의 대표기관이다. 의회는 국민에 의해 선출된 의원을 본질적 구성요소로 하는 합의체 국가기관으로서 입법과 재정 및 국정통제에 관한 근본적인 국가작용을 지배한다. 그리하여 입헌주의헌법은 국민주권원리를 바탕으로 한 대의제 민주주의를 채택하면서 그 핵심적 내용으로 의회주의를 통치의 기본원리로 채택하게 된다. 의회주의(parliamentarism)란 국민에 의해 민주적으로 선거된 합의기관인 의회가 다수결원리로써 국가의사를 결정하는 정치방식을 의미한다.

의회주의의 확립은 서구에서의 근대 의회제의 성립과 발전에 따라 전통적인 국왕에 대한 의회의 우위가 확보됨으로써 비로소 가능하게 되었다. 따라서 의회주의는 국가의 운영이 민주적 정당성을 가진 합의체 국민대표기관인 의회를 중심으로 이루어져야 한다는 것을 의미하게 되었다. 의회제의 기원은 중세의 봉건적 등족회의에서 구하는 것이 일반적이지만, 근대적 의회제의 성립이라는 관점에서 보면 17세기 영국의 시민혁명의 단계에서 그 출발점을 찾을 수 있다. 1688년 명예혁명에 의해 성립된 영국의 근대 의회제는 통치기구에 있어서 '국왕에 대한 의회의 우위'를 확보하게 되는 계기가 되었으며, 이는 곧 영국 헌법상의 의회주권(Sovereignty of Parliament)의 원리가 형성된 것을 의미한다. 의회주권의 원리에 의해 의회는 권력 과정의 중심적 지위에서 국가의 최고의사를 의회제정법의 형식으로 결정하게 되었다. 특히 영국은 성문헌법을 갖고 있지 않은 불문헌법국가이기 때문에 의회제정법은 국가의 최고법규로서 그것에 우월한 효력을 갖는 법규범은 존재하지 아니한다는 것을 특징으로 한다.[1] 그리하여 18세기의 의회정치에 있어서는 국왕의 실제상의 권력이 의회 다수파의 지도자인 수상을 중심으로 하는 내각에 옮겨졌고, 19세기 이후 선거법의 개혁으로 영국의 고전적 의회주의가 꽃을 피우게 되었다. 1832년 국민대표법(Representation of the People Act)의 제정에 의한 선거제도 개혁과 1867년과 1884년의 선거법 개정을 거치면서 선거권이 시민계급뿐만 아니라 노동자와 농민에까지 확대됨에 따라 의회가 비로소 국민의 대표기관으로서의 지위를 갖게 됨으로써 영국의 의회제 민주주의가 확립하게 되었다.

의회의 국민 대표성과 의원의 자유위임의 원칙

의회주의는 주권자인 국민의 의사가 선거를 통하여 그 대표기관인 의회에 전달되고, 그 의회의 의사에 따라 입법 또는 중요한 국가 정책 결정이 이루어지게 되는 의회의 국민 대표성을 그 기본원리로 한다. 즉 근대 의회제의 기본원칙은 국민주권에 근거한 국민 대표의 원리를 핵심으로 한다. 국민 대표 원리의 구체적 내용으로는 먼저, 국민에 의해 선출된 의원은 그를 선출한 유권자나 국민 일부의 이익의 대표가 아니라 국민 전체 이익의 대표로서 선출된 것을 의미한다. 따라서 의원은 선거인으로부터 독립된 법적 지위를 가지며, 선거인의 지시나 명령에 구속되지 않고 선거인에 의해 책임추궁을 당하거나 파면되지 아니한다. 이러한 의원과 선거인과의 관계를 '무기속위임의 원칙' 내지 '자유위임의 원칙'이라고 한다. 그리고 국민 대표 원리에 있어서 법적으로 강제위임이 금지되고 있더라도 사실상 유권자에 대한 의원의 종속을 상당한 정도 인정할 수밖에 없다. 즉 의원의 유권자에 대한 법적 무책임을 긍정하면서도 유권자에 대한 정치적 책임을 부정하기 어렵다.

의회주의는 의회의 의사 과정에 있어서 '토론의 자유'를 원칙으로 한다. 의회는 토론의 과정에서 대립하는 주장이 동시에 논의되는 것을 통하여 상대적 진리가 얻어지는 장소이다. 의사 과정에서의 다양한 의견 진술과 자유로운 토론을 통한 의사결정이 곧 국민의 선택으로 의제(擬制)되는 것이 의회주의이다. 의회주의는 또한 '의사공개의 원칙'이 요구된다. 의사공개의 원칙은 비밀정치의 배제를 통한 정치의 부패를 방지한다는 이념에 입각하고 있다. 의사의 공개는 의회활동의 기초이며 의회가 국민의 신뢰를 확보하기 위한 적절한 방법이다. 의사공개를 통하여 의원의 임무수행을 강제할 수 있고, 의회와 국민과의 의사소통과 교류를 보장할 수 있게 된다. 의사공개의 원칙은 의사에 관한 언론의 사유, 보도의 자유보장을 강하게 요구하게 되며, 국민은 공개된 정보를 통하여 선거나 그 밖의 장에서 의회에 적절하게 대응할 수 있게 된다. 우리 헌법도 제50조 제1항에 "국회의 회의는 공개한다"라고 하여 의사공개의 원칙을 규정하고 있다. 이는 단순한 행정적 회의를 제외하고 국회의 헌법적 기능과 관련한 모든 회의는 원칙적으로 국민에게 공개되어야 함을 천명한 것이다. 따라서 국회의 회의는 본회의든 위원회의 회의든 원칙적으로 공개되어야 하고, 원하는 모든 국민은 원칙적으로 그 회의를 방청할 수 있다.

의회주의의 의사결정방법으로서 다수결원리

의회주의의 합의체 의사결정의 방법은 다수결 원리에 의한다. 다수결의 원리는 구성원 다수의 의견에 소수의 의견을 복종시키는 방법으로, 이는 1인의 지배 또는 소수의 지배가 아닌 다수의 지배를 의미한다. 일반적으로 조직이나 단체의 의사결정은 그 구성원이 평등한 경우에 전체 구성원의 일치에 의하는 것이 이상적이지만 의사결정 대상의 성질, 구성원의 동질성의 정도 내지 구성원의 규모 등에 의해 그것은 사실상 불가능하다.

다수결의 원리는 '토론의 자유'의 존중을 전제로 할 때 비로소 정당화되는 것이므로 '이성적 토론'이 결여된 다수결방법은 다수의 독재를 의미할 뿐이다. 다수결의 본질적 요소인 토론은 이성에 의한 설득을 의미하며, 그것은 개별적 이익을 둘러싼 논쟁이 아니라 정의에 관한 논쟁이며 일반의지의 지향을 위한 토론을 말한다. 이러한 이성적 토론은 '소수의사의 존중'을 전제로 함은 말할 것도 없다. 다수의 의사가 단지 수적 다수의 형식적 의사인 경우에는 그 다수결은 기능을 할 수 없으며, 다수가 소수의견에 대해 양보하고 소수는 다수의견에 승복하는 정신에 기초할 때 다수결은 비로소 실질적 정당성을 부여받게 된다. 요컨대 다수결원칙은 자유로운 공개 토론과 타협을 통한 의사통합의 기능을 수행하는 것이므로 반대의사를 무시하거나 양보와 타협이 인정되지 않는 다수결은 곧 '다수의 폭정'(tyranny of the majority)을 의미할 뿐이다.

우리 헌법은 제49조에 다수결원리에 관하여 규정하면서 일반적 의결정족수로서 "재적의원 과반수의 출석과 출석의원 과반수의 찬성으로 의결한다"고 밝히고 있다. 여기서 다수결의 원리는 단순히 재적의원 과반수의 출석과 출석의원 과반수에 의한 찬성을 형식적으로 요구하는 것에 그치지 않는다. 헌법 제49조는 국회의 의결은 통지가 가능한 국회의원 모두에게 회의에 출석할 기회가 부여된 바탕 위에 재적의원 과반수의 출석과 출석의원 과반수의 찬성으로 이루어져야 한다는 것으로 해석하여야 한다. 다수결의 원리는 의사형성 과정에서 소수파에게 토론에 참가하여 다수파의 견해를 비판하고 반대의견을 밝힐 수 있는 기회를 보장하여 다수파와 소수파가 공개적이고 합리적인 토론을 거쳐 다수의 의사로 결정한다는 데 그 정당성의 근거가 있는 것이다.

다수결원리에 관한 헌법재판소 판례를 보면, 국회의 날치기통과에 의한 법률안 가결 선포행위에 대하여 일관된 태도로「국회법」위반의 하자는 있을지언정 헌법상 입법 절차에 관한 다수결원리를 명백히 위반한 것으로서 위헌으로 볼 수 없다고 판단하고 있다. 그러나 이와 같은 헌법재판소의 소극적 입장은 다수결의 원리를 형식적·수적 다수의 원리로 이해하는 것으로 볼 수밖에 없으며, 헌법상의 의회주의원리의 구체화를 의미하는「국회법」관련 규정 위반을 헌법위반으로 볼 수 없다는 논리는 비판을 받을 수 있다.

입법기관으로서의 국회

국회 입법의 원칙

국회는 국가의 입법기관이다. 대의제와 권력분립원리를 전제로 하여 국가의 입법기능은 국민의 대의기관인 국회에 귀속하게 된다. 그러나 오늘날 국가기능의 확대와 입법 대상의 증대로 말미암아 입법에 고도의 전문성과 기술성이 요구됨에 따라 입법과정에 있어서 행정부의 역할이 증대되고 있고, 또한 의원의 정당에의 기속 등으로 인하여 의회의 입법기능이 저하되고 있다.

우리 헌법은 제40조에 "입법권은 국회에 속한다"라고 하여 국회 입법의 원칙을 규정하고 있다. 따라서 모든 국가작용의 근거가 되고 국민생활을 규율하는 법률은 국회가 제정한다. 국회 입법의 원칙은 국가의 법규범 중에서 핵심을 이루는 '형식적 의미의 법률'의 제정은 국회가 단독으로 의결한다는 것을 의미한다. 헌법상 정부의 법률안제출권이나 대통령의 법률안거부권이 인정되고 있지만 이것은 법률제정에 있어 입법부와 행정부의 상호협조 내지 상호통제를 위한 것이며, 법률제정의 본질적 과정인 법안의 심의와 의결은 국회가 단독으로 행사한다.

그러나 헌법은 예외적으로 법률과 동일한 효력을 갖는 법규범과 법률보다 하위의 효력을 갖는 법규범을 정립하는 권한을 다른 국가기관에도 부여하고 있다. 예컨대 대통령은 긴급명령권과 긴급재정경제명령권(제76조 제1항, 제2항)에 의해 법률과 동일한 효력을 갖는 명령을 제정할 수 있으며, 대통령령과 총리령·부령 등의 행정입법(제75조, 제95조)은 법률의 위임에 따라 제정되는 법률의 하위규범이다. 대법원과 헌법재판소 등은 규칙을 제정할 수 있으며, 지방자치단체도 조례를 제정하여 주민의 권리·의무사항을 규율할 수 있다. 이러한 명령·규칙이나 조례의 제정은 국회입법의 원칙에 대한 예외가 된다.

위임입법과 의회유보원칙

국회가 법률의 제정을 독점한다고 하여 국가의 모든 사항을 법률로 정해야 하는 것은 아니다. 국민대표기관으로서 국회가 반드시 정해야 할 사항은 법률로 정해야 하지만 나머지 사항은 법률의 집행이나 국정 운영상 하위법규범에 위임할 수 있다. 이 경우 어떠한 사항을 반드시 법률에서 정할 것인가 하는 점이 문제된다.

국회 입법의 원칙상 법률로 규율하고자 하는 사항 가운데 중요하고 본질적인 사항, 특히 국민의 기본권 실현에 관련된 사항에 대해서는 국민의 대표기관인 국회가 독점적으로 이를 법률에서 정해야 한다는 '의회유보의 원칙'이 적용되어야 한다. 헌법재판소는 법률유보의 원칙에 대하여 "국가공동체와 그 구성원에게 기본적이고도 중요한 의미를 갖는 영역, 특히 국민의 기본권 실현에 관련된 영역에 있어서는 행정에 맡길 것이 아니라 국민의 대표자인 입법자 스스로 그 본질적 사항에 대하여 결정하여야 한다는 요구까지 내포하는 것으로 이해하여야 한다"고 판시하고 있다(헌재 1999. 5. 27. 98헌바70).

국회의 입법절차

(1) 법률안 제출

법률안의 제출은 국회의원의 권한이지만 우리 헌법은 정부도 법률안을 제출할 수 있도록 규정하고 있다(헌법 제52조). 국회의원이 법률안을 제출하는 경우 10인 이상의 찬성으로 발의할 수 있다(「국회법」제79조 제1항). 법안이 예산 또는 기금상의 조치를 수반하는 경우에는 그 법안의 시행에 수반될 것으로 예상되는 비용에 대한 추계서를 첨부하여야 한다. 정부가 법률안을 제출하는 경우에는 국무회의의 심의를 거쳐야 한다. 국회와 함께 정부가 법률안제출권을 갖는 것은 엄격한 권력분립제를 기반으로 하는 대통령제원리에 부합되지 않는 것이다. 정부에게 법률안제출권을 부여하는 것은 국회의 지위를 상대적으로 약화시키게 되고 정부가 실질적인 입법의 주도권을 행사하게 되는 문제가 있다.

(2) 상임위원회의 법률안 심의

법률안이 제출되면 국회의장에 의해 본회의에 보고된 후 소관 상임위원회에 회부되어 심사를 받게 된다. 의장은 의안이 발의 또는 제출된 때에는 이를 인쇄하거나 전산망에 입력하는 방법으로 의원에게 배부하고 본회의에 보고하며, 소관 상임위원회에 회부하여 그 심사가 끝난 후 본회의에 부의한다. 다만 휴회 또는 폐회 등으로 본회의에 보고할 수 없을 때에는 이를 생략하고 소관 상임위원회에 회부할 수 있다. 「국회법」은 위원회에 회부된 법률안에 대하여 충분한 이해를 할 수 있도록 일정한 숙려기간을 두고 있다. 일부개정 법률안은 15일, 새로 제정하는 법률안이나 폐지법률안은 20일의 숙려기간을 거쳐야 하며, 이 기간을 경과하지 아니한 때에는 법률안을 상정할 수 없다. 또한 위 숙려기간이 경과된 후 30일이 경과한 날 이후에 처음으로 개최되는 위원회에 그 법률안은 자동으로 상정되는 것으로 하는 자동상정제도를 채택하고 있다(동법 제59조, 제59조의2).

위원회는 법안의 입법취지와 주요 내용 등을 국회공보 등에 게재하여 입법예고를 할 수 있으며, 중요한 안건이나 전문지식을 요하는 법안을 심사하기 위하여 공청회를 개최할 수 있다. 위원회에서 가결된 법안은 법제사법위원회에 회부하여 체계·자구의 심사를 받게 되고 여기에서 가결된 법안에 대해서는 위원회에서 다시 수정할 수 없다. 다만 본회의에서 의원 30인 이상의 찬성으로 수정동의(修正動議)의 방법으로 처리할 수 있다. 그리고 예산안에 대한 수정동의는 의원 50인 이상의 찬성이 있어야 한다(동법 제95조 제1항).

국회는 법률안 처리의 합리성과 효율성을 위해 2012년 5월 '국회선진화법'이라는 이름으로 「국회법」을 개정하여 심사기간지정제와 의안신속처리제 등을 도입하였다. 심사기간지정제는 국회의장의 직권상정의 폐해를 막기 위하여 천재지변의 경우나 전시·사변 또는 이에 준하는 국가비상사태의 경우, 의장이 각 교섭단체 대표 의원과 '합의'하는 경우에만 의장이 위원회에 회부되는 안건에 대하여 심사기간을 지정할 수 있도록 한 것이다(동법 제85조 제1항). 안건의 신속처리제도는 위원회에 회부된 안건을 신속처리대상안건으로 지정하고자 하는 경우 의원은 재적의원 과반수가 서명한 신속처리안건 지정요구 동의를 의장에게, 안건의 소관위원회 소속 위원은 소관 위원회 재적위원 과반수가 서명한 신속처리안건지정동의를 소관 위원회 위원장에게 제출하여야 한다. 이 경우 의장 또는 소관 위원회 위원장은 지체 없이 신속처리안건지정동의를 무기명투표로 표결하되, 재적의원 '5분의 3 이상' 또는 안건의 소관 위원회 재적위원 '5분의 3 이상'의 찬성으로 의결한다.[2]

위원회는 신속처리대상안건에 대한 심사를 그 지정일로부터 180일 이내에 마쳐야 하며, 본회의에 부의된 날로부터 60일 이내에 본회의에 상정하여야 한다(동법 제85조의2).

그리고 국회선진화법은 예산안 등의 자동 본회의 부의를 규정하고 있다. 위원회는 예산안, 기금운용계획안, 임대형 민자사업한도액안, 세입예산안 부수 법률안의 심사를 매년 11월 30일까지 마쳐야 하며, 위의 기한 내에 심사를 마치지 아니한 때에는 그다음 날에 위원회에서 심사를 마치고 바로 본회의에 부의된 것으로 본다. 다만 의장이 각 교섭단체 대표 의원과 합의한 경우에는 그러하지 아니하다(동법 제85조의3 제1항. 제2항). 그 밖에 상임위원회의 심사 과정에서 법안에 대한 이견이 있는 경우에는 그 이견을 충분히 논의하고 조정할 수 있도록 '안건조정위원회'를 구성할 수 있다(동법 제57조의2). 안건조정위원회는 6인으로 구성되는데, 소속상임위원회 위원 중에서 제1교섭단체 위원 3인과 제1교섭단체 위원이 아닌 3인의 동수로 구성된다. 안건조정위원회의 활동은 최장 90일까지 할 수 있다.[3]

(3) 법률안의 본회의 의결

위원회의 심사를 거친 법안은 본회의에 부의된다. 소관 상임위원회의 심사결과 본회의에 부의할 필요가 없다고 판단된 때에는 본회의에 부의하지 않을 수 있으며, 그 법안은 폐기된다. 그러나 위원회에서 부결된 법안의 경우에 폐회나 휴회 중의 기간을 제외한 7일 이내에 의원 30인 이상의 요구가 있으면 본회의에 부의하여야 한다. 본회의에 상정된 법안의 의결은 재적의원 과반수의 출석과 출석의원 과반수의 찬성으로 한다. 본회의에서는 질의·답변과 토론을 거쳐 표결한다. 「국회법」은 표결에 관하여 "의원은 국민의 대표자로서 소속 정당의 의사에 기속되지 아니하고 양심에 따라 투표한다"(동법 제114조의2)라고 규정하여 자유투표를 보장하고 있다.

국회선진화법은 법안 심의에 있어 소수당의 자유로운 토론(필리버스터)을 보장하기 위하여 본회의에서 심의안건에 대하여 재적의원 3분의 1 이상이 서명한 요구서를 의장에게 제출한 경우 무제한 토론을 허용하고 있다. 무제한 토론의 종결은 더 이상 토론할 의원이 없거나 재적의원 3분의 1 이상이 제출한 무제한 토론의 종결동의를 재적의원 5분의 3 이상의 찬성으로 의결한 경우, 또는 무제한 토론 중 회기가 종료한 경우에 이루어지며, 무제한 토론 종결이 선포된 후에는 해당 안건은 지체 없이 표결되어야 한다(동법 제106조의2).

(4) 법률안의 정부이송

법률안이 본회의에서 의결되면 국회의장이 법률안을 정부에 이송한다. 정부가 법률안에 대하여 이의를 가지지 아니하면 국무회의의 심의를 거쳐 대통령이 이에 서명하고 국무총리와 관계국무위원이 부서함으로써 법률안은 법률로 성립한다.

(5) 대통령의 거부권 행사와 국회의 재의

대통령은 정부에 이송된 법률안에 이의가 있을 때에는 법률안이 이송된 날로부터 15일 이내에 이의서를 붙여 국회에 환부하고 재의를 요구할 수 있다. 국회의 폐회 중에도 또한 같다. 대통령의 법률안 거부는 환부거부가 원칙이며, 국회의 임기가 만료된 경우를 제외하고는 보류거부(pocket veto)가 인정되지 아니한다. 보류거부는 국회의 폐회로 인하여 대통령이 지정된 기일 내에 국회에 환부할 수 없는 경우 대통령이 그 법률안을 거부하기 위하여 법률안을 공포하지 아니한 채 가지고 있으면 법률안이 자동적으로 폐기되는 것을 말한다. 대통령이 재의를 요구하는 경우에는 법률안 전체에 대하여 하여야 하며, 법률안의 일부에 대하여 재의를 요구하거나 법률안을 수정하여 재의를 요구할 수 없다. 환부 거부된 법률안은 국회에서 재의에 붙여지고 재적의원 과반수의 출석과 출석의원 3분의 2 이상의 찬성으로 재의결되면 그것은 법률로 확정된다(헌법 제53조 제4항).

(6) 법률 공포

대통령은 법률안이 정부에 이송된 날로부터 15일 이내에 이를 공포해야 한다. 공포는 법률의 효력발생요건이며, 관보에 게재함으로써 행한다. 대통령이 15일 이내에 공포나 재의의 요구를 하지 아니한 때에도 그 법률안은 법률로써 확정된다. 확정된 법률을 대통령이 지체 없이 공포하지 않거나 국회의 재의결로 확정된 법률이 정부에 이송된 후 5일 이내에 대통령이 공포하지 아니할 때에는 국회의장이 이를 공포한다.

(7) 법률의 효력 발생

법률은 법률에 특별한 규정이 없으면 공포한 날로부터 20일을 경과함으로써 효력을 발생한다(헌법 제53조 제7항). 그러나 '법령 등 공포에 관한 법률'에 의하여 국민의 권리제한 또는 의무부과와 직접 관련 있는 법률은 긴급히 시행하여야 할 특별한 사유가 있는 경우를 제외하고는 공포일로부터 적어도 30일이 경과한 날로부터 시행되도록 하여야 한다(동법 제13조의2).

'국회선진화법'은 입법의 합리성과 효율성을 조화할 수 있는가?

국회선진화를 목적으로 하여 2012년 개정된 「국회법」의 내용은 종전 「국회법」상 국회의장의 직권상정의 폐해를 방지하기 위해 국회의장의 안건 심사기간 지정요건을 강화하였으며, 소수의견을 존중하기 위해 예외적으로 본회의의 무제한 토론(필리버스터)을 허용하고 상임위원회에서의 쟁점 법안에 대한 이견을 조정할 수 있는 안건조정위원회를 구성할 수 있게 함으로써 국회 입법과정의 심의기능을 강화한 것이 특징이다. 다른 한편 의안심의 과정에서의 효율성 확보를 위하여 예산안 등의 자동상정제와 의안신속처리제를 도입한 것이 또 하나의 특징이다. 말하자면 국회선진화법은 국회 입법기능의 실질화를 위하여 법률안 심의 과정에서의 토론과 타협 및 소수의사의 존중을 최대한 보장함과 동시에 이와 상반되는 입법 과정의 효율성의 관점에서 의안신속처리제 등을 두고 있다. 즉 국회선진화법은 의안심의에 있어서 합의제적 요소와 다수제적 요소라는 서로 이질적인 두 요소를 동시에 규정하고 있다. 이러한 상반되고 이질적인 두 요소를 균형 있게 조화적으로 실현하는 것이 국회선진화법의 목표라고 할 수 있으나, 현실적으로 합의제적 요소와 다수제적 요소의 조화적 실현은 쉽게 기대하기 어렵다고 할 것이다. 예컨대 안건신속처리제나 의사진행방해의 토론 종결을 위한 '5분의 3' 이상 가중다수결 요건은 여당과 야당의 합의를 통해 여야 공동의 다수를 형성한다는 취지를 담고 있으나, 의원의 정당 기속이 강한 한국의 정치현실에 있어서(여야 간의 의석 분포가 어느 정도 균형을 이루고 있고 어느 한 정당이 원내 절대다수의석을 확보하고 있지 않는 한) 이러한 이상적인 시스템이 제대로 작동하는 것을 기대하기는 쉽지 않다고 할 것이다.

생각건대 「국회법」 개정에 의해 국회의장의 직권상정을 대폭 제한한 것과 소수당의 무제한 토론을 허용한 것은 소수당에 유리한 제도로서 의안심의에 있어 여야 간의 실질적인 대화와 토론을 통한 합의를 도출함으로써 국회운영의 선진화를 지향한다는 점에서 바람직한 것이다. 그러나 현실적으로 여야 간의 쟁점 법안에 대한 대립과 충돌로 인하여 입법의 지연과 교착상태가 발생하는 경우 야당의 협조 없이는 안건신속처리제로 이 문제를 해결하는 것은 사실상 불가능하게 된다. 의안이 신속처리 대상으로 지정되기 위해서는 재적의원 5분의 3 이상 또는 소관 위원회 5분의 3 이상의 찬성이 요구되므로 실제로 안건신속처리제를 통해 입법의 효율성과 신속성을 기대하기 어렵게 된다.

그렇지만 이러한 국회선진화법에 대한 우려는 여야 간의 의석 분포가 어느 정도 균형을 이룰 때의 문제인데, 이러한 우려는 2020년 제21대 총선 결과 예상치 못한 여당의 압도적 승리로 더불어민주당이 180석에 가까운 의석을 확보하게 됨에 따라 기우에 그치게 되었다. 단일 정당으로 의석수의 5분의 3을 차지하게 되면 국회선진화법의 합의제적 요소는 의미가 없게 되며, 다수당의 일방적 입법독주를 통제할 수 없는 문제는 여전히 남게 된다. 더욱이 여소 야대의 정국에서 야당이 절대다수의석을 갖게 되면 정부가 제출한 법안 심의는 사실상 불가능하게 되는 심각한 상황이 나타나게 된다.

국회 입법절차에 대한 통제의 필요성

　　국회가 제정한 법률이나 법률조항의 내용에 대한 규범통제의 수단으로는 기본적으로 헌법재판소의 위헌법률심판과 헌법소원심판을 통해 법률의 위헌 여부에 대한 사법적 통제가 이루어진다. 대통령의 법률안거부권 행사에 의해서도 국회 입법에 대한 행정적 통제가 이루어지고 있다. 그러나 국회 입법에 대한 통제문제는 법률의 내용에 대한 통제뿐만 아니라 오늘날 국가권력의 절차적 정당성 확보의 관점에서 국회의 입법 과정과 절차에 대한 통제가 중요한 과제로 등장하게 된다. 헌법재판소는 법률 내용의 위헌 여부의 심사를 통해 규범통제를 행하고 있으나, 국회의 입법절차나 과정이 헌법에 위반되는지의 여부를 심사할 수 있는가 하는 것이 문제된다.

　　국회 입법절차에서 문제되는 것은 이른바 '날치기통과입법'에 관한 것이다. 예컨대 여당과 야당 간에 첨예하게 대립되는 쟁점 법안의 경우, 국회의장이 야당 의원들에게 본회의 개의 일시를 「국회법」에 규정된 대로 적법하게 통지하지 않음으로써 그들이 본회의에 출석할 기회를 잃어 법률안의 심의·표결 과정에 참여하지 못하게 되면, 그것은 해당 의원들의 헌법상의 법률안 심의·표결권을 침해한 것이 된다. 국회선진화법이 채택되기 이전에는 여야 간의 쟁점 법안에 대해 국회의장의 직권상정으로 날치기 통과시킨 법안들이 적지 않았다.

　　헌법재판소는 1997년, 날치기통과입법에 대한 권한쟁의심판사건에서 국회의장이 일부 의원들에게 본회의 개의 일시를 「국회법」에 규정된 대로 적법하게 통지하지 않음으로써 그들이 본회의에 출석할 기회를 잃어 법률안의 심의·표결 과정에 참여하지 못하게 된 것은 해당 의원들의 헌법상의 법률안 심의·표결권을 침해한 것이라고 판시하였다(헌재 1997. 7. 16. 96헌라2). 하지만 이 사건에서 헌법재판소는 법안처리 과정에서의 날치기 통과가 국회의원의 법률안 심의·표결권을 침해한 것이라고 하면서도 법률안 가결선포행위의 위헌확인청구에 대해서는 기각결정을 하였다. 그 후 2010년, 국회의원과 상임위원장과의 권한쟁의심판사건에서도 국회 상임위원회의 회의장에 야당의원의 출입을 원천 봉쇄한 가운데 회의를 개의하여 의안을 상정하고 법안심사소위원회에 회부한 행위는 비록 의사정족수를 충족하였다고 하더라도 다수결의 원리와 의회민주주의원리에 위배된다고 판시하면서도 위원회의 의안 상정·회부행위가 중대한 하자가 있다고 하더라도 그 상정·회부행위에 대한 야당의원의 무효확인청구에 대해서는 기각결정을 하였다(헌재 2010. 12. 28. 2008헌라7).

결국 이와 같은 헌법재판소의 소극적 태도는 날치기통과입법이 다수결원리와 의회민주주의원리에 위배된다고 하면서도 위헌은 아니라고 판시함으로써 헌법재판소는 그러한 입법절차상의 하자에 대한 사법적 통제기능의 한계를 스스로 인정하고 있음을 볼 수 있다.

국회의 재정권

국가 재정은 의회의 의결을 원칙으로 한다

재정(財政)이란 국가가 공권력의 주체로서 공공의 수요를 충족하기 위하여 필요한 재원을 조달하고 재산을 관리·사용·처분하는 일체의 행위를 말한다. 재정작용은 그 성질상 집행작용이지만 국민의 재산권을 제한하게 되고 납세의 의무를 부과하는 등 국민의 권리·의무에 미치는 영향이 크기 때문에 민주국가에서는 재정작용에 대하여 국민의 대표기관인 의회의 의결을 원칙으로 하고 있다. 이러한 국가의 재정작용에 대한 의회의 강력한 통제 권한은 연혁적으로 서구 의회주의의 역사에서 유래하는 것이다. 군주의 무절제한 과세권 발동에 대한 견제적 장치로 탄생한 것이 바로 의회주의이므로 의회의 입법권과 함께 재정에 관한 권한은 의회의 본래적 권한으로 간주된다.

우리 헌법에도 재정의회의결원칙이 광범위하게 반영되어 있다. 국회는 정부가 편성하고 제출한 국가 예산을 심의·의결하며, 국가의 세입·세출의 결산에 대해서도 심사한다. 국회는 정부가 국채를 모집하는 경우 동의권을 행사하며, 예산 외에 국가의 부담이 될 계약체결에 대해서도 동의권을 갖는다. 그리고 국가나 국민에게 중대한 재정적 부담을 지우는 조약의 체결·비준에 대하여 동의권을 행사한다. 또한 헌법은 납세의무의 내용과 한계를 법률로써 명시하도록 하고, 조세의 부과·징수의 절차도 법률로써 규정하도록 하고 있다. 이는 조세행정에 있어서의 법치주의의 적용을 의미한다. 조세(租稅)란 국가나 지방자치단체 등 공권력의 주체가 재원조달을 목적으로 그 과세권을 발동하여 반대급부 없이 일반 국민으로부터 강제적으로 부과·징수하는 과징금을 말한다. 조세는 공동체의 유지를 위하여 공동체의 구성원이 부담하기 때문에 공동체 구성원의 의사에 따라야 정당화될 수 있다. 따라서 대의민주주의에서는 국민의 대표기관인 의회가 법률로써 조세의 주요 사항을 정하게 된다.

조세법률주의와 조세평등주의

헌법 제59조는 "조세의 종목과 세율은 법률로 정한다"라고 규정하여 조세에 있어서 핵심적인 사항인 종목과 세율을 국민대표기관인 국회의 법률로 정하도록 하고 있다. 이 조세법률주의는 법률의 근거가 없으면 국가는 조세를 부과·징수할 수 없고 국민도 법률의 근거가 없으면 조세납부를 요구받지 아니한다는 원칙을 의미한다. 조세법률주의는 조세의 종목과 세율뿐만 아니라 조세의 근거, 납세의무자, 과세대상, 과세 절차 등에 대해서도 법률로써 정할 것을 요구한다.

조세법률주의는 조세평등주의를 요구한다. 조세평등주의는 헌법상 평등의 원칙과 차별금지원칙(제11조 제1항)의 조세법적 표현으로서 정의의 이념에 따라 "같은 것은 같게, 다른 것은 다르게" 취급함으로써 조세법의 입법과정이나 집행과정에서 조세정의를 실현하려는 원칙을 말한다. 따라서 헌법상 국민의 납세의 의무(제38조)도 조세평등주의 내지 공평과세의 원칙에 따라 개인의 재력에 상응한 공정하고 평등한 과세를 내용으로 하는 것이어야 한다. 즉 조세의 부담은 공동체 구성원 모두가 부담하여야 하므로 담세능력(擔稅能力)이 있는 국민은 예외 없이 조세를 부담하여야 하고, 담세능력에 따라 공평하게 조세부담이 요구될 때 조세평등의 원칙에 부합하게 된다. 국민 개개인의 담세능력 차이를 무시한 획일적인 세율정책은 조세평등주의에 위배된다.

조세법률주의는 과세요건이 명확해야 한다는 것과 소급과세가 금지되는 것을 핵심적 내용으로 한다. 과세요건명확주의는 과세요건에 관한 법률규정이 지나치게 추상적이거나 불명확한 경우에 우려되는 과세관청의 자의적인 법률해석과 적용을 막기 위하여 그 규정 내용이 명확하고 일의적(一義的)이어야 한다는 원칙을 의미한다. 소급과세금지의 원칙은 새로운 입법으로 과거에 소급하여 과세하거나 이미 납세의무가 존재하는 경우에도 가중된 납세의무를 규정하는 세법조항을 소급하여 적용해서는 안 된다는 원칙을 말한다. 다만 조세의무를 경감하는 세법조항에 대해서는 조세공평의 원칙에 어긋나지 않는 한 소급과세가 적용될 수 있다.

예산심의권과 결산심사권

헌법은 제54조 제1항에 "국회는 국가의 예산안을 심의·확정한다"라고 규정하고 있다. 예산이란 한 회계연도에 있어서 국가의 세입·세출의 예정계획을 내용으로 하고 국회의 의결로 성립하는 법규범의 일종을 말한다. 예산은 1년간의 정부의 시정(施政)계획을 위한 재정적 기초가 되므로 예산에 대한 국회의 승인은 정부의 시정계획에 대한 국회의 동의를 의미한다.

예산에 관해서는 미국·영국·독일·프랑스 등과 같은 법률의 형식으로 의결하는 '예산법률주의'와 일본·스위스 등과 같은 법률과는 다른 특수한 형식으로 의결하는 '예산특수의결주의'가 있다. 우리 헌법은 법률의결권(제53조)과 별도로 예산의결권(제54조)을 규정하여 법률과 예산의 형식을 구별하고 있다. 예산은 관계국가기관을 구속하는 점에서 법규범과 같으나, 일반 국민에 대한 구속력을 가지지 않는 점에서 법규범과 구별될 뿐이다. 즉 예산은 정부의 재정행위를 구속하는 준칙을 의미하며, 단순한 세입·세출의 견적표가 아닌 법규범의 일종이다. 다만 예산은 법률과는 달리 예산안제안권을 정부만이 가지며 국회에는 제안권이 없다. 예산심의에 있어서도 국회는 정부의 동의 없이는 지출예산 각 항의 금액을 증가하거나 새 비목을 설치할 수 없지만, 법률안에 대해서는 국회가 수정·증보를 할 수 있다. 또한 거부권행사에 있어서도 국회는 법률안과 달리 예산심의를 전면 거부할 수 없으며, 대통령도 국회에서 통과된 예산안에 대해서 거부권을 행사할 수 없다.

국가의 예산은 편성, 제출, 심의, 의결의 과정을 거쳐 성립한다. 이 중에서 예산안의 편성과 제출은 행정부의 권한과 의무에 속한다. 정부는 회계연도마다 예산안을 편성하여 회계연도 개시 90일 전까지 국회에 제출하여야 한다(제54조 제2항). 정부가 제출한 예산안에 대하여 국회는 회계연도 개시 30일 전까지 이를 의결하여야 한다. 예산안 심의에 있어서 국회는 지출예산의 각 항의 금액을 삭제하거나 감액할 수 있으나, 정부의 동의 없이 이를 증가하거나 새 비목을 설치할 수 없다(제57조). 「국가재정법」에 의해 국가의 회계연도는 매년 1월 1일에 시작하여 12월 31일에 종료한다.

국회는 예산의 집행결과의 적부에 대해 심사권을 가진다. 감사원은 매년 세입·세출의 결산을 검사하고 그 결과를 대통령과 차년도 국회에 보고해야 한다. 국회는 감사원의 검사를 거친 결산을 회계연도마다 다음 회계연도 5월 31일까지 국회에 제출하도록 정부에 대해 요구하고, 결산에 대한 심의·의결을 정기회 개최 전까지 완료하도록 한다. 결산의 심사결과 위법 또는 부당한 사항이 있는 때에는 국회는 본회의 의결 후 정부 또는 해당 기관에 변상 및 징계조치 등 그 시정을 요구하고, 정부 또는 해당 기관은 시정요구를 받은 사항을 지체 없이 처리하여 그 결과를 국회에 보고하여야 한다.

국회의 재정통제기능을 강화해야 한다

국회의 국가재정에 관한 헌법상 권한들은 실제로 재정에 대한 통제기능을 수행하는 것이지만 현실적으로 그러한 통제기능이 제대로 발휘되는지에 대해 의문이 제기될 수 있다. 정부 예산안에 대한 국회의 심의기능을 보면, 그것이 형식적으로 이루어짐으로써 실질적인 재정통제를 기대하기 어렵다는 지적이 있다. 「국회법」은 예산안의 심의 절차를 정부의 시정연설 청취, 소관상임위원회의 예비심사, 예산결산특별위원회의 종합심사, 국회본회의의 심의·확정이라는 4단계를 거치도록 하여 실질적이고 적정한 심의가 이루어지도록 규정하고 있다. 그렇지만 실제로 그 심의 과정이 정부가 편성하여 제출한 예산안에 대해 국회의원들이 전문적 지식을 바탕으로 세부적 사항에 대한 심도 있는 토론을 행하는 것을 기대하기 어렵다. 국회의 상임위원회와 예산결산특별위원회 소속 의원들의 예산에 관한 전문성 부족 및 형식적 심사는 국회의 예산심사권의 한계를 노정하고 있다.

그리고 예산심의 자체가 경제적이고 정치적인 합리성에 기초하여 이루어지는 것이 아니라 단순히 각 정당의 입장을 대변하는 '당파적 차원'에서 다루어져 온 것이 문제이다. 예산심의가 국민적 가치와 수요에 가장 잘 부합될 수 있는 최적의 예산안을 확정하기 위한 발전적 논쟁과 협의를 배제한 채, 오로지 당리당략에 따라서 여야 간에 이전투구를 벌이는 것에 불과하였다고 볼 수 있다. 이러한 예산심의의 당파적 성격은 쉽게 합의를 도출할 수 없게 하며, 결국 법정기한에 쫓겨 다수당에 의한 일방적인 안건처리가 관행화되어 온 것이 현실이다.

헌법상 예산안에 대한 최종 의결 시한(12월 2일)을 준수하지 못하는 국회의 위헌적인 예산안처리의 관행도 심각한 문제로 지적되어 왔다. 이러한 문제점을 해결하기 위하여 국회선진화법에 의해 예산안 등의 심사를 매년 11월 30일까지 마쳐야 하며, 이 기한 내에 심사를 마치지 아니한 때에는 원칙적으로 그다음 날에 위원회에서 심사를 마치고 바로 본회의에 부의된 것으로 본다는 본회의 자동부의조항을 규정하게 되었다(동법 제85조의3).

국회의 결산심사 과정도 여전히 문제가 있다. 현행 「국회법」은 결산심사에 있어서 예산안의 심의·의결과 동일한 절차를 규정하고 있음에도 불구하고 현실적으로 결산에 대한 국회의 통제방식은 역사적 관행에 의거하여 그 심사가 형식적으로 이루어지는 것이 문제이다. 결산은 국가의 예산집행의 결과를 정확하게 파악하고 예산집행의 적법성을 검증하며, 차기 예산편성과 운영에 반영될 수 있는 정보와 자료를 제공하는 것이다. 이 점에서 결산심사는 예산안의 경우와 마찬가지로 엄격하게 행해져야 할 것이다.

국회의 국정통제권

탄핵소추권

탄핵제도(impeachment)란 일반적 사법절차에 따라 소추하거나 징계절차로써 징계하기가 곤란한 고위직 행정공무원이나 신분이 보장되는 공무원이 직무상 중대한 비위를 범한 경우, 국민의 대표기관인 의회가 소추하여 이들을 처벌하거나 파면하는 제도를 말한다. 탄핵의 소추기관 및 심판기관 등의 구체적 제도는 국가에 따라 차이가 있는데, 미국의 탄핵제도는 연방하원이 소추하고 상원이 탄핵심판한다. 우리 헌법상의 탄핵제도는 국회가 소추권을 행사하고, 탄핵심판은 헌법재판소의 권한으로 하고 있다. 탄핵제도는 일반적으로 형사재판에 의한 처벌과 구별되는 징계적 처벌의 성격을 가지는데 우리 헌법도 "탄핵결정은 공직으로부터 파면함에 그친다. 그러나 이에 의하여 민사상이나 형사상의 책임이 면제되지는 아니한다"(제65조 제4항)라고 하여 우리나라 탄핵제도를 징계적 처벌의 성격으로 규정하고 있다.

현행 헌법은 탄핵소추 대상자로서 대통령·국무총리·국무위원·행정각부의 장·헌법재판소 재판관·법관·중앙선거관리위원회 위원·감사원장·감사위원 기타 법률이 정한 공무원으로 규정하고 있다(제65조 제1항). "기타 법률이 정한 공무원"으로서 개별 법률에 의해 탄핵 대상이 되는 공무원으로는 검사, 경찰청장, 방송통신위원회 위원장 등이 있으며, 각군 참모총장이나 고위외교관, 정부위원 등이 입법에 의해 포함될 수 있다. 대통령에 대한 탄핵소추는 국회 재적의원 과반수의 발의가 있어야 하며 의결은 재적의원 3분의 2 이상이 찬성하여야 한다. 그 외의 자의 경우에는 국회 재적의원 3분의 1 이상의 발의와 재적의원 과반수의 찬성으로 의결한다(제65조 제2항).

헌법은 제65조 제1항에 탄핵소추의 사유로서 "직무집행에 있어서 헌법이나 법률을 위배한 때"라고 하여 그 사유를 포괄적으로 규정하고 있다. 탄핵사유는 첫째로 직무집행에 관련된 것이어야 하므로 직무집행과 관련 없는 사생활에 관한 사항은 물론, 대통령 당선 전이나 퇴직 후의 행위는 탄핵사유가 될 수 없다. 둘째로 헌법이나 법률을 위배한 경우라야 하므로 단순한 부도덕이나 정치적 무능력, 정책결정상의 과오 등은 탄핵사유가 될 수 없다. 여기서 헌법이나 법률을 위반하는 위법행위는 고의나 과실에 의한 경우뿐만 아니라 법의 무지로 인한 경우도 포함될 수 있다.

"헌법이나 법률을 위배한 때"의 의미에 관하여 특히 문제되는 것은 위배의 정도에 관한 것이다. 헌법이나 법률을 위배하는 모든 행위가 탄핵사유가 될 수 있다고 할 수 없으며, 헌법재판소가 파면결정을 정당화할 수 있는 정도의 법위반행위는 모든 법위반행위와 구분된다. 헌법재판소는 2004년 노무현 대통령 탄핵심판사건에서 "헌법이나 법률에 위배했는지의 여부"와 "파면할 것인지의 여부"를 구분하여, 노무현 대통령이 헌법과 법률에 위배했다고 인정하면서도 그 위배행위가 파면을 정당화할 정도로 "중대한 법위반"에 해당하지 않는다고 판시하였다. 이 사건에서 헌법재판소는 "파면결정을 통하여 헌법을 수호하고 손상된 헌법질서를 다시 회복하는 것이 요청될 정도로, 대통령의 법위반행위가 헌법수호의 관점에서 중대한 의미를 가진다고 볼 수 없고, 또한 대통령에게 부여한 국민의 신임을 임기 중 다시 박탈해야 할 정도로 국민의 신임을 저버린 경우에 해당한다고도 볼 수 없으므로, 대통령에 대한 파면결정을 정당화하는 사유가 존재하지 않는다"고 판시한 것이다(헌재 2004. 5. 14. 2004헌나1).

탄핵소추가 의결되면 헌법재판소의 탄핵심판이 있을 때까지 권한행사가 정지된다(제65조 제3항). 이는 탄핵소추의 경우에는 유죄추정의 원칙이 적용되는 것을 의미하며, 이 기간 중 직무행위를 하는 것은 위헌·무효가 된다. 탄핵소추가 의결되면 임명권자는 피소추자의 사직원을 접수하거나 해임할 수 없다(「국회법」 제134조 제2항).

우리 헌정사에 있어 대통령에 대한 국회의 탄핵소추가 가결되어 헌법재판소의 탄핵심판을 받은 사건은 노무현 대통령과 박근혜 대통령에 대한 탄핵사건 두 건이 있었으며, 박근혜 대통령은 2017년 3월 10일 헌법재판소의 파면결정으로 임기 중 물러나게 되었다(헌재 2017. 3. 10. 2016헌나1). 2021년에는 법관에 대한 탄핵심판이 최초로 청구되었는데, 헌법재판소의 탄핵심판 중 임기 만료로 피청구인이 법관의 직에서 퇴직한 사안에서 헌법재판소는 재판관 5인의 각하의견으로, 이미 임기 만료로 퇴직한 피청구인에 대해서는 본안판단에 나아가도 파면결정을 선고할 수 없으므로 결국 이 사건 탄핵심판청구는 부적법하다는 결정을 선고하였다(헌재 2021. 10. 28. 2021헌나1).

국정조사권

국회의 국정통제 권한으로는 앞에서 기술한 탄핵소추권 이외에 국정조사권과 국정감사권이 중요한 의미를 갖는다. 국정조사권(investigatory power)이란 의회가 입법, 재정 등에 관한 권한을 유효·적절하게 행사하기 위하여 특정한 국정사안에 대하여 조사할 수 있는 권한을 말한다. 의회가 법률을 제정하거나 예산심의를 하는 데 있어 그에 관련된 국정 사항의 기초자료와 정보의 수집을 필요로 하는 경우가 있으며, 정부의 정책 결정과 집행을 둘러싼 권력형 비리 등의 의혹 등이 제기되는 경우에 의회는 국정통제기관으로서 국정의 실태를 정확히 파악하고 조사할 필요가 있다. 그러한 경우 의회가 국정조사권을 발동하여 국정의 기초자료와 정보를 수집하고 조사를 행하는 것은 의회의 본래적 기능을 수행하는 데 필요한 부수적 권능으로서 당연히 인정되는 것이다. 이처럼 국정조사권은 국정의 실태를 정확하게 파악함으로써 새로운 입법이나 예산심의의 자료로 활용하는 기능을 수행하게 되고, 정부의 시정을 감시하고 비판하며, 국정에 관한 국민의 알 권리를 충족시켜 주는 정보제공 기능을 수행하게 된다. 즉 의회의 국정조사권은 행정에 대한 감독자로서의 역할을 수행하는 데 있어 가장 큰 무기이며 정치과정의 공개성을 확보하기 위한 유력한 수단을 의미한다.

국정조사권의 성립 기원은 영국의 의회제도에서 비롯된 것으로 1688년 명예혁명의 성공으로 의회주권의 원칙이 확립된 시대적 배경과 밀접한 관련이 있다. 영국에서 태동한 국정조사권은 유럽 각국을 거쳐 미국에 계수되어 뿌리를 내리게 되었다. 미국의 국정조사권은 헌법상 명문 규정이 없으나 의회의 권한행사를 위해 필요한 보조적 권능으로 일찍부터 인정되어 왔으며 법원의 판례에 의해 더욱 발전하여 왔다.

한국 헌법에 특유한 국정감사제도

국정조사권과 함께 한국 헌법에 규정된 특수한 제도로서 '국정감사권'이 있다. 국정감사권이란 국회가 매년 정기적으로 국정 전반에 대하여 감사할 수 있는 권한을 의미한다. 우리 헌법은 제61조 제1항에 "국회는 국정을 감사하거나 특정한 국정사안에 대하여 조사할 수 있으며, 이에 필요한 서류의 제출 또는 증인의 출석과 증언이나 의견의 진술을 요구할 수 있다"라고 하여 국정감사권과 국정조사권을 규정하고 있다. 국정조사권과 국정감사권은 그 본질과 주체·행사·방법·한계·효력 등에서 거의 동일하며, 다만 그 시기와 기간·대상에서 차이가 있을 뿐이다. 말하자면 국정조사는 '부정기적·특정' 국정조사를 의미하지만 국정감사는 '정례적·일반' 국정조사라는 점에서 양자는 구별될 뿐이다.[4)]

「국정감사 및 조사에 관한 법률」에 의하면 국회는 국정전반에 관하여 소관 상임위원회별로 매년 정기회 집회일 이전에 감사시작일로부터 30일 이내의 기간을 정하여 감사를 실시한다. 다만 본회의 의결로 정기회 기간 중에 감사를 실시할 수 있다(동법 제2조). 국정조사는 국회재적의원 4분의 1 이상의 요구가 있는 때에 특별위원회 또는 상임위원회가 특정의 국정사안에 관하여 행한다(동법 제3조).

「국회에서의 증언·감정 등에 관한 법률」에 따라 국정감사위원회나 조사위원회는 의결로써 감사 또는 조사와 관련된 보고 또는 서류의 제출을 관계인 또는 기관에 요구하고, 증인·감정인·참고인의 출석을 요구하고 검증을 행할 수 있다. 또한 감사위원회나 조사위원회는 필요한 경우 증인·감정인·참고인들로부터 증언·진술을 청취하고 증거를 채택하기 위하여 청문회를 열 수 있다. 국정감사나 조사위원회는 증인이 정당한 이유 없이 출석하지 아니하는 때에는 의결로 해당 증인에 대하여 지정한 장소까지 동행할 것을 명령할 수 있다. 증인이 모욕적인 언행으로 국회의 권위를 훼손하거나 증언 또는 동행명령을 거부할 경우, 또는 허위의 진술이나 감정을 한 경우에는 국회모욕죄 또는 위증죄 등으로 처벌을 받게 된다(동법 제12조~제14조).

국무총리·국무위원 해임건의권

현행 헌법상 국회의 국무총리·국무위원에 대한 해임건의권은 대통령제 원리에 반하는 의원내각제적 요소에 해당하지만 효과적인 행정통제기능을 수행할 수 있는 요소이다. 그러나 국회의 해임건의는 법적 구속력이 없기 때문에 대통령이 국회의 해임건의를 무시하는 경우 국회와 정부 간의 충돌로 정국의 혼란을 가중시키며 국정통제기능의 효과를 기대하기 어렵게 된다. 이 점에서 이 제도의 폐지를 주장하는 견해도 있다. 생각건대 현행 헌법상 국회의 해임건의권은 조문의 어의적 해석이나 제도의 연혁상 역대 헌법의 규정들과 비교해 볼 때 법적 구속력을 갖는 해임건의권으로 해석되기 어렵다고 할 수 있다.

그러나 이 제도의 기본 취지가 대통령을 수반으로 하는 행정부의 독선과 전제를 견제하는 데 있는 것이므로 비록 해임건의권이 법적 구속력이 없다 하더라도 행정부에 대한 통제수단으로서의 기능은 존중되어야 할 것이며, 따라서 실제로 국무총리나 국무위원에 대한 해임건의가 의결된 경우 대통령은 사실상 이에 기속되어야 하는 것이 헌법정신에 합치된다고 할 것이다. 헌법 제63조 제2항에서 "제1항의 해임건의는 국회 재적의원 3분의 1 이상의 발의에 의하여 국회 재적의원 과반수의 찬성이 있어야 한다"는 특별의결정족수 규정도 사실상의 기속력을 전제로 한 것이라 할 수 있어 해임건의가 의결된 경우에는 대통령은 당해 국무총리나 국무위원에 대한 새로운 인사를 단행하는 헌법적 관행을 확립해 나가는 것이 바람직하다고 할 것이다.

인사청문회제도

인사청문회제도는 2000년 「인사청문회법」에 의해 최초로 도입되어 대통령의 인사권 남용과 전횡을 억제함으로써 도덕성과 전문성, 직무수행능력을 갖춘 공직의 적임자를 선정하는 데 기여해 왔다.

그러나 그동안의 운용 과정에서 드러난 문제점도 적지 않게 지적되고 있다. 인사청문회제도가 본래 공직 후보자의 인사에 있어 공직자로서의 자질과 능력을 공정하고 객관적으로 심사하는 제도이기 때문에 충분한 심사기간을 두고 정밀하고 철저한 검증이 이루어져야 하는데, 이 점에서 우리의 인사청문회제도는 문제가 있다.

미국의 경우 상원의 인사청문회는 심사기간이 길고 심사대상이 광범위한 것이 특징이다. 청문회 기간은 평균 70여 일이 걸리며 6개월 이상의 심사기간을 요하는 경우도 적지 않지만, 우리의 「인사청문회법」에 의하면 국회는 고위공직자 임명동의안이 제출된 후 20일 이내에 인사청문이 완료되어야 하고, 인사청문특별위원회는 3일 이내의 인사청문회 기간을 포함하여 위원회의 심의기간은 15일로 제한되어 있어서 사실상 심도 있는 인사검증이 어렵게 된다(제6조, 제9조). 또한 인사청문회가 기본적으로 공직 후보자의 도덕성과 정책수행능력을 검증하는 것이지만 실제로는 청문 내용이 후보자의 도덕적 흠결을 집중적으로 들춰내는 데 편중되어 있다는 것이 문제이다. 후보자의 도덕성에 대한 심사는 인사청문회 이전의 사전검증을 통해 이루어지고 인사청문회에서는 주로 정책검증 중심으로 운영되어야 하는데 우리의 제도는 이러한 운영방식과 거리가 멀다.

그리고 미국에서 대통령의 고위직 공무원 임명에 대한 의회의 동의절차는 단지 대통령에 대한 견제의 의미만을 가지는 것이 아니라 사전에 대통령과 의회가 협의를 통하여 대통령의 인사에 대해 최적의 공직자가 선정될 수 있도록 의회가 협력한다는 의미를 가진다. 즉 인사청문회는 의회와 대통령 간의 견제뿐만 아니라 상호 협의와 협력을 통해 이루어지는 것이 핵심을 이룬다. 이 점에서도 우리의 인사청문회는 국회와 정부 간의 사전협의나 협력관계는 찾아보기 어렵다.

그 밖에 현행 인사청문회제도는 인사청문회 기간이 경과되고 후보자에 대한 인사청문경과보고서가 채택되지 못하여 국회가 보고서를 대통령에게 송부하지 않은 경우에도 대통령은 10일 이내의 범위에서 기간을 정하여 인사청문경과보고서를 송부해 줄 것을 요청하고 국회가 그 기간 내에 보고서를 송부하지 아니한 경우에는 그 후보자를 임명할 수 있도록 함으로써 인사청문회제도의 실효성을 기대하기 어려운 문제가 있다. 대통령은 인사청문회 과정에서 제시된 국회의 의사를 존중하는 태도가 필요하다고 본다.

주

1) 이러한 의회제정법 우위의 원칙에 따라 의회는 명예혁명의 산물인 권리장전(Bill of Rights 1689)에 선언된 의회의 지위와 권한을 구체화하는 입법이 이루어지게 되었으며, 특히 1701년에 제정된 '왕위계승법'(Act of Settlement)은 권리장전에 기초하여 왕권을 제한하고 국왕에 대한 의회 우위의 확립을 목적으로 한 것으로 일련의 영국헌법의 개혁 중에서 획기적인 내용의 의회제정법에 해당한다. 영국의 19세기 대표적 헌법학자 다이시(A.V. Dicey)는 영국헌법의 기본원리로서 의회주권의 원칙을 강조하면서 의회가 통치체제에 있어 '법적 주권'을 행사하게 되며, 국민은 '정치적 의미의 주권자'라고 표현하였다. 영국의 경우는 명예혁명의 산물로 의회 우위와 의회주권의 원칙이 확립되고 성문헌법을 채택하지 않은 상황에서 의회제정법이 헌법적 규범으로 기능하게 된 것이 특징이다. 이러한 영국 시민혁명의 산물로서 의회주권의 원리는 그 후 1세기가 지난 뒤 프랑스혁명의 경우와 비교할 때 새로운 입헌주의 성문헌법을 제정하고 헌법상 국민주권원리를 최고원리로 채택한 프랑스 헌법과는 상당한 차이점이 발견된다.

2) 이른바 국회선진화법에 의해 채택된 '심사기간지정제'는 천재지변이나 전시·사변 등의 국가비상사태가 아닌 경우와 의장이 각 교섭단체 대표의원과 '합의'하지 못하는 경우에는 여야 간의 극한대립으로 법률안에 대한 합의가 이루어지지 않게 됨으로써 국회의 입법기능은 마비되고 마는 문제가 있다. '안건신속처리제'의 경우에도 일반 다수결이 아닌 재적의원 5분의 3 이상의 찬성이라는 가중다수결을 요구함으로써 의회주의의 원리로서 헌법 제49조의 일반정족수에 의한 다수결원칙에 위배되는 문제가 제기될 수 있다. 이에 관해서는 정만희, '국회입법과정의 개선방안에 관한 소고-국회선진화법의 개정논의를 중심으로-', 「공법학연구」 제17권 제4호, 2016, 48면 이하.

3) 헌법재판소는 2023년 3월 24일 이른바 '검수완박법'을 민주당에 의해 일방적으로 강행 처리한 것에 대한 권한쟁의심판에서 국회 법사위 단계에서 당시 야당이던 국민의힘 의원들의 법률안 심의·표결권이 침해되었다고 하면서도 국회 본회의에서의 법률안 통과는 유효하다고 판시하였다. 그러나 이 사건에서 재판관 4인(이선애, 이은애, 이종석, 이영진)은 민주당의 민형배 의원이 안건조정위 의결정족수를 충족할 의도로 민주당과 협의해 탈당하여 안건조정위원으로 선임된 것은 실질적인 토론을 원칙으로 하는 헌법상 다수결원칙을 위반한 것이라고 반대의견을 제시하였다.

4) 한국 헌법사에 있어 국정조사권과 국정감사권에 관한 규정을 보면 건국헌법 이래 제3공화국헌법까지는 '국정감사권'제도를 채택하였으나, 1972년 헌법에서 국정감사권규정이 삭제되었으며, 1980년 헌법에서 '국정조사권'조항이 신설되었다. 1987년 현행헌법 제61조에 의해 국정조사권과 국정감사권을 동시에 규정하게 되었다. 건국헌법에 국정감사권을 규정하게 된 이유는 뚜렷하지 않으나, 1947년 시행된 일본국헌법의 '국정조사권' 조항(제62조)과 비교해 보면 양 조항의 내용은 '조사'를 '감사'로 표현한 것 외에는 본질적인 차이를 찾을 수 없다. 또한 초기의 국정감사는 국정조사와 명확한 구분 없이 운영되었으며, 1953년 2월 제정된 「국정감사법」에 의해 비로소 정례적 일반국정감사제도가 제도화되었다.

제2장
국회의원

국회의원은 국민 전체를 대표하는 헌법기관이다

　　국회의원은 헌법상 국민의 대표자로서의 지위를 가진다. 국회의원은 지역선거구 유권자의 선거에 의해 선출되지만 그 의원은 지역구 선거인의 대표자가 아니라 국민 전체의 대표자를 의미한다. 국회가 대의제 민주주의하에서 국민의 대표기관인 것과 마찬가지로 국회를 구성하는 개개의 의원도 헌법기관으로서 국민을 대표한다. 다만 국민의 대의기관으로서의 국회는 합의체 의결기구이기 때문에 국회의원은 다수결의 방식으로 입법권과 국정통제권 등의 행사에 참여한다. 이와 같이 국회의원은 국민 전체를 대표하는 입장에서 지역 선거인의 지시나 명령에 구속되지 않고 스스로 양심에 따라 독자적인 판단으로 국민 전체의 이익을 위해 활동한다. 국회의원은 선거를 통해 국민의 주권행사를 위임받았지만, 여기서 위임은 국민의 지시와 명령에 따르는 명령적 위임이 아니라 자유로운 지위에서 어떠한 구속이나 강제를 받지 아니하고 의정활동에 관한 의사결정에 참여하는 자유위임 내지 무기속위임(강제위임금지)을 의미한다.

따라서 국회의원은 선거인이나 국민에 대한 법적 책임을 지지 아니하며, 단지 선거나 여론에 의한 정치적 책임을 지게 될 뿐이다. 이러한 자유위임의 원칙에 입각한 국회의원의 지위에 관해서는 우리 헌법에서도 그 근거조항을 찾아볼 수 있다. 헌법 제7조의 공무원의 국민 전체에 대한 봉사자의 지위에 관한 조항과, 제44조와 제45조의 국회의원의 불체포특권과 면책특권 조항, 그리고 제46조 제2항의 국가이익우선 의무조항이 그것이다. 특히 제46조 제2항에 "국회의원은 국가이익을 우선하여 양심에 따라 직무를 행한다"라고 규정한 것은 국회의원이 국민 전체의 대표자임을 전제로 한 헌법상의 의무를 명문화한 것이다.

정당제 민주주의와 국회의원의 이중적 지위

이러한 국회의원의 헌법상 국민 대표자로서의 지위는 현대의 정당제 민주주의 시대에 있어서 크게 변질되는 문제상황이 나타나게 된다. 오늘날 국회의원은 대부분 특정 정당에 소속하는 당원으로서 정당의 대표자 내지 대리인의 지위에 놓이게 됨을 부정할 수 없다. 의회의 의사결정은 의원들의 자유로운 토론과 표결로써 이루어지는 것이 아니라 각 정당 대표들이 사전에 합의한 바에 따라 결정되고, 의원들은 정당 수뇌부의 지시와 명령에 따라 움직이는 거수기 내지 무정견 투표자에 지나지 않는 것이 현실이다. 그러므로 오늘날 국회의원은 국민 대표자의 지위와 소속 정당의 이익을 위해 활동하는 정당 대표자의 지위를 동시에 갖게 되는데 이러한 대립하는 두 지위의 충돌은 심각한 헌법문제로 제기될 수밖에 없다.

이처럼 국회의원의 이중적 지위가 충돌하는 경우 어느 지위를 우선하여야 하는 것인가? 헌법상 국회의원은 국가이익을 우선하여 양심에 따라 직무를 행할 의무가 있으며(제46조 제2항), 「국회법」에 의하여 자유투표제(제114조의2)가 보장되기 때문에 의원은 국민의 대표자로서 소속 정당의 의사에 기속되지 아니하고 양심에 따라 투표하여야 한다. 또한 의원은 정당국가적 현실에 있어서도 탈당의 자유가 보장되고 의회의 표결에 있어 비밀투표가 보장되어 있으므로 국민 대표자로서의 지위가 정당 대표로서의 지위에 우선한다고 보아야 할 것이다.

그렇지만 이러한 국민 대표자의 지위가 우선한다고 하더라도 현실적으로 의원이 국가이익보다 정당의 이익을 우선하는 정당 기속적 활동을 하는 경우 그에 대한 법적 제재는 사실상 불가능하다. 우리나라의 의회민주주의와 정당정치의 현실에 있어서 국민 대표자의 지위와 정당 대표자의 지위가 서로 충돌하게 될 때 언제나 국민 대표자의 지위와 자유위임원칙이 우선한다고 볼 수 없는 상황들이 빈번하게 나타나기도 한다. 현행 「공직선거법」은 비례대표 국회의원이 소속 정당의 합당·해산 또는 제명 외의 사유로 당적을 이탈·변경하거나 2개 이상의 당적을 가지고 있는 때에는 「국회법」의 규정에도 불구하고 퇴직된다고 규정(제192조 제4항)한 것은 지역구 국회의원과 비례대표 국회의원을 구별해서 비례대표 국회의원의 경우에는 국민의 대표자로서 자유위임적 대의활동보다는 의원의 정당 대표자로서의 지위와 정당 기속을 우선하는 것으로 볼 수 있다.[1]

비례대표 국회의원은 정당명부에 의해 정당의 도움으로 당선된다는 점에서 지역구 국회의원에 비해 의원의 정당 기속이 강하게 작용할 수 있지만, 기본적으로 국회의원으로서의 헌법상 지위는 동일하다. 따라서 비례대표 의원의 경우에도 당적을 이탈·변경하는 때에 의원직을 박탈하는 것은 의원의 자유위임과 국민 대표자의 지위에서 볼 때 허용되기 어려운 문제가 있다. 우리의 이러한 입법례는 독일 등의 정당국가적 민주주의에서는 찾아볼 수 없다.

국회의원 후보 공천은 민주적이어야 한다

한국의 정당정치의 문제점이며 동시에 민주적 선거제도 확립의 걸림돌로 간주되어 온 것이 국회의원선거에서의 정당공천과정의 폐쇄성과 비민주성이었으며, 당 지도부에 의한 하향식 공천과 음성적 공천헌금 등의 문제는 정당정치의 후진성과 낙후성을 대변해 주는 것이었음을 부정하기 어렵다. 따라서 우리나라 정당공천의 민주화와 합리화를 위한 개혁방안을 확립하는 것은 한국 정당정치와 선거제도의 선진화를 위한 시급한 국가적 과제라 하지 아니할 수 없다. 더욱이 우리 헌법상의 정당조항 제8조 제2항에 근거한 당내민주주의의 헌법적 요청에 비추어 정당의 민주적 공천 과정의 확보는 정당의 핵심적 과제이며, 「공직선거법」(제47조 제2항)에도 "정당이 후보자를 추천할 때에는 민주적 절차에 따라야 한다"고 선언하고 그 민주적 절차로서 당내경선에 관한 규정을 두고 있다. 그럼에도 불구하고 현실의 정치 과정에서 정당공천의 실제는 민주적 공천의 규범적 요청과는 괴리가 크기 때문에 정당공천제도의 개혁은 입헌민주주의의 발전을 위한 시대적 과제임을 부정할 수 없다고 하겠다.

정당정치의 초기 단계에서는 공직선거후보자 선출 과정은 본래 국민의 자발적 조직이며 임의적 결사인 정당의 내부 문제에 속하는 것으로 국가가 법률로써 정당공천 과정을 규율하기 어려웠다. 그러나 정당정치가 발달하고 정당이 공직선거에 참여함으로써 국민의 정치적 의사 형성에 참여하는 것을 그 본질적 기능으로 하게 됨에 따라 정당의 공천 과정은 정당의 내부 문제만이 아니라 공직선거 과정의 '필수적 구성부분'으로 간주됨으로써, 그 공천 과정은 법적 규제의 대상이 되는 것이 가능하게 되었다. 정당의 공천 과정을 법률로써 규정하는 있는 대표적인 국가로는 독일과 미국 등을 들 수 있으며, 정당의 자율적 규제로써 정당의 공천제도를 유지하는 나라는 영국과 일본 등이라 할 수 있다.

서구의 민주적 정당공천제도

독일의 경우는 기본법상 정당조항에 근거하여 제정된 「정당법」에 의해 정당의 후보자 결정은 비밀투표에 의할 것을 규정하고 있으며, 「연방선거법」에도 정당의 후보자추천은 비밀투표로 결정하도록 규정하고 있다. 연방의회의원선거의 경우 지역구 후보자는 그 선거구의 당원집회에서 투표로 결정되며 당원 수가 많은 선거구에서는 대의원대회에서 결정된다. 비례대표제 후보자 결정에 있어서는 주 단위로 후보자명부가 작성되는데 각 정당의 주대표자회의에서 투표로 후보자

명부의 순위가 결정된다.[2]

미국의 경우는 정당의 공천 과정이 초기에는 정당의 내부문제로서 자율적으로 결정하였으나 당시 정당의 의원들로 구성된 코커스(caucus)나 정당대의원대회(convention)는 소수의 당 지도부에 의한 비민주적이고 폐쇄적인 후보자지명의 폐해가 문제됨에 따라 각 정당은 일반 당원들에 의한 상향적인 후보자추천방식으로 예비선거제도(primary election system)를 채택하게 되었다. 그리고 각 주별 각 정당의 예비선거 실시 과정에서 당원의 참가자격 제한을 둘러싸고 법적 문제가 제기됨에 따라 각 주는 법률로써 예비선거의 절차와 방법 등을 규정하게 되었으며 오늘날의 예비선거제도가 법제화되기에 이른 것이다.[3] 각 주에서 채택된 예비선거제도의 구체적 내용과 방식은 동일하지 않으나 크게 두 가지의 방식으로 구분될 수 있다. 하나는 정당에 등록된 당원만이 참여하는 폐쇄형 예비선거(closed primary)이며 또 하나는 당원뿐만 아니라 일반 국민도 참여할 수 있는 개방형 예비선거(open primary)이다. 오늘날 미국 전체 주에서의 예비선거 방식을 보면 과반수의 주에서 폐쇄형 예비선거를 채택하고 있으며, 오픈 프라이머리를 채택하고 있는 주는 20개 정도에 그치고 있다.[4]

영국의 경우에는 정당공천 과정이 법률에 의해 직접 규제를 받는 것이 아니라 각 정당의 정치적 관행에 의해 자율적인 규제가 이루어지고 있는 것이 특징이다. 공천 과정의 특징은 기본적으로 상향식으로 지구당 당원의 의사로 결정되지만, 중앙당에 의한 어느 정도의 통제가 이루어지고 있다는 점이다. 보수당의 경우 하원의원 후보추천 과정은 먼저 중앙당에서 전국으로부터 입후보의 지원자를 모집하여 당의 중앙사무국에서 일차적으로 객관적인 심사를 통해 엄선된 후보자 리스트를 작성한다. 이렇게 작성된 후보자 리스트를 각 지구당에 통보하여 각 지구당은 이 리스트를 중심으로 엄격한 심사를 하여 6명 정도로 지원자를 압축하고 지구당의 집행위원회가 다시 면접을 통해 마지막으로 선택된 3명 이내의 후보자를 지구당 당원들이 질의응답을 거쳐 당원 전원의 비밀투표로 최종후보자를 결정한다. 노동당의 경우도 중앙당에 의해 작성된 후보자 리스트 중에서 지구당이 심사하여 5명 내지 15명으로 리스트를 압축하여 지구당의 모든 당원에 의한 비밀투표로 후보자를 결정한다. 그러나 후보자 선정은 여기서 일반당원의 투표로 확정되는 것이 아니라 최종적으로는 중앙당의 전국집행위원회의 승인을 받아야 하며, 경우에 따라서는 전국집행위원회의 승인이 거부될 수도 있다. 이런 이유로 노동당에서는 후보자 선정이 간혹 당내분쟁의 불씨가 되기도 한다.

이러한 서구의 정당공천제도에 비추어 우리나라에서 정당의 민주적 공천제도를 확립해 나가기 위한 개선방안으로는, 현행 「공직선거법」의 정당후보 경선조항을 당원 중심의 비밀투표로 하는 것을 강행규정으로 명확히 하고 위반이 행해질 때 법적 제재를 규정하는 것을 검토할 필요가 있다. 그리고 정당은 당헌·당규에 의해 일반 유권자의 경선 참여를 허용하는 경우에도 정당조직과 당원 수의 확대를 위해 노력하는 것을 전제로 하여 일반 국민의 경선 참여를 확대해 나가는 것이 바람직하다고 할 것이다.

국회의원의 자격 상실 등의 문제

국회의원은 임기가 4년이며 중임제한이 없다. 한 번 당선된 국회의원은 다음 선거에 계속 출마하여 5선, 6선 의원이 될 수 있다. 이는 대통령의 경우 임기를 5년으로 하고 중임을 허용하지 않는 것과 구별된다. 지방자치단체 장의 계속 재임을 3기로 제한하고 있는 것과도 크게 다르다. 지방자치단체 장의 계속 재임을 3기로 제한하는 규정은 그 입법취지가 장기집권으로 인한 지역발전 저해 방지와 유능한 인사의 자치단체장 진출 확대에 있으므로 그 입법목적이 정당화된다. 최근 우리 사회에서는 국회의원에 대한 불신을 배경으로 의원에 대한 국민소환제 도입이나 의원의 계속 재임을 제한하는 등의 방법이 거론되고 있으나 이 문제는 헌법개정으로 반영되어야 하는 것이지 법률로써 제도화할 수 있는 문제가 아니다. 다선 중진 의원들의 보수화와 지역 토착세력과의 유착 같은 문제라든지 급변하는 시대적 상황의 변화와 민심의 추이를 읽지 못하는 구태 정치인에 대한 책임추궁은 유권자의 냉정한 심판에 의해 이루어질 수밖에 없다.

국회의원은 선거소송의 판결 결과 선거무효 또는 당선무효가 되면 의원 자격을 상실한다. 즉, 당선된 의원이 선거일 또는 임기 개시 전에 피선거권이 없었던 사실이 임기 개시일 이후에 발견된 경우, 당선된 의원의 선거사무장 또는 회계책임자가 선거비용제한액의 200분의 1 이상을 초과 지출한 이유로 징역형 또는 300만 원 이상의 벌금형을 선고받은 경우, 당선된 의원이 「공직선거법」에 규정된 죄를 범하여 징역형 또는 100만 원 이상의 벌금형의 선고를 받은 경우, 당선된 의원의 선거사무장·회계책임자 또는 후보자의 직계존·비속 및 배우자가 「공직선거법」 제230조 내지 제234조 또는 257조 제1항 중 기부행위를 한 죄를 범하여 징역형의 선고를 받은 경우에는 의원 자격을 상실한다. 기타의 사유로 대법원에서 선거무효 또는 당선무효가 선고된 경우 및 형사사건과 관련하여 유죄판결이 확정된 경우에도 의원 자격을 상실하게 된다.

우리 헌법상 국회는 의원의 자격을 심사할 수 있으며, 국회 재적의원 3분의 2 이상의 찬성으로 의원을 제명할 수 있다(헌법 제64조 제2항, 제3항). 국회에서 의원의 무자격을 의결하는 데에는 재적의원 3분의 2 이상의 찬성이 있어야 한다(「국회법」 제142조 제3항). 의원의 제명과 무자격판정에 관한 국회의 처분에 대해서는 법원에 제소할 수 없다(헌법 제64조 제4항).

의원이 임기 중 당적을 변경하거나 탈당하는 경우에는 의원 자격의 상실 여부가 문제된다. 현행법은 의원의 무기속위임의 원칙과 무소속의원을 인정하고 있으므로 지역구의원의 경우 당적 변경이 정치도의상의 문제는 될 수 있더라도 의원직 상실의 사유가 될 수 없다고 본다. 다만 「공직선거법」은 전국구의원 또는 당선인이 소속 정당의 합당·해산 또는 제명 외의 사유로 당적을 이탈·변경하거나 둘 이상의 당적을 가지고 있을 때에는 그 당선을 무효로 하거나 퇴직된다고 규정하고 있다(동법 제192조 제3항 제3호, 제4항).

위헌정당 해산과 의원직 상실 문제

헌법 제8조 제4항에 따라 정당이 강제 해산되는 경우 소속 의원의 자격에 관해서는 헌법이나 법률에 명문 규정이 없으므로 의원직 상실 여부가 문제된다. 이 경우 의원직이 상실되는 것으로 보는 것이 방어적 민주주의원리와 위헌정당해산제도의 실효성 확보의 관점에서 타당하다고 할 수 있다. 학계의 다수설도 이러한 입장을 취하고 있다. 그러나 우리나라 「공직선거법」이 국회의원선거의 무소속 입후보를 인정하고 있고, 의원의 자유위임의 원칙상 소속 의원의 정당에 대한 기속은 헌법과 법률에 명시된 범위에 한정하는 것이 옳으므로 정당이 해산되더라도 의원의 자격이 당연히 상실되는 것은 아니며, 무소속의원으로 남게 된다는 견해도 있다. 그 밖에 정당 소속 의원 중에서 비례대표의원은 정당을 바탕으로 하는 국민의 의사에 의해 선출되므로 의원직을 상실하게 되지만 지역구의원은 의원직을 상실하지 않는다는 견해도 있다.

2014년 통진당해산사건 당시 헌법재판소는 재판관 9인 중 8대 1의 다수의견으로, 헌법재판소의 해산 결정에 따라 위헌정당이 해산되는 경우 그 정당 소속 국회의원이 그 의원직을 유지하는지 상실하는지에 대한 헌법이나 법률상 명문 규정은 없지만 정당 소속 국회의원은 모두 그 의원직이 상실되어야 한다고 판시하였다. 헌법재판소의 의원직 상실 판단의 논거로는 첫째, 국회의원의 자유위임의 한계로서 헌법이 추구하는 민주적 기본질서의 존중과 실현, 둘째, 정당해산심판제도의 본질적 효력, 셋째, 정당해산결정의 실효성 확보를 제시하고 있다 (헌재 2014. 12. 19. 2013헌다1).

국회의원의 면책특권과 불체포특권

국회의원은 그 직무수행과 관련하여 일반인에게 인정되지 않는 두 가지 특권을 부여받고 있다. 면책특권과 불체포특권이 그것이다. 헌법 제45조는 "국회의원은 국회에서 직무상 행한 발언과 표결에 관하여 국회 외에서 책임을 지지 아니한다"라고 하여 국회의원의 발언과 표결에 관한 면책특권을 규정하고 있다. 면책특권의 제도적 의의는 권력분립원리에 입각하여 의회의 독립성과 자율성을 제도적으로 보장하고, 의원에 대한 행정부의 부당한 탄압을 배제하며, 국민의 대표자로서의 의원이 선거인이나 그 밖의 세력으로부터 압력을 받지 않고 오로지 자신의 양심에 따라 활동할 수 있도록 하는 데에 있다.

면책특권의 기원

의원의 면책특권의 기원은 일찍이 영국의 의회제도에서 비롯된 것으로 국왕과 의회와의 장기간의 투쟁 결과 결국 1688년 명예혁명의 소산인 권리장전(Bill of Rights, 1689)에 의해 비로소 의원의 발언과 표결의 자유가 보장되었다. 그 후 의원의 발언과 표결의 자유는 1787년 미국연방헌법과 1791년 프랑스 헌법을 거쳐 오늘날에는 대부분의 입헌민주주의국가에 공통적으로 채택되고 있다. 영국 헌정사에서 의원의 면책특권은 초기에는 절대적 군주의 행동에 대한 의원의 보호를 위해 발언의 특권을 인정하지 아니하였다. 14세기와 15세기에 의회는 국가의 최고사법기관으로서 재판기능을 수행하였으며, 이러한 의회의 재판기능으로부터 의회의 특권의 기원을 찾을 수 있다. 즉 의회의 재판과정을 통해 의원의 발언 등이 사인에 의해 방해받지 않도록 의원에게 발언의 자유 등 일정한 특권이 헌법관습에 의해 인정되고 그와 함께 의회모욕에 대한 처벌권까지 부여받게 되었다. 그 후 의원의 '발언의 자유'의 특권은 의회가 발전함에 따라 점차 국왕의 집행권에 대한 의회의 독립을 확보하기 위한 실질적인 장치로 발전하게 되었다. 그리하여 15세기 말에서 16세기 초에 접어들어 하원은 국왕의 법안에 대해 자유로운 발언과 비판을 통해 대항하였으며 국왕의 불만이나 간섭에 대한 방벽을 구축하게 되었다. 그것은 국왕의 행위에 대한 의회의 무제한 비판을 허용하게 됨에 따라 의원의 발언의 자유와 특권이 보장받게 된 것을 의미한다. 이 면책특권을 계기로 헌법상 권력분립원리가 형성되는 단계로 접어들게 되었으나, 헨리 8세와 엘리자베스 1세의 전제군주제 시대에는 면책특권이 전혀 보호를 받지 못하였다. 의원이 제출한 법률안에 관한 발언을 이유로 의원이 형사상 소추를 받거나 투옥되는 일이 빈번하게 발생한 것이다. 1629년 엘리오트 사건(Eliot's Case)을 계기로 의회에 있어서 의원의 발언에 대한 책임은 누구라도 의회 자체 안에서만 심판받을 뿐이고, 국왕의 재판소에 의해 재판을 받을 수 없다는 관행이 성립하게 되었다. 그 후 1689년의 권리장전 제9조에 "의회에서의 발언과 토의 또는 의사절차의 자유는 의회 외의 재판소나 어떠한 장소에서도 소추되거나 책임지지 아니한다"라고 규정하여 의회의 특권을 확인하고 명문화하게 되었다. 이 권리장전의 규정은 오늘날에 이르기까지 국회의원 면책특권의 기초가 되고 있다.

면책의 대상이 되는 의원의 직무상 행위의 범위

면책특권의 주체는 오로지 국회의원이다. 국회의원을 보좌하는 보좌관, 비서관 등 보조인력의 경우에는 원칙적으로 면책특권이 인정되지 아니한다. 다만 의원의 보조인력의 행위가 의원의 행위와 일체를 이루어 하나로 평가할 수 있는 경우에는 면책의 보호를 받을 수 있다. 미국 헌법상 의원의 면책특권에 관한 판례에 의하면 의원뿐만 아니라 의원의 명을 받아 행동한 의원의 비서나 보조자에게도 면책특권을 광범위하게 인정하고 있음을 볼 수 있다.

면책의 대상이 되는 행위는 의원의 발언과 표결이다. 발언이란 의제에 관한 의사의 표시를 말하며, 의제에 관한 발의·토론·연설·질문·진술 등 모든 의사표시가 이에 해당한다. 면책되는 발언은 허위의 발언이어서는 안 된다. 표결이란 의제에 관하여 찬반의 의사를 표시하는 것을 말하며 그 방법에는 제한이 없다. 면책 대상이 되는 행위는 직무상 행위이기 때문에 의사당 내에서의 발언이라 하더라도 의제와 관계없는 발언은 면책되지 않는다. 직무상 행위에는 직무집행 그 자체는 물론이고 직무행위와 관련이 있는 그 선후의 행위와 직무집행에 부수된 행위도 포함된다. 면책의 대상이 되는 의원의 발언과 관련하여 1987년 4월 '유성환 의원 사건'이 주목을 받은 적이 있다. 이 사건은 당시 야당 의원인 유성환 의원이 보도편의를 위해 국회의 대정부질문 원고 내용을 사전에 원내 기자실에서 출입기자들에게 배포한 행위에 대해 형사소추를 받은 사건이다. 서울형사법원은 국회 내 발언을 위한 국회의원의 사전 준비행위는 면책된다는 변호인 측의 주장에 대해, 사전 원고 배포행위는 면책의 대상이 되는 직무부수행위로 볼 수 없다고 판시하였다. 이 1심판결은 의원의 직무상의 행위를 직무집행 그 자체뿐만 아니라 그에 부수하는 행위까지 포함한다고 하면서도 그 부수행위의 범위를 엄격하게 해석한 것이다. 그러나 그 후 1992년 9월 상고심 재판에서 대법원은 국회 내의 사전 원고 배포행위는 면책특권의 대상에 속한다고 판단하였다(대판 1992. 9. 22. 91도3317).

명예훼손적 발언도 면책특권으로 보호되는가?

직무와 관련된 발언 중에 타인에 대한 모욕이나 명예훼손적 발언이 면책특권의 대상에 포함되는지가 문제된다. 우리 헌법은 면책특권의 대상에서 제외되는 행위에 대해 아무런 규정이 없으며, 단지 「국회법」 제146조에 "의원은 본회의 또는 위원회에서 다른 사람을 모욕하거나 다른 사람의 사생활에 대한 발언을 할 수 없다"고 규정하고 있기 때문에 해석상 논란이 있게 된다. 이 「국회법」 제146조가 면책특권의 내재적 한계를 확인한 것으로 보는 입장에서는 모욕이나 명예훼손적 발언은 면책특권으로 보호받지 못하게 된다. 그러나 의원의 국회에서의 원활한 의정활동을 위해서는 명예훼손적 발언에 대해 일률적으로 대외적인 책임을 묻기는 어렵다고 할 것이며, 「국회법」 제146조 위반에 대해서는 대내적으로 국회의 징계책임 대상은 될 수 있다고 보는 것이 타당하다. 이와 관련하여 독일 기본법은 의원의 국회 내에서의 행위라 하더라도 모욕적이거나 명예훼손적인 발언의 경우에는 면책되지 아니한다고 규정(제46조 제1항)하고 있으나, 명예훼손적 발언을 형법상 일반적인 명예훼손이 아니라 사실이 진실이 아님을 확실히 알고 있음에도 불구하고 이를 공표하여 타인을 중상하거나 사회적 평가를 현저하게 저하시키는 경우인 '중대한 명예훼손'에 한하여 기본법을 적용하고 있다. 그렇다면 우리나라의 면책특권을 해석하는 데 있어서도 국회에서의 직무와 관련하여 행해진 의원의 명예훼손적 발언은 기본적으로 면책특권에 포함될 수 있는 것이지만, 그중에서 중대한 명예훼손이 문제되는 경우에는 면책특권의 대상에서 제외되는 것이 타당하다고 볼 수 있다. 법원 판례의 입장도 면책되는 발언이 명백히 허위임을 알면서 허위의 사실을 적시하여 타인의 명예를 훼손한 경우에는 책임이 면제되지 않는다고 보고 있다. 다만, 의원의 명예훼손적 발언과 관련하여 "발언내용이 허위라는 점을 인식하지 못하였다면 비록 발언내용이 다소 근거가 부족하거나 진위 여부를 확인하기 위한 조사를 제대로 하지 않았다고 하더라도 그것이 직무수행의 일환으로 이루어진 것인 이상 면책특권의 대상이 된다"고 대법원은 판시하고 있다(대판 2007. 1. 12. 2005다57752).

국회 내에서의 발언과 표결이란 국회의사당이라는 건물만을 지칭하는 것이 아니라 국회의 본회의나 위원회가 개최되고 있는 모든 장소를 말한다. 의원의 발언과 표결에 관한 면책특권은 '국회 외'에서 책임을 지지 아니하는 것이다. 따라서 국회 내에서는 책임을 물을 수 있는 것이다. 즉 의원의 발언이 「국회법」이나 의사규칙에 규정된 징계사유에 해당하는 경우에는 징계처분을 할 수 있다. 책임의 면제는 민사상·형사상의 법적 책임을 의미하므로 소속 정당에 의한 징계처분 등의 정치적 책임까지 면제되는 것은 아니다. 또한 면책은 재임 중에 국한되는 것이 아니라 임기 만료 이후에도 적용된다.

국회 내에서 행한 발언과 표결이라 하더라도 그것을 다시 '원외'

에서 발표하거나 출판하는 경우에는 면책되지 아니한다. 면책특권은 국회 내에서의 활동을 보호하기 위한 것이기 때문에 국회의원이 원외에서 정치인으로서 행하는 일반적 정치활동을 보호하는 수단으로는 인정되지 않는다. 이와 관련하여 국회의원이 공직자의 비리에 관한 자료를 기자들에게 보도자료로 배포하면서 이를 다시 자신의 인터넷 홈페이지에 게재한 행위에 대해서 면책특권을 인정하지 않은 판례가 있다. 국회의원이 국가기관에서 불법 녹음한 자료를 입수한 후 녹음내용 중 대기업으로부터 금품을 수수한 검사들의 실명을 밝힌 자료를 자신의 홈페이지에 게재한 행위로 기소된 사건에서 대법원은 의원의 홈페이지에 게재한 행위에 대해 면책특권을 인정하지 아니하였다(대판 2011. 5. 13. 2009도14442). 결국 그 의원은 「통신비밀보호법」위반으로 유죄판결을 받음으로써 의원직을 상실하게 되었다.

불체포특권은 형사책임 면제의 특권이 아니다

헌법 제44조 제1항은 "국회의원은 현행범인인 경우를 제외하고는 회기 중 국회의 동의 없이 체포 또는 구금되지 아니한다"라고 하고, 제2항에 "국회의원이 회기 전에 체포 또는 구금된 때에는 현행범인이 아닌 한 국회의 요구가 있으면 회기 중 석방된다"고 하여 불체포특권을 규정하고 있다.

불체포특권은 의회의 자주적 활동과 의원의 자유로운 직무수행을 보장하기 위한 것으로서 그것은 의회 구성원인 의원의 특권을 의미한다. 불체포특권은 의원이 범법행위를 한 경우에도 회기 중에는 체포당하지 아니하는 특권을 의미할 뿐, 범법행위에 대한 형사책임의 면제를 의미하는 것은 아니다. 즉 불체포특권은 의원의 신분에 대한 특권을 의미하지만, 그것은 회기 중에 한하여 체포를 일시적으로 유예받는 특권에 지나지 않는 것이므로, 면책특권과는 구별된다. 불체포특권은 일반 국민에게는 인정되지 않는 특권이지만 그것은 의회의 자주성과 의원의 자유로운 직무수행을 보장하기 위한 것이라는 데에 합리적인 이유가 있으므로 평등의 원칙에 위배되지 아니한다고 본다.

불체포특권에 의해 회기 중에는 의원을 체포·구금할 수 없다. 회기 중이란 집회일로부터 폐회일까지의 기간을 말하며, 휴회 중도 여기에 포함된다. 회기 전에 체포·구금한 경우에도 국회의 요구가 있으면 석방하여야 한다. 회기 전이란 회기 시작 이전뿐만 아니라 전 회기도 이에 포함된다. 회기 전에 현행범인으로 체포·구금된 자에 대해서는 불체포특권이 인정되지 아니한다.

불체포특권의 예외로는 첫째, 현행범인에게는 불체포특권이 인정되지 아니한다. 현행범인을 보호대상에서 제외하는 것은 범죄사실이 명백한 경우에 국회의원이라는 이유로 특별보호한다는 것은 부당한 특권을 인정하는 것이 되기 때문이다. 의원인 현행범인은 국회의 자율권을 존중하는 의미에서 회의장 내에서는 의장의 명령 없이 체포할 수 없다(「국회법」 제150조). 둘째, 국회의 동의가 있는 때에는 불체포특권이 인정되지 않는다. 헌법 제44조 제1항에 따라 국회의 동의가 있으면 회기 중이라도 국회의원을 체포·구금할 수 있다. 여기서 국회의 동의를 구하는 절차는 먼저 관할 법원의 판사가 영장을 발부하기 전에 체포동의요구서를 정부에 제출하여야 하고, 정부는 이를 수리한 후 지체 없이 그 사본을 첨부하여 국회에 체포동의를 요청하여야 한다(「국회법」 제26조 제1항). 국회의장은 이러한 체포동의를 요청받은 후 처음 개의하는 본회의에 이를 보고하고, 본회의에 보고된 때부터 24시간 이후 72시간 이내에 표결한다(동법 제26조 제2항). 국회의 표결에 있어서는 정부의 체포동의요청에 기속되지 않고 재량으로 판단하여 동의 여부를 판단한다.

최근 국회의원의 뇌물수수 등의 혐의에 대한 국회 체포동의안이 부결되는 사례들이 다시 나타남에 따라 불체포특권의 오·남용에 대한 국민적 비판이 제기되고 있다. 불체포특권의 기본취지와 정신이 독재나 권위주의 정부의 야당 탄압으로부터 의원의 자유로운 활동을 보호하는 데 있는 것이지, 의원의 정당한 직무와 관계없는 범법·부패행위 같은 혐의에까지 일반 국민이 누릴 수 없는 체포유예의 특권을 부여하는 것은 아니다. 우리나라 의회주의의 선진화를 위해서는 불체포특권의 제한에 관한 개선 입법이 행해져야 할 것이다.

국회의원의 권한과 의무

국회의원의 직무상 권한

국회의원은 국회의 운영과 활동에 관하여 헌법과 법률에 정한 권한들을 행사한다. 국회의원의 권한으로서 의안발의권, 질문·질의권, 발언권, 토론권, 표결권 등은 의원의 지위와 직무수행의 필요에 의해 부여되는 직무상의 권한이므로 개인의 지위에서 인정되는 권리와 구별된다.

국회의원은 국회에서 의안이 될 수 있는 안건을 제출하는 의안

발의권을 가진다. 「국회법」은 국회의원 10인 이상의 찬성으로 의안 발의권을 행사하도록 규정하고 있으며(「국회법」 제79조), 예산 또는 기금상의 조치를 수반하는 의안의 발의에서는 그 의안의 시행에 수반될 것으로 예상되는 비용에 대한 추계서를 아울러 제출해야 한다(동법 제79조의2).

국회의원은 본회의 회기 중 정부에 대하여 질문권을 행사할 수 있다(동법 제122조). 여기서 질문이란 국정 전반 또는 국정의 특정 분야를 대상으로 국무총리·국무위원·정부위원에 대한 질문 또는 긴급현안질문을 말한다. 의원은 또한 현재 의제가 되어 있는 의안에 대하여 위원장·발의자·국무총리·국무위원·정부위원 등에 대하여 질의권을 행사한다(동법 제122조의2).

국회의원은 국회의 의사진행 등과 관련하여 발언권을 행사할 수 있다. 의원의 발언권은 합의체 대의기관인 국회제도에 있어서 당연히 도출되는 것이다. 발언권은 국회의 원활한 운영과 다른 의원의 발언권을 보장하기 위하여 제한을 받을 수 있다. 「국회법」은 국회의원이 발언하려고 하는 경우 미리 국회의장에게 통지하여 허가를 받도록 하고 있으며(동법 제99조), 발언 원칙과 발언 횟수의 제한 등을 규정하고 있다(동법 제100조~제108조).

국회의원은 본회의에서 의제가 된 의안에 대하여 찬·반 토론을 할 수 있는 토론권을 가진다. 국회의원이 토론을 하고자 하는 경우에는 미리 반대 또는 찬성의 의사를 국회의장에게 통지하여야 한다(「국회법」 제106조). 「국회법」은 안건에 대한 진지하고 실질적인 심의를 위해서 국회의원에게 무제한 토론을 허용하고 있다. 다만 무제한 토론이 안건처리를 방해하는 것을 막기 위해 국회의원 1인당 1회에 한하여 할 수 있게 하되, 무제한 토론을 하고자 하는 안건별로 재적의원 3분의 1 이상이 서명한 요구서를 의장에게 제출하여야 한다(동법 제106조의2).

국회의원은 본회의나 위원회 등에서 표결에 참가할 권한을 가진다. 헌법재판소는 국회의원의 심의권과 표결권을 헌법상의 권한으로 인정하고 있다. 국회의원은 안건의 표결에 있어서 국민의 대표자 지위에서 국가이익을 우선하여 양심에 따라 자유롭게 표결권을 행사해야 한다. 정당제 민주주의의 현실에서 구체적 안건의 표결에 있어서는 소속 정당의 당론에 의해 표결의 방향이 제시되더라도 의원은 이에 구속되지 않고 자유로이 표결할 수 있는 것이 대의제 민주주의의 요청이다. 「국회법」은 이 점에 관하여 "의원은 국민의 대표자로서 소속 정당의 의사에 기속되지 아니하고 양심에 따라 투표한다"고 규정하고 있다(동법 제114조의2). 그렇지만 한국의 의회주의와 정당정치의 현실은 의원의 정당에의 기속이 강하기 때문에 자유투표 내지 교차투표(cross-voting)는 기대하기 어려운 실정임을 부정하기 어렵다. 또한 국회의원은 재적의원 4분의 1 이상의 찬성으로 국회 임시회의 집회를 요구할 수 있는 권한을 가진다(헌법 제47조 제1항). 임시회 소집요구권은 의원의 자율권이면서 동시에 국회의 자율권에 해당한다.

그 밖에 국회의원은 법률이 정하는 바에 의하여 수당과 여비 등을 지급받을 권리를 가지며, 국유의 철도·선박·항공기를 무료로 이용할 수 있다(「국회법」 제30조, 제31조). 「국회의원의 보좌직원과 수당 등에 관한 법률」에 의하면 의원의 세비를 수당으로 규정하고 있으나 사실상 보수의 성격을 갖는 것으로 볼 수 있다.

국회의원의 국가이익 우선 의무

국회의원의 헌법상 의무로는 청렴의 의무와 국가이익 우선의 의무 등이 있다. 헌법 제46조 제1항은 국회의원의 직업윤리로서 청렴의 의무를 명문화하고 있다. 우리 헌법은 국민의 대표자로서 국회의원에게 요구되는 청렴의무를 헌법에서 직접 규정하고 있는 것이 특징이다. 국회의원뿐만 아니라 모든 공무원은 국민의 공복으로서 청렴해야 하는 것은 당연하지만, 특히 국회의원은 입법자로서 국가의 각 영역에 있어서 정책결정에 직접 참여하므로 의원의 개인적 이해관계에 따라 국가정책의 의사결정을 왜곡시킬 가능성이 있으므로 국회의원의 직업윤리적 의무를 강조하고 있다.

헌법 제46조 제2항에서는 "국회의원은 국가이익을 우선하여 양심에 따라 직무를 행한다"는 국가이익 우선의 의무를 규정하고 있다. 국회의원의 국가이익 우선의 의무는 국회의원의 헌법상 지위가 전체 국민의 대표자이기 때문에 소속 정당의 당파적 이익을 우선하거나 지역구 유권자의 이익만을 위해 봉사하여서는 아니된다는 것을 강조하는 것이다. 여기서 국회의원의 '양심'이란 의원 개인의 주관적 양심으로서 신조나 신념을 말하는 것이 아니라 의원으로서의 객관적인 직무상 양심을 의미한다고 할 것이다. 「국회법」에도 국가이익을 우선하여 정당의 기속을 받지 않는 자유투표의 원칙(제114조의2)을 선언하고 있다. 그러나 한국의 의회주의와 정당정치의 현실은 의원이 정당규율에 엄격히 기속됨으로써 의원의 직무상 양심에 따라 국가이익을 우선한 정책적 판단을 기대하기 어려운 측면이 있다. 그 밖에 국회의원은 헌법 제46조 제3항에 따라 국회의원의 지위를 남용하여 국가·공공단체 또는 기업체와의 계약이나 그 처분에 의하여 재산상의 권리·이익 또는 직위를 취득하거나 타인을 위하여 그 취득을 알선할 수 없다는 이권불개입의 의무를 진다.

국회의원의 겸직금지

국회의원의 「국회법」상 의무로는 품위유지의 의무(제25조), 겸직금지의 의무(제29조), 영리업무종사금지의 의무(제29조의2) 등을 부담한다. 국회의원의 겸직금지는 헌법 제43조에 명문 규정을 두고 있는데, 이는 국회의원이 국민 대표자로서의 지위와 양립되기 어려운 공·사의 직을 겸임하지 못하게 하는 데 그 취지가 있으며, 금지되는 겸직의 구체적 범위는 법률로써 정하도록 하고 있다. 2013년 8월 개정된 「국회법」은 의원의 겸직금지에 해당하는 직을 구법에 비해 폭넓게 인정하고 있다. 그리하여 의원은 국무총리 또는 국무위원직 이외의 다른 직을 겸할 수 없다고 하고, 다만 공익 목적의 명예직, 다른 법률에서 의원이 임명·위촉되도록 정한 직, 「정당법」에 따른 정당의 직은 겸할 수 있도록 하고 있다(동법 제29조 제1항 제1호~제3호). 그리고 의원이 당선 전부터 가진 직으로서 공공기관의 임직원과 농업협동조합, 수산업협동조합의 임직원, 「정당법」에 따라 정당의 당원이 될 수 있는 교원 등은 임기 개시일 전에 그 직을 사직하여야 하여야 하며, 그 밖의 의원 당선 전의 직은 휴직하여야 한다(제29조 제2항). 이러한 겸직금지 조항에 의하면 사실상 국회의원은 국무총리와 국무위원 이외의 공직은 겸직이 허용되지 않으며, 영리업무에는 종사할 수 없도록 하고 있다. 따라서 대학 교원도 의원에 당선되면 교수직을 사직하여야 하며, 변호사가 의원에 당선되면 변호사직은 휴직하여야 한다.

그 밖에 의원의 「국회법」상 의무로는 국회 본회의와 위원회에 출석하여야 할 의무, 회의에 있어서 의사에 관한 법령 및 규칙을 준수하여야 할 의무, 다른 의원을 모욕하거나 다른 의원의 발언을 방해하지 않을 의무, 국정감사·조사에서의 비밀유지의무, 의장의 질서유지에 관한 명령에 복종할 의무 등이 있다.

국회의원이 그 의무를 위반한 경우에는 윤리특별위원회의 심사를 받고 징계를 받을 수 있다. 징계의 종류로는 공개회의에서의 경고, 공개회의에서의 사과, 30일 이내의 출석정지(단 의원의 겸직금지와 영리행위 금지 규정에 위반한 경우에는 90일 이내의 출석정지), 제명이 있다.[5] 국회의원이 징계로 제명된 경우, 그로 인하여 궐위된 의원의 보궐선거에 있어서는 후보자가 될 수 없다.

주

1) 헌법재판소는 「공직선거법」에 비례대표의원의 의원직 상실 규정이 채택되기 이전의 1994. 4. 28. 92헌마153 사건에서 비례대표의원이 소속 정당을 이탈·변경하는 경우에 "별도의 법률규정이 있는 경우는 별론으로 하고 당연히 국회의원직을 상실하지는 않는다"고 판시한 바 있다. 이러한 입장은 비례대표의원에게도 지역구의원과 마찬가지로 전 국민의 대표자 지위와 자유위임을 인정하면서도 비례대표의원의 정당기속을 전제로 한 별도의 의원직 상실에 관한 법률규정을 두는 것은 허용될 수 있다는 의미로 이해될 수도 있다. 이에 관해서는 정만희, '국회의원의 정당기속과 자유위임', 「헌법재판연구」 제2집 제1호, 2015, 139면 이하.

2) 독일 연방선거법은 정당의 후보자등록 시 후보자선출집회의 장소, 집회형식, 참가 당원 수, 비밀투표의 결과 등을 기재한 서면을 제출하도록 요구하고 있으며 관할 선거관리위원회는 이 규정을 준수하지 않는 후보자등록을 수리하지 않도록 하고 있다.

3) 미국에서의 예비선거 법제화는 1903년 위스콘신주에서 최초로 강행법규로 채택되었고 이 위스콘신주법은 그 후 각 주의 예비선거법 제정에 큰 영향을 미쳤다. 이러한 예비선거의 법적 성격에 관하여 연방대법원은 1921년 Newberry v. United States 판결에서는 단지 임의적·사적 결사인 정당의 지지자들에 의한 후보자선택방법에 지나지 않는다고 하여 그것을 공직선거의 구성 부분으로 보지 않았으나, 그 후 1941년의 United States v. Classic 판결에서 "예비선거는 본선거의 필수 부분이며 본선거의 결과에 중대한 영향을 미치는 것으로서 헌법상의 선거에 해당한다"고 판시하여 예비선거를 헌법적 관심사로 끌어 올리게 된 것이다. 상세한 내용은 정만희, 『헌법과 통치구조』 법문사, 2003, 608면 이하 참조.

4) 오픈 프라이머리(open primary)를 최초로 채택한 것은 1970년대부터 위스콘신을 비롯하여 미시간, 미네소타주 등 9개 주에서 제한적으로 실시되었으며, 2012년 대통령선거에서는 20개 주에서 채택되었다. 이러한 사실에서 볼 때 오픈 프라이머리는 아직 미국의 보편적인 예비선거제도라고 할 수 없으며, 폐쇄형 예비선거가 보다 많은 주에서 실시되고 있다. 정만희, 『헌법개정과 정치제도개혁』 피엔씨미디어, 2017, 344면 이하.

5) 「국회법」상 의원에 대한 징계의 종류 중에서 '제명'을 하기 위해서는 헌법 제64조 제3항에 따라 재적의원 3분의 2 이상의 찬성을 요하기 때문에 현실적으로 의원에 대한 중징계로서 제명하는 것은 매우 어렵다고 할 수 있다. 제명 다음의 중징계로 '30일 이내의 출석정지'를 원칙으로 규정하고 있으나 이는 중징계로서의 효과가 미약하다고 볼 수 있으므로 출석정지의 기간을 대폭 상향 조정할 필요가 있지 않은가 생각한다.

제1장
대통령

제2장
행정부

제3부 대통령과 행정부

제1장

대통령

대통령의 헌법상 지위

국가원수로서의 대통령

　헌법상의 정부형태로서 대통령제를 채택하는 경우 대통령은 기본적으로 국가원수(國家元首)로서의 지위와 행정부 수반으로서의 지위를 갖게 된다. 우리 헌법 제66조 제1항은 "대통령은 국가의 원수이며, 외국에 대하여 국가를 대표한다"라고 하여 대통령을 국가원수로 규정하고 있으며, 동조 제4항은 "행정권은 대통령을 수반으로 하는 정부에 속한다"라고 하여 행정부의 수반으로서 대통령의 지위를 규정하고 있다. 국가원수(head of state)로서의 대통령의 지위는 대외적으로 국가를 대표할 뿐만 아니라 국내적으로 국정의 최고책임자로서의 지위에서 광범위한 권한을 행사한다.

　대통령은 국가원수로서 외국에 대하여 국가를 대표하여 외국과 조약을 체결·비준하며, 외교사절을 신임·접수 또는 파견하고, 외국에 대하여 선전포고와 강화의 권한을 행사한다(제73조). 대외적으로 국가를 대표하는 지위에서 행사하는 대통령의 권한은 의례적·형식적 권한이 아니라 실질적인 권한을 의미한다.

국가원수로서의 대통령은 국내적으로 국정의 최고책임자로서의 지위를 가진다. 대통령의 국정의 최고책임자로서의 지위는 구체적으로 헌법의 수호자로서의 지위, 국정의 통합·조정자로서의 지위, 헌법기관구성권자로서의 지위 등으로 구분할 수 있다. 헌법 제66조 제2항은 "대통령은 국가의 독립·영토의 보존·국가의 계속성과 헌법을 수호할 책무를 진다"라고 하고, 제69조에 "대통령은 헌법을 준수하고 국가를 보위하며"라고 선서하게 하는 것은 대통령이 국가와 헌법의 수호자임을 천명한 것이다. 국가 위기 시의 대통령의 비상적 권한인 긴급명령권(제76조)과 계엄선포권(제77조) 등도 국가와 헌법의 수호자로서 대통령에게 부여된 권한을 의미한다.

헌법은 권력분립원리에도 불구하고 국가기능의 효율성을 유지하고 국론을 통일하기 위하여 대통령에게 국정의 통합·조정권을 부여하고 있다. 즉 국가안위에 관한 중요정책의 국민투표부의권(제72조), 헌법개정안발의권(제128조 제1항), 법률안제출권(제52조), 국회임시회 집회요구권(제47조 제1항), 사면·감형·복권에 관한 권한(제79조) 등이 이에 해당한다.

국가원수로서 대통령은 국회의 동의를 얻어 대법원장과 대법관(제104조 제1항, 제2항) 및 헌법재판소장을 임명하며(제111조 제4항), 국회의 동의를 얻어 감사원장을 임명한다(제98조 제2항). 대통령은 헌법재판소 재판관, 중앙선거관리위원회 위원(3인), 감사위원을 임명한다(제111조 제2항, 제114조 제2항, 제98조 제3항).

행정부 수반(首班)으로서의 대통령

헌법 제66조 제4항은 "행정권은 대통령을 수반으로 하는 정부에 속한다"라고 하여 행정부 수반(chief executive)으로서의 대통령의 지위를 규정하고 있다. 즉 대통령은 행정부를 조직하고 통할하는 행정의 최고책임자를 의미한다. 행정부수반으로서의 지위는 구체적으로 행정에 관한 최고지휘권자·최고책임자로서의 지위, 행정부조직권자로서의 지위를 의미하며, 이러한 지위에서 공무원임명권(제78조), 예산안제출권(제54조 제2항) 및 예산집행권, 행정정책결정·집행권(제66조 제4항), 대통령령제정권(제75조), 법률안거부권(제53조 제2항) 등을 행사한다. 또한 행정부 수반으로서의 대통령은 헌법상 국무회의 의장으로서의 지위(제88조 제3항)를 가진다.

국민 대표기관으로서의 대통령

우리 헌법상 대통령은 국가원수로서의 지위와 행정부 수반으로서의 지위를 가질 뿐만 아니라, 국민주권의 원리와 대의제 민주주의를 중심으로 하는 통치구조하에서 대통령은 의회와 더불어 국민 대표기관 내지 대의기관으로서의 지위를 가진다. 국민에 의해 직선된 대통령은 의회와 마찬가지로 국민 대표기관으로서 국민의 의사를 대표한다. 다만, 의회가 다원적 집단이익의 대표를 의미한다면 대통령은 통일적 국가이익 내지 국민 전체의 이익을 대표한다고 할 수 있다. 즉 국민에 의해 선출된 대통령은 국민의 현실적·경험적 의사에 영향을 받게 되지만 대통령은 그러한 경험적 의사나 특수이익을 추구하는 것이 아니라 국민의 대표자로서 전체 국민의 이익을 추구해야 한다.

대통령의 선거와 임기 및 권한대행

대통령 직선제의 원칙

대통령제 정부형태는 대통령선거방식에 관하여 국민의 직선제를 원칙으로 한다. 국민에 의한 통치와 국민에 대한 정치적 책임이라는 민주적 정당성을 확보하고 국민의 정치참여를 최대한 확대하기 위해서 직선제 선거방식을 요청하게 된다. 즉 대통령직선제는 국민에게 자유로운 정부선택권을 보장하고 권력의 민주적 정당성과 정통성을 확보할 수 있도록 하는 데 그 제도적 의의가 있다.

헌법은 제67조 제1항에 대통령직선제를 원칙으로 하면서도, 제2항에서 "최고득표자가 2인 이상인 때에는 국회의 재적의원 과반수가 출석한 공개회의에서 다수표를 얻은 자를 당선자로 한다"라고 하여 예외적 간선제를 규정하고 있다. 현행 대통령선거제도는 득표율과 관계없이 최고득표자가 당선자로 되는 상대다수대표선거제이므로 후보자가 난립하는 경우 소수의 득표만으로 당선되는 '소수파 대통령'(minority president)이 출현할 수 있다. 이러한 소수파 대통령은 민주적 정당성의 취약성이 문제된다. 상대다수선거제의 문제점을 극복할 수 있는 방안으로 '결선투표-절대다수대표제'의 채택을 생각할 수 있다. 그러나 현행 헌법상 대통령선거제도에 관한 규정(제67조 제2항, 제3항)은 상대다수선거제를 전제로 하고 있으므로 결선투표제의 도입은 헌법개정을 통해 가능하게 된다.

임기 만료로 인한 대통령선거는 임기 만료일 전 70일 이후 첫번째 수요일에 실시하며, 대통령의 궐위로 인한 선거 또는 재선거는 선거 실시 사유가 확정된 때로부터 60일 이내에 실시하되 선거일은 늦어도 선거일 전 50일에 대통령 또는 대통령권한대행자가 공고한다(「공직선거법」 제34조 제1항, 제35조 제1항). 중앙선거관리위원회는 유효투표의 다수를 얻은 자를 대통령 당선자로 결정한다. 다만 대통령 후보자가 1인일 때에는 그 득표수가 선거권자 총수의 3분의 1 이상이 아니면 대통령으로 당선될 수 없다(헌법 제67조 제3항).

대통령 당선인의 지위와 권한을 명확히 하고 대통령직의 원활한 인수와 국정운영의 계속성과 안정성을 도모하기 위하여 「대통령직 인수에 관한 법률」이 제정(2003. 2.)되어 있다. 이 법률에 의하여 대통령 당선인은 대통령임기 개시 전에 국회의 인사청문 절차를 거치게 하기 위하여 국무총리 및 국무위원 후보자를 지명할 수 있으며, 이 경우 국무위원 후보자에 대하여는 국무총리 후보자의 추천을 받아 대통령 당선인이 국회의장에게 인사청문의 실시를 요청한다(동법 제5조).

대통령의 임기와 중임제한

현행 헌법은 대통령의 임기를 5년으로 하고 중임을 할 수 없도록 규정하고 있다(제70조). 중임금지제는 과거 헌정사의 경험에 비추어 1인 장기집권의 폐단을 예방하기 위한 것이다. 이와 관련하여 우리 헌법은 제128조 제2항에 "대통령의 임기연장 또는 중임변경을 위한 헌법개정은 그 헌법개정 제안 당시의 대통령에 대하여는 효력이 없다"라고 규정하여 임기연장이나 중임변경을 위한 개헌시도를 억제하고 있다.

그러나 대통령 단임제는 국민에 의해 직접 선출된 대통령이 국민에 대해 정치적 책임을 지게 된다는 대통령제의 본질적 원리에 위배

되는 문제가 있으므로 대통령제 국가에서 일반적으로 채택하고 있는 중임제를 허용하는 것이 바람직하다.[1]

대통령 권한대행

헌법은 제71조에 "대통령이 궐위되거나 사고로 인하여 직무를 수행할 수 없을 때에는 국무총리, 법률이 정한 국무위원의 순서로 그 권한을 대행한다"라고 하여 권한대행을 규정하고 있다. 미국의 대통령제는 대통령 궐위 시 부통령이 그 잔여임기 동안 대통령직을 즉각 승계하고 사고 시에는 부통령이 권한대행할 수 있는 제도를 채택하고 있으며, 프랑스 대통령제에서는 대통령의 유고 시 법적 순서에 따라 일정 기간 대통령 권한대행자가 취임하고 헌법절차에 따라 새로운 대통령을 선출하는 제도를 취하고 있다.

대통령이 궐위되거나 사고로 직무를 수행할 수 없는 경우에 권한대행의 사유가 발생한다. '궐위'라 함은 대통령이 사망한 경우, 탄핵 결정으로 파면된 경우, 대통령이 판결 기타의 사유로 자격을 상실한 경우, 사임한 경우 등 대통령이 재직하고 있지 않은 경우를 말한다.

'사고'라 함은 대통령이 재직하면서도 신병이나 해외순방 등으로 직무를 수행할 수 없는 경우와 국회의 탄핵소추의결로 헌법재판소의 탄핵결정 때까지 권한행사가 정지된 경우를 말한다. 여기서 사고의 경우 문제가 되는 부분은 과연 직무를 수행할 수 없는 경우인가를 누가 결정할 것인가에 관한 것이다. 제1차적으로는 대통령 자신이 결정할 수 있겠지만 대통령의 정신장애 등으로 이를 결정할 수 없을 때에는 누가 결정할 것인가를 사전에 법으로 규정해 놓을 필요가 있다. 프랑스 헌법은 이러한 경우 정부의 요청에 따라 헌법위원회가 최종적으로 결정하도록 규정하고 있다.

현행 헌법은 대통령이 궐위된 때에는 60일 이내에 후임자를 선거하도록 규정(제68조 제2항)하여 권한대행의 재임기간은 60일을 초과할 수 없다고 보아야 한다. 그러나 사고로 인한 권한대행의 경우에는 그 기간에 관한 명문 규정이 없기 때문에 해석상 문제가 제기될 수 있다. 대통령이 궐위된 경우 권한대행자의 직무범위는 대통령의 권한 전반에 걸치는 것이 원칙이라 할 수 있다. 대통령직이 공석이 된 경우이므로 그 대행이 반드시 현상유지적이어야 할 이유가 없기 때문이다. 사고의 경우에 직무범위에 관해서는 그 성질상 잠정적인 현상유지에 국한되고 기본정책의 전환이나 인사이동 등 현상유지를 벗어나는 직무는 대행할 수 없다고 본다(다수설). 사고의 경우는 사고의 원인이 소멸하는 대로 대통령의 재집무가 가능하기 때문이다.

대통령의 형사상 특권

대통령은 재직 중 형사상 소추되어 재판받지 아니한다

헌법 제84조는 "대통령은 내란 또는 외환의 죄를 범한 경우를 제외하고는 재직 중 형사상의 소추를 받지 아니한다"라고 하여 대통령의 형사상 불소추특권을 규정하고 있다. 이 형사상 특권은 대통령이 내란 또는 외환의 죄를 범하지 않는 한 재직 중 형사피고인으로서 법원의 재판을 받지 않는다는 것을 의미한다. 이 헌법조항의 근본취지는 국가의 원수로서 외국에 대하여 국가를 대표하는 지위에 있는 대통령이라는 특수한 직책의 원활한 수행을 보장하고, 그 권위를 확보하여 국가의 체면과 권위를 유지하여야 할 실제상의 필요 때문에 대통령으로 재직 중인 동안만 형사상 특권을 부여한다는 데에 있다고 할 것이다. 따라서 대통령의 형사상 특권은 문자 그대로 "재직 중 형사상의 소추를 받지 아니하는" 것에 그칠 뿐, 대통령에게 일반 국민과는 다른 그 이상의 형사상 특권을 부여하고 있는 것으로 보아서는 안 될 것이다(헌재 1995. 1. 20. 94헌마246).

　　이와 같이 대통령의 불소추특권은 대통령 직책의 특성상 재임 중이라는 특정한 기간 동안 형사피고인으로 소추되어 재판을 받지 않는다는 데 있으므로 대통령의 임기 만료 후에는 형사상 소추가 면제되는 것은 아니다. 다만 대통령의 형사상 특권조항에도 불구하고 재직 중의 대통령에 대하여 형사소추가 있을 때에는 「형사소송법」 제327조 제1호의 재판권 부존재를 이유로 공소기각판결을 하여야 한다. 대통령의 불소추특권이 인정되더라도 민사상의 책임이 면제되는 것은 아니므로 재직 중에도 민사상의 책임을 지게 된다.

　　대통령의 불소추특권은 법원의 재판을 전제로 한 공소의 제기와 이와 관련된 체포나 구속을 금지하는 것이므로 대통령의 재임 중 수사기관의 수사는 가능한지의 여부가 문제될 수 있다. 학계의 입장은 대통령의 재직기간 중 행해진 범죄행위에 대해서는 임기 중 법원에 소추할 수 없지만 수사기관은 수사를 할 수 있다고 보는 것이 타당하며, 수사의 방법으로 압수·수색도 가능하다는 견해가 있다. 대통령의 범죄행위에 대해 재임기간 수사를 인정하지 않게 되면 시간의 경과로 인하여 증거수집이 어렵게 될 수밖에 없기 때문이라는 것이다.[2] 이에 대해 반대하는 입장에서는 대통령 재직 중 수사기관의 임의수사는 허용되지만 강제수사는 불가능하다고 보는 견해도 있다.[3] 대통령에 대한 불소추특권의 기본취지에 비추어 강제수사는 허용되기 어렵다고 보는 것이 타당하다.

대통령 당선 전의 범죄행위에 대해서도 특권을 인정할 수 있는가

최근 헌법 제84조의 해석과 관련하여 대통령 당선 전의 범죄행위로 재판을 받고 있는 후보가 대통령으로 선출된 경우 그 대통령 재직 중 재판은 계속 진행되는가, 아니면 재직기간에는 중단되어야 하는가의 문제에 대한 논의가 있다. 이 문제는 우리 헌법의 현실에서 쉽게 예상할 수 없었던 매우 이례적인 경우에 해당하지만, 대통령 재직 전의 범죄행위로 소추되어 재판 진행 중(확정판결이 선고되기 전) 대통령 임기가 시작된 경우에는 대통령에 대한 형사상 특권을 인정하여 재임기간 중 재판을 중단해야 한다는 주장이 가능할 것이다. 반면에 대통령에 대한 불소추특권은 대통령 "재직 중 형사소추되지 않는다"는 것이므로 이미 대통령 재직 전에 소추되어 재판받고 있는 경우까지 특권으로 인정하는 것은 지나친 확대해석이라고 볼 수도 있다.

생각건대 대통령의 형사상 불소추특권을 인정하는 기본취지가 국가의 원수로서 국가를 대표하는 지위에 있는 대통령이라는 특수한 직책의 원활한 수행을 보장하고 국가의 체면과 권위를 유지한다는 데 있으므로 이 특권은 이미 대통령 재직 전에 기소되어 진행 중인 재판에 대해서도 재직 중 특권을 인정해야 한다는 확대해석도 가능하다고 볼 수도 있다. 반면에 헌법상 대통령의 권한이나 특권에 관한 조항의 문언해석은 엄격하게 제한적으로 해석되어야 한다는 입장에서는 이미 대통령 재임 전에 소추되고 재판 중인 사건에 이 특권을 적용하는 것은 헌법해석의 한계를 벗어난 것이므로 대통령 재임 전 진행되어 온 형사재판에 대한 중단은 허용되어서는 안 된다고 판단할 것이다. 그리고 '소추'의 의미를 재판 이전의 '수사와 기소'의 개념으로 이해하게 되면 대통령 재직 전에 기소되어 재판 진행 중인 사건에 대해서는 불소추특권을 인정할 수 없다고 주장하게 된다. 결국 이 문제는 입법의 미비에 의해 제기되는 것으로 실제로 현실의 헌법문제로 제기되는 경우 당해 법원의 판단에 따라 해결될 수밖에 없겠으나, 궁극적으로는 헌법개정으로 이 문제를 해결하여야 할 것이다.

헌법 제84조에 의해 대통령이 내란 또는 외환의 죄를 범한 경우에는 형사상 소추가 재직 중에도 가능하다.[4] 대통령이 내란 또는 외환의 죄를 범한 경우에는 대통령의 헌법 수호자의 지위를 스스로 부정하고 헌법질서를 침해하고 있으므로 더 이상 특권을 인정할 여지가 없기 때문이다.

대통령의 불소추특권이 적용되는 경우에 공소시효가 정지되는지에 관하여는 명문 규정이 없다. 대통령의 불소추특권은 법률상 소추장애사유에 해당하기 때문에 대통령의 내란·외환 이외의 죄의 경우에는 공소시효의 진행이 정지된다고 할 것이다(헌재 1995. 1. 20. 94헌마246). 그리하여 1995년 12월 21일 제정된 「헌정질서 파괴범죄의 공소시효 등에 관한 특례법」 제3조는 형법상 내란죄·외환죄 및 군형법상 반란죄·이적죄를 범한 헌정질서 파괴범죄자에 대해서는 「형사소송법」의 공소시효 규정이 적용되지 않는다고 규정하고 있다. 따라서 대통령의 내란·외환의 죄의 경우에도 공소시효의 적용이 배제된다.

대통령의 헌법상 의무

헌법의 수호와 준수 의무

헌법 제66조 제2항은 "대통령은 국가의 독립·영토의 보전·국가의 계속성과 헌법을 수호할 책무를 진다"라고 하여 대통령의 헌법수호의무를 규정하고 있다. 헌법 제69조의 대통령의 취임선서 규정에서도 대통령은 "헌법을 준수하고 국가를 보위하며 조국의 평화적 통일과 국민의 자유와 복리의 증진 및 민족문화의 창달에 노력하여 대통령으로서의 직책을 성실히 수행할 것을 국민 앞에 엄숙히 선언합니다"라고 하여 대통령의 헌법준수의무와 성실한 직책수행의무를 규정하고 있다. 헌법 제66조 제2항 및 제69조에 규정된 대통령의 '헌법을 준수하고 수호해야 할 의무'는 헌법상 법치국가원리가 대통령의 직무집행과 관련하여 구체화된 헌법적 표현이다.

헌법의 기본원리인 법치국가원리의 본질적 요소는 한마디로 표현하자면, 국가의 모든 작용은 '헌법'과 국민의 대표로서 구성된 의회의 '법률'에 의해야 한다는 것과 국가의 모든 권력행사는 행정에 대해서는 행정재판, 입법에 대해서는 헌법재판의 형태로써 사법적 통제의 대상이 된다는 것이다. 이에 따라, 입법자는 헌법의 구속을 받고, 법을 집행하고 적용하는 행정부와 법원은 헌법과 법률의 구속을 받는다. 따라서 행정부의 수반인 대통령은 헌법과 법률을 존중하고 준수할 헌법적 의무를 지고 있다(헌재 2004. 5. 14. 2004헌나1).

공익실현의무

대통령은 행정부의 수반이자 국가원수로서 가장 강력한 권한을 가지고 있는 공무원이므로 누구보다도 '국민 전체'를 위하여 국정을 운영하여야 하기 때문에 여기에서 대통령의 공익실현의무가 인정된다. 헌법 제7조 제1항은 국민주권주의와 대의민주주의를 바탕으로 "공무원은 국민 전체에 대한 봉사자"라로 규정하고 있는데, 이 조항이 공무원의 공익실현의무의 헌법적 근거가 된다. 대통령도 일반 공무원과 마찬가지로 국민 전체에 대한 봉사자로서 특정 정당, 자신이 속한 계급·종교·지역·사회단체, 자신과 친분 있는 세력의 특수한 이익 등으로부터 독립하여 국민 전체를 위하여 공정하고 균형 있게 업무를 수행할 의무가 있다. 헌법재판소는 2017년 3월 대통령(박근혜)탄핵사건에서 대통령이 국민으로부터 위임받은 권한을 남용하여 사인의 국정 개입을 허용하고 개인의 사익 추구를 도와주는 것은 대통령으로서의 공익실현의무를 중대하게 위반한 것이라고 판시하였다(헌재 2017. 3. 10. 2016헌나1).

성실한 직책수행의무

헌법 제69조는 대통령의 취임 선서를 규정하면서 대통령으로서 직책을 성실히 수행할 의무를 언급하고 있다. 헌법 제69조는 단순히 대통령의 취임 선서의 의무만 규정한 것이 아니라 선서의 내용을 명시적으로 밝힘으로써 헌법 제66조 제2항 및 제3항에 따라 대통령의 직무에 부과되는 헌법적 의무를 다시 한 번 강조하고 그 내용을 구체화하는 규정이다. 대통령의 '직책을 성실히 수행할 의무'는 헌법적 의무에 해당하지만, '헌법을 수호해야 할 의무'와는 달리 규범적으로 그 이행이 관철될 수 있는 성격의 의무가 아니므로 원칙적으로 사법적 판단의 대상이 되기는 어렵다고 보는 것이 헌법재판소의 입장이다. 따라서 대통령이 임기 중 성실하게 직책을 수행하였는지 여부는 다음 선거에서 국민의 심판의 대상이 될 수 있을 뿐이며, 그 자체로 탄핵소추 사유가 될 수 없어 탄핵심판절차의 판단대상이 되지 아니한다.

겸직금지의무

헌법은 제83조에 "대통령은 국무총리·국무위원·행정각부의 장 기타 법률이 정하는 공사의 직을 겸할 수 없다"라고 하여 겸직금지의무를 규정하고 있다.

대통령의 권한

현행 헌법상 대통령의 권한은 국가원수로서의 지위에서 행사하는 권한과 행정부수반으로서 행사하는 권한으로 나누어 볼 수 있다. 국가원수 또는 국정 최고책임자의 지위에서 대통령이 행사하는 권한으로 헌법기관구성권, 국가긴급권, 국민투표부의권, 외교에 관한 권한, 국군통수권, 사면권 등이 있다. 행정부의 수반으로서 대통령은 행정에 관한 최고결정권과 최고지휘권, 법률집행권, 공무원임면권, 행정입법권 등을 행사한다. 국가원수로서 대통령이 행사하는 권한은 행정뿐만 아니라 실질적인 입법과 사법작용에 관한 권한 또한 포함된다. 대통령의 헌법개정안발의권, 법률안제출권은 실질적 입법에 관한 권한이며 사면권과 위헌정당해산제소권은 실질적 사법에 관한 권한을 의미한다. 국군통수권은 행정에 관한 권한이지만 이는 행정부 수반으로서의 권한이라기보다는 국가원수로서의 권한에 해당한다고 할 수 있다.

헌법기관 구성에 관한 권한

대통령은 헌법상 국가원수로서 국회의 동의를 얻어 대법원장을 임명하고, 대법원장의 제청으로 국회의 동의를 얻어 대법관을 임명한다(제104조 제1항, 제2항). 대통령은 또한 헌법재판소의 장을 국회의 동의를 얻어 재판관 중에서 임명한다(제111조 제4항). 대통령은 헌법재판소 재판관 9인을 임명하는데, 9인 중 국회가 선출하는 3인과 대법원장이 지명하는 3인은 대통령이 형식적으로 임명하고 나머지 3인은 대통령이 직접 임명한다(제111조 제2항, 제3항).

헌법상 대통령은 행정부의 수반으로서 국회의 동의를 얻어 국무총리를 임명하며 국무총리의 제청으로 국무위원을 임명한다(제86조 제1항, 제87조 제1항). 대통령 당선인은 대통령 임기 개시 전에 국회의 인사청문회절차를 거치게 하기 위하여 국무총리 및 국무위원 후보자를 지명할 수 있다. 이 경우 국무위원 후보자에 대하여는 국무총리 후보자의 추천이 있어야 한다(「대통령직 인수에 관한 법률」 제5조 제1항). 대통령은 또한 국회의 동의를 얻어 감사원장을 임명하며 감사원장의 제청으로 감사위원을 임명하고(헌법 제98조 제2항, 제3항). 중앙선거관리위원회 위원 3인의 임명권(동법 제114조 제2항)을 가진다.

국가긴급권

현행 헌법상 대통령의 국가긴급권으로는 긴급명령권를 비롯하여 긴급재정·경제처분권 및 명령권, 계엄선포권을 규정하고 있다. 국가긴급권이란 국가의 존립이나 헌법질서를 위태롭게 하는 비상사태가 발생한 경우 및 정부가 평상시의 입헌주의적 통치기구로는 대처할 수 없는 경우에 국가의 존립과 헌법을 수호하기 위하여 필요한 조치를 취할 수 있는 비상적·예외적 권한을 의미한다. 이러한 예외적 비상수단을 헌법에 실정화함으로써 국가적 위기에 대처할 수 있는 '합헌적 독재'(constitutional dictatorship)의 권력행사를 인정해 주는 대신, 입헌주의를 수호하기 위하여 그 발동요건, 기간, 방식 등을 규정함으로써 무제약적 권력의 남용을 방지하는 제도를 의미한다.

대통령의 긴급명령권은 통상적인 입법절차로 대처할 수 없는 국가안위에 관계되는 비상사태가 발생하고, 국회의 집회가 불가능한 때에 대통령이 비상사태를 극복하기 위하여 법률의 효력을 가지는 명령을 발하고, 사후에 의회의 승인을 얻는 긴급입법제도를 말한다. 긴급명령은 대통령의 명령으로써 법률의 효력을 갖는 사항을 규정할 수 있는 것으로서 국회 입법의 원칙에 대한 중대한 예외를 의미한다. 헌법상 대통령이 긴급명령을 발할 수 있는 상황은 1) 국가의 안위에 관계되는 중대한 교전상태에 있어서, 2) 국가를 보위하기 위하여 긴급한 조치가 필요하고, 3) 국회의 집회가 불가능한 경우이다(제76조 제2항). 대통령이 긴급명령을 발동하려면 국무회의의 심의를 거쳐야 한다. 긴급명령을 발한 때에는 지체 없이 국회에 보고하고 그 승인을 얻어야 한다(제76조 제3항). 긴급명령이 국회의 승인을 얻지 못한 때에는 긴급명령은 그 이후부터 효력을 상실한다. 그 경우 긴급명령에 의하여 개정되거나 폐지된 법률은 그 명령이 승인을 얻지 못한 때로부터 당연히 효력을 회복한다(제76조 제4항). 긴급명령이 국회의 승인을 얻게 되면 그 명령은 형식 면에서는 명령이지만 실질적으로는 국회가 제정한 법률과 동일한 효력을 가진다.

긴급재정·경제처분이라 함은 국회의 의결 또는 승인사항에 해당하는 정상적인 재정처분이나 경제처분만으로는 국가의 중대한 재정·경제상 위기에 대처하기 곤란하고, 국회의 집회를 기다릴 시간적 여유가 없는 경우에 대통령이 행하는 긴급처분제도이다. 긴급재정·경제명령이란 대통령이 긴급재정·경제 처분의 실효성을 뒷받침하기 위하여 발하는 긴급입법제도이다. 긴급재정·경제처분과 명령은 재정의 회의결주의와 국회 입법의 원칙에 대한 중대한 예외를 의미한다. 헌법 제76조 제1항의 긴급재정·경제처분은 1) 내우·외환·천재·지변 등 중대한 재정·경제상의 위기가 발생하고, 2) 국가의 안전보장 또는 공공의 안녕질서를 유지하기 위하여 긴급한 조치가 필요하며, 3) 국회의 집회를 기다릴 여유가 없을 때(폐회 중인 경우)에 한하여 행할 수 있다. 긴급재정·경제명령은 법률적 효력을 가진 명령으로서 긴급재정·경제처분을 뒷받침할 필요가 있는 경우에 발할 수 있다. 대통령이 긴급재정·경제처분 및 명령을 한 때에는 지체 없이 국회에 보고하고 그 승인을 얻어야 한다.

헌법 제77조 제1항은 "대통령은 전시·사변 또는 이에 준하는 국가비상사태에 있어서 병력으로써 군사상의 필요에 응하거나 공공의 안녕질서를 유지할 필요가 있을 때에는 법률이 정하는 바에 의하여 계엄을 선포할 수 있다"라고 하여 대통령의 계엄선포권을 규정하고 있다. 계엄에는 경비계엄과 비상계엄의 두 종류가 있다. 경비계엄은 전시·사변 또는 이에 준하는 국가비상사태에 있어서 사회질서가 교란되어, 일반행정기관만으로는 치안을 확보할 수 없는 경우에, 공공의 안녕질서를 유지하기 위하여 선포하는 계엄이다. 비상계엄은 전시·사변 또는 이에 준하는 국가비상사태에 있어서 적과 교전상태에 있거나 사회질서가 극도로 교란되어 행정기능과 사법기능의 수행이 현저히 곤란한 경우에 군사상의 필요에 응하거나 공공의 안녕질서를 유지하기 위하여 선포하는 계엄을 말한다(「계엄법」 제2조).

헌법 제77조 제3항은 "비상계엄이 선포된 때에는 법률이 정하는 바에 의하여 영장제도, 언론·출판·집회·결사의 자유, 정부나 법원의 권한에 관하여 특별한 조치를 할 수 있다"라고 규정하고 있다. 정부나 법원의 권한에 관한 특별한 조치란 집행권과 사법권의 행사가 군대의 관할하에 들게 되는 것을 의미한다. 비상계엄의 선포와 동시에 계엄사령관은 계엄지역 내의 모든 행정사무와 사법사무를 관장한다(「계엄법」 제7조 제1항). 여기서 사법사무란 재판작용을 제외한 사법행정사무를 의미한다. 그리고 내란죄·외환죄·공안을 해하는 죄 등 「계엄법」 제10조 제1항에 열거된 범죄에 관한 사건은 군사법원에서 재판한다. 그러나 비상계엄지역 내에 법원이 없거나 관할 법원과의 교통이 차단된 경우에는 모든 형사사건에 관한 재판을 군사법원이 행한다(「계엄법」 제10조 제2항).

비상사태가 평상상태로 회복되면 대통령은 계엄을 해제하고 이를 공고하여야 한다. 또한 국회가 재적의원 과반수의 찬성으로 계엄의 해제를 요구한 때에는 대통령은 국무회의의 심의를 거쳐 계엄을 해제하여야 한다(헌법 제77조 제5항). 계엄이 해제되면 모든 행정사무와 사법사무는 평상상태로 복귀한다.

국민투표부의권

헌법 제72조는 "대통령은 필요하다고 인정할 때에는 외교·국방·통일 기타 국가안위에 관한 중요정책을 국민투표에 붙일 수 있다"라고 하여 대통령의 국민투표부의권을 규정하고 있다. 국민투표부의권은 대통령이 국가안위에 관한 중요정책을 국회의 의결로써 결정하지 아니하고, 직접 국민의 의사를 물어 결정할 수 있는 권한으로 이는 헌법 제130조 제2항의 헌법개정안에 대한 국민투표제와 더불어 현행 헌법상 대의제원칙에 대한 예외가 되는 직접민주제의 요소를 의미한다.

대통령의 국민투표부의권은 국가의사를 결정하는 데 있어 민주적 정당성을 보다 더 확보할 수 있는 제도라 할 수 있으며, 국회에 대한 대통령의 우월적 지위를 보장해 주는 제도라 할 수 있다. 국민투표의 대상으로서 규정하고 있는 "외교·국방·통일 기타 국가안위에 관한 중요정책"이 무엇인가에 관한 해석이 문제될 수 있으나, 여기서 국가안위에 관한 중요정책이란 외교·국방·통일 등의 정책에 국한되지 아니하고 그 밖의 정책까지 포함될 수 있는 것으로 볼 수 있으므로 국민투표의 대상으로서 "외교·국방·통일"은 예시적 규정으로 보는 것이 타당하다.

국가안위에 관한 중요정책의 판단과 그것을 국민투표에 붙일 것인가의 결정은 대통령의 재량에 속하므로 헌법 제72조의 국민투표는 임의적 국민투표라 할 수 있다. 또한 여기의 국민투표는 정책결정을 대상으로 하는 레퍼렌덤(Referendum)으로서의 성격을 의미하며, 정권의 정통성이나 대통령의 신임 여부를 묻는 플레비시트(Plebizit)의 성격을 의미하는 것은 아니다. 헌법재판소도 대통령의 재신임을 헌법 제72조의 국민투표와 결부·연계시키는 것은 헌법상 허용되지 않는다고 하면서, 이러한 국민투표를 공개적으로 제안하거나 이를 실행하기 위한 행동으로 나아가면 탄핵사유가 된다고 판시한 바 있다(헌재 2004. 5. 14. 2004헌나1).

국민투표는 본질적으로 선거제도와 구별되는 것으로, 선거는 '인물에 대한 결정', 즉 대의제를 가능하게 하기 위한 전제조건으로서 국민의 대표자에 관한 결정이라고 한다면, 이에 대하여 국민투표는 직접민주주의를 실현하기 위한 수단으로서 '사안에 대한 결정', 즉 특정한 국가정책이나 법안을 그 대상으로 한다. 따라서 국민투표의 본질상 '대표자에 대한 신임'은 국민투표의 대상이 될 수 없으며, 우리 헌법에서 대표자의 선출과 그에 대한 신임은 단지 선거의 형태로써 이루어져야 한다. 대통령이 이미 지난 선거를 통하여 획득한 자신에 대한 신임을 국민투표의 형식으로 재확인하고자 하는 것은, 헌법 제72조의 국민투표제를 헌법이 허용하지 않는 방법으로 위헌적으로 사용하는 것이다.

헌법 제72조는 국민투표에 부쳐질 중요정책인지 여부를 대통령이 재량에 의하여 결정하도록 명문으로 규정하고 있고 헌법재판소 역시 위 규정은 대통령에게 국민투표의 실시 여부, 시기, 구체적 부의사항, 설문 내용 등을 결정할 수 있는 임의적인 국민투표발의권을 독점적으로 부여하고 있다고 하여 이를 확인하고 있다. 따라서 특정의 국가정책에 대하여 다수의 국민이 국민투표를 원하고 있음에도 불구하고 대통령이 이러한 희망과는 달리 국민투표에 회부하지 아니한다고 하여도 이를 헌법에 위반된다고 할 수 없고 국민에게 특정의 국가정책에 관하여 국민투표에 회부할 것을 요청할 권리가 인정된다고 할 수도 없다(헌재 2005. 11. 24. 2005헌마579등).

대외관계에 관한 권한

대통령은 헌법상 국가원수로서 외국에 대하여 국가를 대표하며(제66조 제1항), 국가를 대표하는 지위에서 조약체결·비준권, 외교사절 신임·접수·파견권, 전쟁선포·강화권을 갖는다(제73조). 조약의 비준(批准)이란 체결절차의 일부이며 통상적으로 국가원수가 조약의 성립을 확인하는 절차이다. 조약의 체결과 관련하여 상호원조 또는 안전보장에 관한 조약, 중요한 국제조직에 관한 조약, 우호통상항해조약, 주권의 제약에 관한 조약, 강화조약, 국가나 국민에게 중대한 재정적 부담을 지우는 조약 또는 입법사항에 관한 조약의 체결·비준에는 국회의 동의를 얻어야 한다(제60조 제1항). 대통령의 선전포고에도 국회의 동의를 얻도록 하고 있다(제60조 제2항).

국군통수권

헌법 제74조 제1항은 "대통령은 헌법과 법률이 정하는 바에 의하여 국군을 통수한다"라고 하여 대통령의 국군통수권(國軍統帥權)을 규정하고 있다. 군통수권제도는 국가의 주권을 수호하고 독립을 유지하기 위한 제도적 장치를 의미한다. 우리 헌법은 대통령에게 헌법을 준수하고 국가를 보위하며 조국의 평화적 통일에 노력할 의무를 부과하고 있으므로 이러한 일련의 헌법적 의무를 수행하기 위해서는 군대의 존재와 그에 대한 대통령의 지휘·명령권의 행사가 불가피하다. 일반적으로 대통령제 국가에서는 국가원수로서의 대통령에게 군통수권자의 지위를 부여하는 것이 통례이며, 군통수권은 국가와 헌법의 수호자 내지 국정의 최고책임자 지위에서 대통령이 보유하는 권한으로 보는 것이 타당하다.

현행 헌법의 국군통수권이 군정권(軍政權)과 군령권(軍令權)을 포괄하는 광의의 개념으로 이해한다. 국군통수에 있어서 군령이란 국방목적을 위하여 군을 현실적으로 지휘·명령하고 통솔하는 작용(군사작전작용)을 말하며, 군정은 군을 조직·관리하는 작용(군사관리작용)을 말한다. 우리 헌법은 군정·군령일원주의 내지 병정통합주의를 채택하여 군령과 군정을 모두 대통령이 관장하게 함으로써 문민정부에 의한 군의 통제를 가능하게 하고 있다. 헌법은 군국주의를 경계하고 민주 군정을 실현하기 위하여 병정통합주의를 채택하면서 군통수권을 대통령에게 부여하고 있다.

헌법 제74조 제2항은 국군의 조직과 편성은 법률로써 하도록 규정하고 있다. 군의 조직과 편성에 관하여 법정주의를 규정한 것은 국군의 조직과 편성을 정부의 전단에 일임할 경우 군의 조직·편성권이 자의적이고 독선적인 경향을 띨 우려가 있을 뿐만 아니라 국군의 조직과 편성은 국가의 재정과 국민의 권리·의무에 중대한 영향을 미치기 때문이다.

사면권

헌법 제79조 제1항은 "대통령은 법률이 정하는 바에 의하여 사면·감형 또는 복권을 명할 수 있다"라고 하여 대통령의 사면권을 규정하고 있다. 사면권(赦免權)이란 「형사소송법」이나 그 밖의 형사법규의 절차에 의하지 아니하고 형의 선고의 효과 또는 공소권을 소멸시키거나 형집행을 면제시키는 국가원수의 특권을 말한다. 대통령의 사면권은 사법부의 판단을 변경하는 권한으로 권력분립의 원리에 대한 예외를 의미한다. 형벌의 선고는 사법부의 고유권한에 해당하는 것이지만 대통령이 사법권의 행사에 개입하여 그 효과에 변경을 가할 수 있는 제도가 사면권이다.

　　사면에는 일반사면과 특별사면이 있다. 일반사면은 범죄의 종류를 지정하여 이에 해당하는 모든 범죄인에 대하여 형의 선고의 효과를 전부 또는 일부 소멸시키거나, 형의 선고를 받지 아니한 자에 대하여 공소권을 소멸시키는 것을 말한다. 특별사면은 이미 형의 선고를 받은 특정인에 대하여 형의 집행을 면제하는 것을 말한다. 일반사면은 대통령령으로써 하되, 국무회의의 심의를 거쳐 국회의 동의를 얻어야 한다(「사면법」 제8조). 특별사면, 특정한 자에 대한 감형 및 복권은 대통령이 한다. 이 경우 법무부장관은 대통령에게 특별사면, 감형 및 복권을 상신하여야 하며 상신할 할 때에는 사면심사위원회의 심사를 거쳐야 한다(동법 제9조, 제10조). 일반사면으로 형의 선고는 그 효력을 상실하고, 형의 선고를 받지 아니한 자에 대하여는 공소권이 소멸된다. 특별사면에 의해서는 형의 집행이 면제된다.

　　광의의 사면에는 감형(減刑)과 복권(復權)까지 포함한다. 감형권은 형의 선고를 받은 자에 대하여 선고받은 형을 경감하거나 형의 집행을 감경하여 주는 국가원수의 특권을 말한다. 감형에는 일반감형과 특별감형이 있는데 국무회의의 심의를 거쳐 대통령령으로써 행한다. 복권이란 죄를 범하여 형의 선고를 받은 자가 그 형의 선고의 부수적 효력으로서 다른 법령에 의하여 자격이 상실 또는 정지된 경우에 그 상실 또는 정지된 자격을 회복시켜 주는 것을 말한다.

대통령의 사면권 행사에는 헌법이나 법률에 사면의 사유에 관하여 명문 규정을 두고 있지 아니하지만 그 사면권 행사에는 일정한 헌법내재적 한계가 있다고 본다. 첫째, 사면권은 국가이익과 국민화합의 차원에서 행사되어야 하고 정치적으로 남용되거나 당리당략적 차원에서 행사되어서는 안 된다. 둘째, 권력분립의 원리에 비추어 사법권의 본질적 내용을 침해하는 결과가 될 정도의 사면권 행사는 허용되기 어렵다. 사면권은 사법부의 권위를 훼손하지 아니하는 범위 안에서 합리적인 기준과 원칙에 따라 적정하게 행사되어야 한다.

대통령의 사면권행사가 현실적으로 문제가 되는 것은 국회의 동의를 얻지 않고 행사하는 특별사면의 경우이다. 역대 대통령들이 형의 선고를 받은 고위직 공직자나 정치인 및 재벌기업인에 대해 국민적 정서에 반하는 사면권을 남용함으로써 그에 대한 통제의 필요성이 제기되고 있다.

법률안제출권과 법률안거부권

헌법 제52조에 따라 대통령은 국무회의의 심의를 거쳐 국회에 법률안을 제출할 수 있다. 대통령제 정부형태의 경우 엄격한 권력분립 원리에 기초하여 법률안제출권은 의원의 전속적 권한이며 행정부에 대해서는 법률안제출권을 인정하지 않는 것이 원칙이다. 우리 헌법은 대통령제를 기본으로 하면서 의원내각제적 요소를 가미하고 있는데,

정부의 법률안제출권도 이에 해당하는 것이다. 정부의 법률안제출권 행사는 현실적으로 정부가 입법의 주도권을 가지게 되고 의회에 대한 정부의 우월적 지위를 보장하게 된다.

헌법은 제53조에 대통령의 법률안거부권을 인정하고 있다. 대통령의 법률안거부권은 국회가 법률안을 의결하여 정부에 이송한 경우에 그 법률안에 대하여 대통령이 이의를 가진 때에 국회의 재의를 요구할 수 있는 권한을 말한다. 이 경우 국회가 가중다수로 재의결하면 그 법률안은 법률로 확정되고, 재의결되지 아니하면 폐기된다(제53조 제2항, 제4항). 법률안거부권은 국회의 입법권행사에 대한 행정부의 견제수단으로서, 그것은 입법권의 남용으로부터 행정부를 방어하기 위한 수단이며 나아가 헌법의 수호자로서의 대통령이 위헌적인 법률제정을 사전에 방지하기 위한 제도적 장치를 의미한다.[5]

대통령의 법률안거부권 행사요건에 관하여 헌법에는 명문의 규정이 없으나, 그 남용을 막기 위하여 정당한 사유와 필요성이 인정되어야 할 것이다. 즉 법률안이 헌법에 위반된다고 판단되는 경우라든지 그 법률의 집행이 불가능한 경우와 그 내용이 국가적 이익에 반하는 경우, 또는 행정부에 대한 부당한 정치적 공세를 내용으로 하는 경우 등에는 거부권 행사의 정당한 사유가 인정된다고 할 수 있다. 그러나 정당한 사유가 없는 법률안거부권의 남용은 탄핵사유가 된다고 본다. 대통령의 법률안거부권 행사의 절차는 법률안이 정부로 이송되어 온 날로부터 15일 이내에, 국무회의의 심의를 거친 후, 그 법률안에 이의서를 첨부하여 국회로 환부하여 재의를 요구하여야 한다.

우리 헌법상 대통령의 법률안거부권 행사는 환부거부를 의미한다. 환부거부란 국회가 의결하여 정부에 이송한 법률안을 지정된 기일 안에 대통령이 이의서를 붙여 국회에 환부하고 재의를 요구하는 것을 말한다. 헌법 제53조 제2항은 15일 이내에 환부거부를 인정하고 있으며, 국회가 폐회한 경우에도 환부거부를 인정하고 있다. 다만 법률안 거부에 있어서 일부거부 또는 수정거부는 인정되지 아니한다. 이에 관하여 헌법 제53조 제3항은 "대통령은 법률안의 일부에 대하여 또는 법률안을 수정하여 재의를 요구할 수 없다"라고 규정하고 있다.

환부거부와 구별되는 것으로 미국 헌법에서 인정되는 보류거부(pocket veto)가 있다. 보류거부란 국회의 폐회나 해산으로 인하여 대통령이 지정된 기일 내에 법률안을 국회에 환부할 수 없는 경우에는 대통령이 그 법률안을 거부하기 위하여 법률안을 공포하지 아니한 채 가지고 있으면 법률안이 자동적으로 폐기되는 것을 말한다. 현행 헌법은 보류거부를 인정하고 있지 아니하나, 예외적으로 국회의원의 임기가 만료되어 국회가 종국적으로 폐회된 경우에는 대통령이 법률안을 환부할 국회가 존재하지 아니하므로 이 경우에는 보류거부가 인정된다고 할 수 있다.

대통령이 법률안거부권을 행사하면 국회는 그 법률안을 재의에 회부하고 재적의원 과반수의 출석과 출석의원 3분의 2 이상의 찬성으로 재의결함으로써 그 법률안을 법률로서 확정할 수 있다. 그리고 확정된 법률을 대통령이 5일 이내에 공포하지 아니한 때에는 국회의장이 이를 공포하도록 하고 있다(헌법 제53조 제4항, 제6항).

행정입법에 관한 권한

헌법 제75조에 "대통령은 법률에서 구체적으로 범위를 정하여 위임받은 사항과 법률을 집행하기 위하여 필요한 사항에 관하여 대통령령을 발할 수 있다"라고 하여 대통령의 행정입법권으로서 위임명령과 집행명령 제정권을 규정하고 있다. 대통령의 명령제정권의 행사는 국회가 제정한 법률의 집행행위에 속하면서 행정부의 입법행위에 해당한다.

입헌주의헌법의 권력분립원리와 법치주의에 의거할 때 국회는 법률을 제정하고 행정부는 법률을 집행하는 역할을 담당하며, 법률의 내용에 있어서 국민의 자유와 권리에 관한 사항, 즉 법규사항은 국회가 정립한 법률의 형식으로 규율할 것을 원칙으로 한다. 그러나 오늘날 행정국가화와 복지국가화의 현실에 있어서는 의회 입법의 원칙과 법률에 의한 기본권제한의 원칙을 고수할 수 없게 되고, 법률의 집행과 관련하여 구체화하여야 할 사항은 하위규범인 명령에 위임하는 행정입법을 불가피하게 요청하게 되었다.

행정입법은 그 제정권자를 기준으로 하여 대통령령·총리령·부령으로 나눌 수 있다. 대통령령은 헌법 제75조에 근거하고, 총리령과 부령은 헌법 제95조에 규정되어 있다. 여기의 대통령령과 총리령·부령은 국민의 권리와 의무에 관한 사항을 규율하는 '법규명령'을 의미하며, 법규명령은 다시 위임명령과 집행명령으로 구분된다.[6]

'위임명령'이란 헌법에 근거하고 법률의 구체적이고 개별적인 위임에 의해 발하는 명령을 말한다. 따라서 위임명령은 그 내용과 효력의 발생·상실에서 모법인 법률의 위임규정에 종속되며, 모법이 개정되거나 소멸한 때에는 위임명령도 개정되거나 소멸한다. 다만 위임명령은 법률이 위임한 범위 안에서 법률이 직접 규정하지 아니한 새로운 입법사항도 규정할 수 있으므로 이 점에서 집행명령과 구별된다. 위임의 형식은 개별적·구체적 위임의 형식만을 인정한다. 헌법 제75조 전단에는 "대통령은 법률에서 구체적으로 범위를 정하여 위임받은 사항에 관하여 대통령령을 발할 수 있다"라고 하여 개별적·구체적 위임만을 인정하고 있다(포괄적 위임입법금지의 원칙). 헌법 제75조에 따라 대통령령으로 기본권을 제한하는 경우에는 반드시 그에 관한 법률의 위임이 있어야 하지만, '법률유보의 원칙'의 내용적 요소로서 의회유보의 원칙에 의할 때 국민의 기본권실현에 관련된 본질적 사항은 입법자 스스로 법률로 규율하여야 할 것이다(헌재 1999. 5. 27. 98헌바70).

'집행명령'은 헌법에 근거하여 법률을 집행하는 데 필요한 세칙(細則)을 정하는 명령을 말한다. 법률의 집행은 행정부의 고유권한이지만 이것을 각 행정기관의 재량에 일임한다면 법률의 집행에 있어 혼란과 불균형을 초래할 우려가 있다. 따라서 법률집행에 있어 통일성·형평성·합리성 등을 기하기 위해서는 법률집행에 관한 일반적 준칙을 정할 필요가 있다. 법률의 시행세칙으로서의 일반준칙을 내용으로 하는 것이 바로 집행명령이다. 집행명령은 모법인 법률에 종속되며 모법이 폐지되면 효력을 상실한다. 집행명령은 행정기관과 국민을 다 같이 구속하는 법규명령으로서의 성질을 가진다.

행정입법에 대한 통제

행정입법에 대한 통제로는 행정부 내부의 자율적 통제, 국회에 의한 통제, 법원과 헌법재판소에 의한 사법적 통제 등이 있다. 첫째, 행정부 내부의 자율적 통제와 관련하여 대통령령의 제정에는 국무회의의 심의를 거쳐야 하고 국무총리와 관계국무위원의 부서가 있어야 한다(헌법 제82조). 총리령과 부령의 행정입법에는 최상급행정청인 대통령의 지휘·감독을 받는다. 법제처는 모든 행정입법안에 대해 심사하며, 행정입법의 제정에도 입법예고와 공청회 개최 등 일정한 절차를 거치게 하여 행정입법의 적정성을 도모한다.

둘째, 국회에 의한 행정입법의 통제로는 행정입법의 효력을 소멸시키기 위하여 법률을 제정·개정함으로써 행정입법을 직접 통제하는 방법과 위법·부당한 행정입법에 대한 국정감사·조사 등을 통하여 그 철폐나 개정 등을 촉구할 수 있다. 대통령령 등의 행정입법이 제정·개정 또는 폐지된 때에는 10일 이내에 중앙행정기관의 장은 국회 소관상임위원회에 이를 제출하여야 하며, 상임위원회는 제출된 대통령령·총리령·부령 등 행정입법에 대하여 법률에의 위반여부 등을 검토하여 당해 대통령령 등이 법률의 취지 또는 내용에 합치되지 아니하다고 판단되는 경우에는 소관 중앙행정기관의 장에게 그 내용을 '통보'할 수 있다. 이 경우 중앙행정기관의 장은 통보받은 내용에 대한 처리 계획과 그 결과를 지체 없이 소관 상임위원회에 보고하여야 한다(「국회법」 제98조의2 제1항~제3항).[7]

셋째, 법원에 의한 통제로는 헌법 제107조 제2항의 명령·규칙에 대한 법원의 위헌·위법심사가 있다. 명령·규칙 등의 행정입법이 헌법이나 법률에 위반되는 여부가 재판의 전제가 된 경우에는 대법원은 이를 최종적으로 심사할 수 있으며, 법원은 그 명령·규칙이 위헌·위법이라고 판단될 때에는 그 명령·규칙은 당해 사건에 적용되지 아니한다.

넷째, 헌법재판소에 의한 통제로는 행정입법이 법규명령으로서 국민의 기본권을 직접 침해할 경우에 인정되는 헌법소원심판이 있다. 법률에 대한 위헌심사권이 헌법재판소에 부여된 이상 "통일적인 헌법해석과 규범통제를 위하여" 국회가 제정한 법률, 행정부에서 제정한 시행령이나 시행규칙 및 사법부에서 제정한 규칙 등은 그것들이 별도의 집행행위를 기다리지 않고 직접 기본권을 침해하는 것일 때에는 모두 헌법소원심판의 대상이 될 수 있다. 헌법재판소는 법규명령에 해당하는 대법원규칙의 위헌여부가 당연히 헌법재판소의 관할에 속한다고 판시한 바 있다. 즉 헌법에서 법률의 위헌여부심사권을 헌법재판소에 부여한 이상 통일적인 헌법해석과 규범통제를 위하여 공권력에 의한 기본권침해를 이유로 하는 헌법소원심판청구사건에 있어서 법률의 하위법규인 명령·규칙의 위헌여부심사권이 헌법재판소의 관할에 속함은 당연한 것으로서 헌법 제107조 제2항의 규정이 이를 배제한 것이라고는 볼 수 없으므로 법률의 경우와 마찬가지로 명령·규칙 그 자체에 의하여 직접 기본권이 침해되었음을 이유로 하여 헌법소원심판을 청구하는 것은 위 헌법 규정과는 아무런 상관이 없는 문제라고 판시한 바 있다(헌재 1990. 10. 15. 89헌마178).

행정에 관한 권한

대통령은 행정부의 수반으로서 행정에 관한 최고결정권과 최고지휘권을 가진다. 헌법 제66조 제4항은 "행정권은 대통령을 수반으로 하는 정부에 속한다"라고 하여 대통령이 행정부의 수반이며 최고행정권자임을 규정하고 있다. 대통령은 행정에 관한 최종적인 결정권을 행사하며, 행정부의 모든 구성원에 대하여 최고의 지휘감독권을 행사한다.

대통령은 행정부를 구성하기 위하여 국회의 동의를 얻어 국무총리를 임명하고, 국무총리의 제청으로 국무위원을 임명한다(제86조 제1항, 제87조 제1항). 행정각부의 장은 국무위원 중에서 국무총리의 제청으로 임명한다(제94조). 대통령은 헌법과 법률이 정하는 바에 의하여 공무원을 임면한다(제78조).

대통령의 권한행사에 대한 통제

대통령제에 있어 대통령이 행정에 관한 모든 사항을 그의 권한과 책임하에 처리하는 것이 원칙이므로 대통령은 그 권한을 독자적으로 행사하는 것이 원칙이다. 그러나 그 권한행사는 헌법과 법률이 정한 절차와 방법에 따라야 하고 다른 국가기관에 의한 통제를 받아야 한다.

문서주의와 부서제도

대통령의 권한행사 방법에 관하여 헌법은 문서주의를 규정하고 있다. 대통령의 국법상의 행위는 문서주의(文書主義)에 따라 반드시 문서로써 해야 한다(헌법 제82조). 문서주의의 요구는 대통령의 권한행사의 내용을 명확하게 하여 국민에게 예측가능성과 법적 안정성을 보장하고, 권한행사에 관하여 신중을 기하게 하고 그에 관한 증거를 남기는 데에 그 목적이 있다. 문서에 의하지 아니한 대통령의 국법상 행위는 원칙적으로 효력을 발생하지 아니한다.

대통령의 권한행사는 문서의 형식에 의하여야 할 뿐만 아니라 그 문서에는 국무총리와 관계 국무위원의 부서(副署)가 있어야 한다. 군사에 관한 것도 또한 같다(헌법 제82조). 부서란 대통령의 서명에 이어 국무총리와 관계 국무위원이 서명하는 것을 말한다. 관계 국무위원은 그 사무를 주관하는 행정각부의 장인 국무위원을 말한다. 대통령의 국법상 행위는 부서가 있어야 하며 부서가 없는 대통령의 행위는 적법한 행위가 될 수 없으므로 이 점에서 부서제도는 대통령의 권한행사에 대한 제약이 된다.

부서가 없는 대통령의 국법상 행위의 효력 여부가 문제될 수 있다. 이에 관하여 부서제도는 대통령의 국법상의 행위에 대한 '유효요건'이 아니라 '적법요건'으로 보고, 따라서 부서가 없는 대통령의 국법상 행위는 당연히 무효가 되는 것이 아니라 위법행위가 되며 국회는 이 위법행위를 탄핵소추의 사유로 할 수 있다는 견해가 있으며,[8] 이와 반대로 부서가 없으면 무효라는 견해가 대립하고 있다.[9] 생각건대 부서제도는 부서권자의 보필책임과 함께 기관 내 통제수단으로서의 의미가 있으므로 부서가 없는 대통령의 국법상 행위는 무효로 보는 것이 타당하다(다수설). 다만 대통령이 국무총리와 국무위원의 임면권을 가지고 있는 통치구조하에서 부서제도가 어느 정도 대통령의 독주와 전제를 방지하는 기능을 할 수 있는지에 관해서는 의문이 있다.

국무회의의 심의

대통령은 헌법 제89조에 열거된 권한을 행사하기 위해서는 사전에 국무회의의 심의를 거쳐야 한다. 대통령과 행정부의 권한에 관한 중요사항은 헌법 제89조에 열거되어 있지만 동조 제17호에서 "기타 대통령·국무총리 또는 국무위원이 제출한 사항"이라고 규정하고 있으므로 대통령과 행정부의 권한에 속하는 사항은 사실상 거의 모두 포함된다고 볼 수 있다. 국무회의는 의결기관이 아니라 심의기관에 불과하기 때문에 심의의 결과가 대통령을 구속하는 것은 아니다. 국무회의의 심의를 거치지 않는 사항에 대해서는 그 효력이 문제되는데, 부서제도의 경우와 마찬가지로 무효로 보는 것이 절차적 정당성의 확보라는 관점에서 타당하다고 할 수 있다.

그 밖에 대통령의 일정한 권한행사에는 국회의 사전동의 또는 사후승인을 얻어야 하며, 각종 자문기관의 자문을 거칠 수 있다. 국가안전보장에 관한 정책을 수립함에 있어 대통령은 국무회의의 심의에 앞서 국가안전보장회의의 자문을 거칠 수 있으며(헌법 제91조 제1항), 그 밖의 자문기관들에 대해서도 대통령의 재량적 판단에 따라 자문을 거칠 수 있다. 자문기관의 의견은 대통령을 구속하지는 못한다.

기관 외부적 통제

기관 외부적 통제로는 첫째, 국민에 의한 통제로서 여론에 의한 통제가 있으며 최후의 비상적 수단으로 국민의 저항권 행사가 있다. 또한 외교·국방·통일 기타 국가안위에 관한 주요 정책 결정에 대한 국민투표도 주요한 통제기능을 수행할 수 있다. 둘째, 정당에 의한 통제로서, 특히 야당에 의한 비판과 국민에의 호소 등은 대통령의 권한행사에 대한 실효성 있는 통제가 된다. 셋째, 국회에 의한 통제이다. 대통령의 권한행사에 대한 국회의 동의권과 승인권뿐만 아니라 국정조사·감사권, 탄핵소추권, 국무총리와 국무위원에 대한 해임건의권 행사 등은 권력분립에 입각한 주요한 통제수단이 된다. 넷째, 법원에 의한 통제로서, 대통령의 명령이 헌법이나 법률에 위배된다고 판단되는 때에는 법원은 재판에 있어 그 명령의 적용을 거부할 수 있고, 처분이 헌법이나 법률에 위배되는 경우에는 그 무효를 확인하거나 취소할 수 있다(헌법 제107조 제2항). 다섯째, 헌법재판소에 의한 통제로서, 대통령에 대한 탄핵심판을 비롯하여 위헌정당해산심판, 권한쟁의심판 및 대통령이 체결한 조약과 긴급명령에 대한 위헌심판 등을 통하여 대통령의 권한행사를 통제할 수 있다. 그 밖에 법규명령의 성격을 가지는 대통령령에 대한 헌법소원심판을 통해서도 대통령의 권한행사를 통제할 수 있다.

주

1) 현재 대통령 단임제를 채택하고 있는 국가는 멕시코와 필리핀의 6년 단임제가 대표적인 사례이며, 아르헨티나는 헌법개정으로 단임제에서 중임제로 변경하였다.

2) 정종섭, 『헌법학원론』, 박영사, 2014, 1215면.

3) 양건, 『헌법의 이름으로』, 사계절, 2018, 16면.

4) 대통령이 내란 또는 외환의 죄를 범했을 때 재직 중에도 형사소추가 가능하고 따라서 재직 중 공소시효가 진행된다고 해석하는 경우, 김영삼 정부에 들어 전두환, 노태우 등 두 전직 대통령을 내란 또는 외환의 죄 혐의로 기소하는 것이 공소시효의 완성으로 불가능해지는 문제가 제기되었다. 이에 따라 1995년 12월 21일 「5·18민주화운동 등에 관한 특별법」을 제정하여 1979년 12월 12일과 1980년 5월 18일을 전후하여 발생한 헌정질서파괴범죄행위에 대해 국가의 소추권행사의 장애 사유가 존재한 기간으로 보아 공소시효의 진행이 정지된 것으로 본다고 규정하였다. 이 특별법의 위헌 여부에 대하여 헌법재판소는 "집권 과정에서의 불법적 요소나 올바른 헌정사의 정립을 위한 과거청산의 요청에 비추어 볼 때 비록 특별법이 개별사건법률이라고 하더라도 입법을 정당화할 수 있는 공익이 인정될 수 있으므로 헌법에 위반되지 않는다"고 판시하였다. 헌재 1996. 2. 16. 96헌가2등.

5) 법률안거부권(the veto power)은 미국 헌법의 대통령제에 의해 채택된 것으로 미국 헌법 제정 당시 헌법 제정자들의 법률안거부권의 인정 근거로는 첫째, 의회의 자의적 입법으로 인한 행정권의 침해를 막기 위한 '행정부의 자기방위의 수단'으로서, 둘째는, 헌법의 수호자로서 대통령이 위헌적인 법률의 제정을 사전적으로 통제하기 위한 '헌법수호'의 필요성을 제시하였으며, 정책판단을 이유로 거부권을 행사하는 것은 고려에 넣지 않은 것으로 해석되어 왔다. 미국의 대통령들은 초기에는 법률안거부권을 최소한으로 행사하였으나 제10대 테일러 대통령은 빈번하게 거부권을 행사함으로써 의회로부터 탄핵소추의 압박을 받기도 했지만 실제 탄핵소추는 이루어지지 않았다. 그 후 대통령의 거부권이 그의 정책수행 수단으로 행사되는 관행이 발달하게 된 것은 프랭클린 루스벨트 대통령 시기이다. 이때부터 대통령은 어떠한 이유에서도 거부권을 행사할 수 있다고 하여 거부권 행사 이유의 제한이 철폐되었고 의회와 국민도 이와 같은 생각에 대해 헌법상 문제가 되지 않는다고 보았다. 루스벨트는 역대 대통령 중 가장 많은 거부권을 행사하였는데, 미국 헌법 시행 후 그의 3차 임기 말인 1944년에 이르기까지 행사된 총 1,635회의 거부권 중에서 505회의 거부권을 행사하였다. 미국 대통령의 법률안거부권에 관해서는 정만희, 『헌법과 통치구조』, 법문사, 2003, 291면 이하 참조.

6) 법규명령이란 행정기관이 헌법에 근거하여 국민의 권리와 의무에 관한 사항을 규정하는 것으로 대국민적 구속력을 가지는 법규적 명령을 말한다. '법규적'이라 함은 그 내용이 일반적·추상적 규정이어서 일반적 구속력을 가진다는 의미이다. 헌법은 법률의 하위규범으로서 법규명령에 관하여 여기의 대통

령령과 총리령·부령뿐만 아니라 국회규칙, 대법원규칙, 헌법재판소규칙, 중앙선거관리위원회규칙 등을 규정하고 있다.

7) 국회는 행정입법에 대한 국회통제의 실효성을 높이기 위해 2015년 5월 「국회법」 제98조의2 제3항의 개정을 시도한 바 있다. 즉 소관 중앙행정기관의 장이 제출한 대통령령·총리령·부령 등 행정입법이 법률의 취지 또는 내용에 합치되지 아니한다고 판단되는 경우 상임위원회는 소관 중앙행정기관의 장에게 수정·변경을 요구할 수 있도록 하고, 이 경우 중앙행정기관의 장은 수정·변경을 요구받은 사항을 처리하고 그 결과를 소관상임위원회에 보고하도록 규정한 개정안이 국회 본회의에서 통과되었다. 그러나 이 개정안에 대해 정부의 행정입법권을 침해하고 행정입법에 대한 사법적 통제권을 침해하는 것이 아닌가의 논란이 제기되었고 결국 대통령의 법률안거부권 행사에 의해 이 개정안은 폐지되었다.

8) 권영성, 『헌법학원론』, 법문사, 2010, 1016면.

9) 김철수, 『헌법학개론』, 박영사, 2007, 582면; 성낙인, 『헌법학』, 법문사, 2019, 1045면; 양건, 『헌법강의』, 법문사, 2021, 968면.

제2장
행정부

국무총리제

　현행 헌법은 대통령제를 채택하고 있으면서 의원내각제적 요소로 간주되는 국무총리제를 두고 있는 것이 특징이다. 그러나 한국 헌법상 국무총리제는 의원내각제에서의 실질적 행정권을 행사하는 수상과 구별되며 대통령제에서의 부통령이나 국무장관과도 구별되지만 이러한 수상이나 부통령 또는 국무장관의 지위나 기능을 부분적으로 수행하는 점에서 독특한 성격을 갖는 제도이다. 국무총리는 대통령의 보좌기관으로서 대통령의 명을 받아 행정각부를 통할하며, 대통령의 궐위나 사고 시 대통령권한대행자의 지위를 가진다. 국무총리는 대통령을 대신하여 국회에 출석하여 국정처리상황을 보고하거나 의견을 진술하고 질문에 응답함으로써 의회와 행정부 간의 협력관계를 유지하는 기능을 담당하기도 한다.

　대통령제를 기본으로 하면서 의원내각제적 요소로서 국무총리제를 도입하게 된 것은 우리나라 헌법제정 과정에서 일어난 정치적 타협의 산물로, 혼합형 정부형태를 채택하였다는 데에서 그 역사적 배경을 찾을 수 있다.

국무총리의 헌법상 지위와 권한

대통령의 보좌기관

헌법상 국무총리는 독자적으로 실질적인 행정권을 행사하지 못하고 대통령을 보좌하는 대통령보좌기관으로서의 지위를 가진다. 국무총리는 행정에 관하여 대통령을 보좌하기 위하여 대통령의 명을 받아 행정각부를 통할하며(제86조 제2항), 행정부의 권한에 속하는 중요정책을 심의함에 있어 국무회의 부의장으로서 대통령을 보좌하고(제88조 제3항), 대통령의 모든 국법상의 행위에 부서한다(제82조). 국무총리의 부서행위는 대통령에 대한 보필책임으로서의 성격을 지닌다.

대통령의 권한대행자

국무총리는 대통령이 궐위되거나 사고로 인하여 직무를 수행할 수 없을 경우 제1순위의 권한대행자의 지위를 가진다(제71조). 따라서 대통령의 유고 시에는 국무총리가 대통령의 권한을 대행하고 국무회의에서도 의장의 권한을 대행한다. 특히 대통령의 궐위 시 국무총리가 일정기간 대통령의 권한대행을 하는 것은 미국 대통령제에 있어서 대통령 궐위 시 부통령이 즉각 대통령직을 승계하는 제도와는 본질적으로 구별된다. 국무총리의 임명에 국회의 동의를 얻도록 한 것은 국민에 의해 선출되지 않은 국무총리가 대통령권한대행자의 지위를 갖기 때문에 그 지위에 대한 최소한의 민주적 정당성을 부여하기 위한 것이라 할 수 있다.[1]

행정부의 제2인자로서의 지위

국무총리는 행정부의 제2인자 지위를 가진다. 국무총리는 대통령의 명을 받아 행정각부를 통할하고, 국무회의의 부의장이 된다. 국무총리는 국무위원의 임명과 행정각부의 장의 임명을 대통령에게 제청하고 국무위원의 해임을 대통령에게 건의할 수 있다(제87조 제1항, 제3항). 국무위원의 부서는 대통령이 하는 관계 국무행위에 대해서만 행해지는 데 반해 국무총리는 대통령의 모든 국무행위에 대해 부서하는 것도 행정부의 제2인자 지위에서 인정되는 역할이다.

국무총리는 각급 행정관청과의 관계에서 상급 행정관청으로서의 지위를 가진다. 국무총리는 대통령의 명을 받아 상급 행정관청으로서 행정각부를 통할하며, 국무총리의 권한으로는 중앙행정기관의 장을 지휘·감독하고, 그 명령이나 처분이 위법 또는 부당하다고 인정할 때에는 대통령의 승인을 얻어 이를 중지하거나 취소할 수 있다(「정부조직법」 제18조). 그 밖에 국무총리는 행정각부와 동등한 지위를 가지는 독임제 행정관청으로서 그 소관사무를 처리한다. 국무총리는 행정각부의 사무를 기획·조정하는 업무와 특정의 부에 속하게 할 수 없는 성질의 사무를 그 소관사무로 한다. 국무총리가 특별히 위임하는 사무를 수행하기 위하여 부총리 2명을 두며 부총리는 기획재정부장관과 교육부장관이 각각 겸임한다. 기획재정부장관은 경제정책에 관하여, 교육부장관은 교육·사회 및 문화 정책에 관하여 국무총리의 명을 받아 관계 중앙행정기관을 총괄·조정한다(동법 제19조). 국무총리의 직무를 보좌하기 위하여 국무총리 산하에 국무조정실과 국무총리비서실을 두며, 국무총리 소속기관으로서 인사혁신처, 법제처, 식품의약품안전처를 두고 있다(동법 제3장).

국무총리의 권한

국무총리의 헌법상 지위에 상응하여 국무총리는 대통령권한대행권을 행사하며, 국무위원과 행정각부의 장의 임면관여권, 국무회의의 심의·의결권, 대통령의 국무행위에 대한 부서권, 행정각부의 통할·감독권, 국회에의 출석·발언권을 가진다. 국무총리는 또한 헌법 제95조에 근거하여 총리령(總理令)을 발할 권한을 가진다. 총리령에는 법률이나 대통령령의 위임에 의한 위임명령과 직권으로 발하는 집행명령인 직권명령 및 행정명령이 있다. 위임명령과 직권명령(집행명령)은 국민의 권리·의무사항을 규정할 수 있는 법규명령을 의미하지만, 행정명령은 국민의 권리·의무를 규율하지 아니하고 행정기관 내부에서만 효력을 가지는 행정규칙 내지 행정내규의 성격을 가진다. 국민의 권리·의무를 규율하는 법규명령은 헌법에 그 근거가 반드시 있어야 하지만 비법규명령인 행정명령은 헌법에 그에 관한 근거를 필요로 하지 않는다.

국무총리의 임명

국무총리는 국회의 동의를 얻어 대통령이 임명한다(헌법 제86조 제1항). 대통령이 국무총리임명동의안을 국회에 제출하면 국회는 15일 이내에 인사청문회를 마쳐야 하고 임명동의안이 제출된 지 20일 이내에 동의 여부를 본회의의 표결에 붙여야 한다. 국무총리임명동의는 국회 재적의원 과반수의 출석과 출석의원 과반수의 찬성으로써 한다.

대통령이 국무총리를 임명하는 데 있어 국회의 동의를 얻도록 한 것은 다음과 같은 의의와 성격을 가진다. 첫째, 국회의 동의권은 행정부에 대한 국회의 견제수단을 의미한다. 대통령의 고위공무원임명에 있어서 국회의 동의를 규정한 것은 대통령제 정부형태에서 의회와 정부 간의 견제와 균형이라는 권력분립원리의 적용을 의미한다. 둘째, 국무총리의 임명에 대한 국회의 동의는 다른 헌법기관의 구성에 있어 국회의 동의를 구하는 것과 마찬가지로 헌법기관의 구성을 국회와 정부의 합성행위로 이루어지게 함으로써 양자의 협력관계를 유지시키는 것이 된다. 셋째, 대통령권한대행자의 지위를 가지는 국무총리는 미국의 부통령처럼 국민에 의해 선출되는 자가 아니므로 그 대통령권한대행자에게 결여된 국민 대표성과 민주적 정당성을 최소한 충족시키기 위해 국민 대표기관인 국회의 동의를 얻도록 한 것이다. 국회의 동의 없이 대통령이 국무총리를 임명하는 경우에 그 국무총리가 대통령권한대행자가 된다면 민주적 정당성이 결정적으로 결여된 통치구조가 출현하게 되는 중대한 결함이 나타나기 때문에, 국회의 동의절차가 필수적으로 요구되는 것이다. 따라서 국회의 동의를 얻지 아니한 '국무총리서리'를 임명하는 것은 위헌을 면할 수 없다.

'국무총리서리' 임명은 위헌이다

헌법재판소는 국무총리 임명동의안의 처리가 국회에서 무산된 후 대통령이 국회의 동의 없이 국무총리서리를 임명한 데 대하여 다수당 소속 국회의원들이 국회 또는 자신들의 권한침해를 주장하며 권한쟁의심판을 청구한 사건에서 각하결정을 내린 바 있다. 즉 국회의원이 국회에서 심의·표결권한을 행사하는 것은 국회의원들 상호 간 또는 국회의원과 국회의장 사이에서만 직접적인 법적 연관성을 가질 뿐 국회의원과 대통령 등 국회 이외의 다른 국가기관과 사이에서는 아무런 직접적인 법적 연관성을 가지지 아니하므로, 대통령이 국회의 동의를 얻지 아니하고 국무총리서리를 임명한 행위가 국회에 대한 관계에서 국무총리의 임명에 관한 국회의 동의권한을 침해한 것인지의 여부는 별론으로 하고, 국회의원인 청구인들과의 관계에서 국무총리 임명동의안에 관한 청구인들의 심의·표결권한의 행사를 불가능하게 하거나 방해함으로써 그 권한을 침해할 가능성이 있다고 볼 수 없다는 것이다(헌재 1998. 7. 14. 98헌라1).[2]

그러나 대통령의 국무총리서리 임명행위는 헌법 제86조 제1항에 위배되고 권력분립원리에도 반하는 것으로 위헌이라 하지 않을 수 없다. 학계의 지배적 견해도 위헌설을 취하고 있다.[3] 위 헌법재판소 권한쟁의심판 사건에서도 재판관 3인은 반대의견을 통해 국회의 동의 없는 국무총리서리 임명은 명백히 위헌이라고 밝힌 바 있다. 즉 헌법 제86조 제1항에 따라 "대통령이 국무총리를 임명함에 있어서는 '반드시 사전에' 국회의 동의를 얻어야 함을 분명히 밝히고 있다. 이는 법문상 다른 해석의 여지 없이 분명하고, 이에 더하여 헌법이 국무총리의 임명에 관하여 규정하고 있는 국회동의제도의 취지를 고려하여 보면 국무총리 임명은 대통령의 단독행위에 국회가 단순히 부수적으로 협력하는 것에 그치지 아니하고 국회가 대통령과 공동으로 임명에 관여하는 것이라고 보아야 한다. 그러므로 국회의 동의는 국무총리 임명에 있어 불가결한 본질적 요건으로서 대통령이 국회의 동의 없이 국무총리를 임명하였다면 그 임명행위는 명백히 헌법에 위배되고, 이러한 법리는 국무총리 대신 국무총리'서리'라는 이름으로 임명하였다고 하여 달라지는 것이 아니다."(헌재 1998. 7. 14. 98헌라1)

국무위원과 국무회의

국무위원은 헌법상 국정에 관하여 대통령을 보좌하며 국무회의의 구성원으로서 국정을 심의한다(제87조 제2항). 국무위원은 정무직으로 하며 국무회의 의장에게 의안을 제출하고 국무회의의 소집을 요구할 수 있다(「정부조직법」 제12조 제3항). 국무위원들은 국무회의의 구성원으로서 동등한 지위를 가지며, 법적으로 대통령이나 국무총리와도 동등한 지위를 가진다.

국무위원은 국무총리의 제청으로 대통령이 임명한다. 국무위원의 수는 15인 이상 30인 이하로 한다(제88조 제2항). 국무위원은 국회의원을 겸할 수 있다. 행정각부의 장은 국무위원 중에서 국무총리의 제청으로 대통령이 임명한다. 국무총리는 국무위원의 해임을 대통령에게 건의할 수 있으며, 국회도 국무위원의 해임을 건의할 수 있다.

국무위원은 대통령의 궐위나 사고로 인하여 직무를 수행할 수 없는 때에는 국무총리에 이어 법률이 정하는 국무위원의 순으로 대통령의 권한을 대행한다(제71조). 국무위원은 국무회의의 소집요구·심의 및 의결권을 가지며 대통령의 국무행위에 대한 부서권, 국회출석·발언권 등을 행사한다.

정부의 최고심의기관이며 독립된 합의제 기관

우리 헌법은 대통령제원리를 기본으로 하면서도 국무회의제를 채택하고 있는 것이 특징이다. 국무회의는 의원내각제의 내각과도 구별되며 미국형 대통령제에서의 각료회의와도 구별되는 것으로서, 행정부의 권한에 속하는 주요 정책을 심의하는 필수적 기관으로 규정하고 있다. 국무회의는 헌법상 필수적 기관이므로 헌법개정에 의하지 않고서는 폐지할 수 없다.

국무회의는 행정부의 권한에 속하는 주요 정책에 관한 심의기관을 의미한다. 국무회의는 의원내각제의 내각과 같은 의결기관이 아니며, 현행 헌법 제89조에 열거된 사항은 반드시 그 심의를 거쳐야 한다는 점에서 대통령의 각료회의와 같은 단순한 자문기관도 아니다. 이 점에서 국무회의는 의결기관과 자문기관의 중간적 성격을 띠는 정책심의기관에 해당한다. 또한 국무회의는 대통령도 국무회의의 일원이 된다는 점에서 행정부 내에서의 최종적인 최고정책심의기관을 의미한다.

국무회의는 대통령을 의장으로 하고 국무총리를 부의장으로 하지만 대통령과 국무총리는 국무회의에서는 여러 구성원 중의 일원에 불과하다. 그러므로 국무회의는 독립된 합의제기관을 의미하며 대통령의 소속기관이 아니다. 합의제 기관으로서 국무회의는 대통령도 국무위원과 마찬가지로 동등한 지위를 가진다. 국무위원이 사실상 대통령에 종속되는 것은 별개 문제로 하고 국무회의에서 국무위원은 대통령의 지휘나 명령을 받지 아니한다.

국무회의의 심의사항

국무회의는 의장인 대통령이 소집한다. 국무회의는 구성원 과반수의 출석으로 개의하고 출석구성원 3분의 2 이상의 찬성으로 의결한다(국무회의규정 제6조). 국무회의는 정부의 권한에 속하는 중요정책을 심의사항으로 한다. 특히 헌법 제89조 제1호에서 제16호까지 규정된 사항은 어느 기관의 관할에 속하는 것이든 반드시 국무회의의 심의를 거쳐야 한다. 그리고 89조 제17호는 "기타 대통령·국무총리 또는 국무위원이 제출한 사항"도 국무회의의 심의를 거치도록 하고 있기 때문에 대통령·국무총리 또는 국무위원이 집행부의 권한에 속하는 중요한 정책사항이라고 판단하는 것은 그 모두가 국무회의의 심의대상이 된다. 그러므로 국무회의의 심의사항에는 사실상 제한이 거의 없다고 할 수 있다.

대통령이 헌법 제89조에 열거된 국무회의의 심의를 거쳐야 하는 사항을 거치지 아니하고 행한 국법상 행위에 대해서는 그 효력이 문제될 수 있다. 이에 관하여 국무회의의 성격이 의결기관이 아니라 대통령의 정책결정을 보좌하는 심의기관을 의미하므로 국무회의의 심의절차는 효력발생요건이 아니라 적법요건으로 보는 견해가 있으며, 국무회의의 심의는 행정부 내부의 통제수단을 의미하므로 심의를 거치지 않은 대통령의 국법상 행위는 무효라고 보는 견해가 있다. 국무회의의 심의절차는 부서제도와 마찬가지로 기관 내부적 통제수단에 해당하므로 심의를 거치지 않은 국무행위는 무효로 보는 것이 절차적

정당성의 확보라는 관점에서 타당하다고 할 것이다.[4]

행정각부

　행정각부는 대통령을 수반으로 하는 행정부의 구성단위로서 대통령과 행정부의 권한에 속하는 사항을 집행하는 중앙행정기관을 말한다. 국무총리는 대통령의 명을 받아 행정각부를 통할한다(헌법 제86조 제2항). 행정각부는 기본적으로 대통령선거 결과 정부가 교체됨에 따라「정부조직법」의 개정으로 그 변경이 이루어진다. 이명박 정부 당시인 2010년 행정각부는 15개 부로 규정하였으나, 박근혜 정부에서는 2013년 행정각부를 17개로 규정하였다. 문재인 정부의 행정각부는 기존 17부에서 18부로 늘어났으며, 윤석열 정부에 들어와 종전의 국가보훈처가 국가보훈부로 승격하여 19개 부로 다시 증가하게 되었다. 19개의 각부는 기획재정부, 교육부, 과학기술정보통신부, 외교부, 통일부, 법무부, 국방부, 행정안전부, 국가보훈부, 문화체육관광부, 농림축산식품부, 산업통상자원부, 보건복지부, 환경부, 고용노동부, 여성가족부, 국토교통부, 해양수산부, 중소벤처기업부로 구성되어 있다. 행정각부 외에 처(인사혁신처, 법제처, 식품의약품안전처)는 국무총리 소속의 중앙행정기관이며 행정각부는 아니다(동법 제22조의2~제25조). 그리고「정부조직법」은 대통령의 직무를 보좌하기 위한 대통령비서실과 국가안보실을 두고 있으며, 대통령의 경호를 담당하기 위한 대통령경호처를 따로 설치하고 있다. 그 밖에 국가안전보장에 관련되는 정보·보안 및 범죄수사에 관한 사무를 담당하기 위하여 대통령 소속으로 국가정보원을 두고 있다(동법 제14조~제17조).

행정각부의 장은 중앙행정기관으로서 법률이 정한 소관사무에 관한 결정·집행권을 가진다. 행정각부의 장은 소관사무를 통할하고 소속 공무원을 지휘·감독하며, 소관사무에 관하여 지방행정의 장을 지휘·감독한다(동법 제7조, 제26조 제3항). 그리고 행정각부의 장은 소관사무에 관하여 법률이나 대통령령의 위임 또는 직권으로 부령(部令)을 발할 수 있다(헌법 제95조). 그 밖에 소속 공무원(5급 이상)에 대한 임용제청권과 임용권을 가지며(『국가공무원법』 제32조 제1항, 제2항), 국무총리 직무대행권을 갖는다(『정부조직법』 제22조).

감사원

현행 헌법상 감사원(監査院)은 국가의 세입·세출의 결산, 국가 및 법률이 정한 단체의 회계검사와 행정기관 및 공무원의 직무에 관한 감찰을 목적으로 대통령 소속 하에 설치된 헌법기관을 의미한다(제97조). 감사원의 헌법상 지위로는 첫째, 대통령 소속 하의 기관이다. 감사원은 행정부에 속하는 헌법상의 기관으로 대통령 직속 하에 있다. 따라서 국무총리의 통할을 받지 아니한다. 둘째, 감사원은 독립기관이다. 감사원은 대통령 소속 하에 있지만 그 직무에 관해서는 독립의 지위를 가진다. 따라서 감사원 소속 공무원의 임면, 조직 및 예산의 편성에 있어서는 감사원의 독립성이 최대한 존중되어야 한다(『감사원법』 제2조 제1항, 제2항).

셋째, 감사원은 국가의 세입·세출의 결산검사, 회계검사 및 행정기관과 공무원의 직무감찰권을 갖는 헌법상의 필수기관이다. 다만 감사원이 회계검사권과 직무감찰권을 독점하는 것은 아니며, 국회도 국정조사권과 감사권을 통하여 회계검사와 직무감찰기능을 수행할 수 있고 행정기관들도 내부적으로 감찰기구를 통해 감찰기능을 수행한다.

감사원은 원장을 포함한 5인 이상 11인 이하의 감사위원으로 구성한다. 감사원장은 국회의 동의를 얻어 대통령이 임명하고, 그 임기는 4년이며 1차에 한하여 중임할 수 있다. 감사위원은 원장의 제청으로 대통령이 임명하고, 그 임기는 4년으로 하며 1차에 한하여 중임할 수 있다(헌법 제98조). 감사원의 조직·직무범위·감사위원의 자격·감사대상 공무원의 범위 기타 필요한 사항은 「감사원법」에서 규정하고 있다. 「감사원법」에 의하면 감사원은 원장을 포함한 7명의 위원으로 구성한다(동법 제3조). 감사원의 독립성을 보장하기 위하여 감사위원은 일정한 공직을 겸할 수 없고, 영리사업을 할 수 없으며(동법 제9조), 정당에 가입하거나 정치운동에 관여해서는 안 된다(동법 제10조). 또한 감사위원의 신분보장을 위하여 감사위원은 탄핵결정이나 금고 이상의 형의 선고를 받은 때, 또는 장기의 심신쇠약으로 직무를 수행할 수 없는 때가 아니면 그 의사에 반하여 면직당하지 아니한다(동법 제8조).

결산·회계검사권

감사원은 국가의 세입·세출의 결산검사권과 국가·지방자치단체 및 법률이 정하는 단체의 회계검사권을 가진다(헌법 제97조, 「감사원법」 제21조). 감사원은 회계를 상시 검사·감독할 수 있으며(「감사원법」 제20조),

세입·세출의 결산을 매년 검사하여 대통령과 차년도 국회에 보고하여야 한다(헌법 제99조). 국회는 감사원에 대하여 사안을 특정하여 감사를 청구할 수 있다(「국회법」 제127조의2).

직무감찰권

감사원은 행정기관과 공무원의 직무에 관한 감찰권을 가진다. 「감사원법」은 직무감찰의 범위에 관하여 "정부조직법 및 그 밖의 법률에 따라 설치된 행정기관의 사무와 그에 소속된 공무원의 직무"를 비롯하여 지방자치단체의 사무와 그에 소속한 지방공무원의 직무, 감사원의 회계 대상이 되는 공공기관과 직원의 직무 등을 규정하고 있다(동법 제24조 제1항, 제2항). 다만 공무원의 직무감찰 대상에서 국회·법원·헌법재판소 소속 공무원은 제외하고 있다(동법 제24조 제3항). 또한 국무총리로부터 국가기밀에 속한다는 소명이 있는 사항 및 국방부장관으로부터 군기밀이거나 작전상 지장이 있다는 소명이 있는 사항은 감찰할 수 없다(동법 제24조 제4항).

감사원은 감사결과와 관련하여 변상책임 유무의 판정권, 징계·문책의 요구권, 시정·주의 등의 요구권, 법령·제도·행정의 개선요구권, 수사기관에의 고발권, 재심의청구처리권 등을 행사한다(동법 제31조~제39조).

선거관리위원회

행정부로부터 독립된 합의제 헌법기관

선거관리위원회는 선거와 국민투표의 공정한 관리와 정당에 관한 사무를 처리하는 헌법상 필수적 합의제기관이며 독립기관이다. 선거관리위원회는 헌법상 독립적 기관이므로 위원의 신분이 보장되고, 대통령도 그 직무에 관여할 수 없다. 선거나 국민투표의 관리는 그 성질상 행정작용에 속하지만 그 관리를 전적으로 행정부의 관할 하에 두면 선거나 국민투표의 자유롭고 공정한 실시를 기대하기 어렵기 때문에 헌법은 선거관리위원회를 행정부로부터 독립한 헌법기관으로 규정하게 된 것이다. 우리 헌법에서 중앙선거관리위원회를 최초로 규정한 것은 1960년 헌법이다. 이승만 정부의 3·15 부정선거에 대한 헌정사적 반성에서 선거관리를 공정하게 하기 위하여 제2공화국헌법은 중앙선거관리위원회의 설치를 명문화하였다(제75조의2). 현행 헌법상 중앙선거관리위원회는 9인의 위원으로 구성하는데, 대통령이 임명하는 3인, 국회에서 선출하는 3인과 대법원장이 지명하는 3인의 위원으로 구성하며 위원장은 위원 중에서 호선한다(제114조 제2항).[5] 위원의 임기는 6년으로 하며(연임에 관해서는 제한이 없음), 위원은 정당가입이나 정치활동이 금지된다(제114조 제3항, 제4항).

선거관리위원회는 합의제기관이므로 구성원의 합의로써 업무를 처리하며, 합의에 있어서 위원장을 포함한 위원은 모두 동등한 지위를 가진다. 「선거관리위원회법」에 의해 선거관리위원회는 중앙선거관리위원회 밑에 서울특별시·광역시·도선거관리위원회, 구·시·군선거관리위원회, 읍·면·동선거관리위원회로 구성한다(동법 제2조 제1항). 각급 선거관리위원회는 위원 과반수의 출석으로 개의하고 출석위원 과반수의 찬성으로 의결한다. 위원장도 표결권을 가지며 가부동수의 때에는 위원장이 결정권을 가진다(동법 제10조 제1항, 제2항).

중앙선거관리위원회의 사무

중앙선거관리위원회는 선거운동을 관리하고 투표와 개표, 당선자의 확정 등 선거관리사무와 국민투표의 실시에 관한 사무를 담당한다. 각급선거관리위원회는 선거인명부의 작성 등 선거사무와 국민투표사무와 관련해 관계 행정기관에 필요한 지시를 할 수 있고, 국가기관 또는 지방자치단체에 대하여 소속 공무원의 파견근무를 요청할 수 있다. 또한 직무수행상 필요한 때에는 관계 행정기관에 사무협조를 요청할 수 있고 이러한 요청을 받은 당해 행정기관은 이에 응해야 한다(헌법 제115조, 선관위법 제16조).

중앙선거관리위원회는 또한 「정당법」에 따른 정당에 관한 사무를 담당한다. 선거관리위원회는 정당의 창당준비위원회결성신고, 등록 및 등록취소 등에 관한 사항을 관리한다(「정당법」 제8조, 제11조 등). 그 밖에 중앙선거관리위원회는 「정치자금법」에 의한 정치자금의 기탁과 기탁된 정치자금 및 국고보조금을 각 정당에 배분하는 사무를 담당한다(「정치자금법」 제22조~제30조).

중앙선거관리위원회는 법령의 범위 안에서 선거관리·국민투표관리 또는 정당사무에 관한 규칙을 제정할 수 있으며, 법률에 저촉되지 아니하는 범위 안에서 내부 규율에 관한 규칙을 제정할 수 있다(헌법

제114조 제6항). 따라서 중앙선거관리위원회는 법규명령으로서의 규칙과 행정명령으로서의 규칙을 모두 제정할 수 있다.

각급선거관리위원회는 선거권자의 주권자의식의 앙양을 위하여 항상 계몽을 실시하여야 한다. 특히 선거 또는 국민투표를 실시할 때에는 그 주관하에 문서·도화·시설물·신문·방송 등의 방법으로 투표방법·기권방지 기타 선거 또는 국민투표에 관하여 필요한 계도를 실시하여야 한다(「선거관리위원회법」 제14조).

주

1) 이에 관한 상세한 내용은 정만희, 『헌법과 통치구조』 법문사, 2003, 226면 이하 참조.

2) 이 사건에서 재판관 3인(김문희, 이재화, 한대현)의 반대의견은 이 사건 청구인들인 국회의원들의 권한쟁의심판청구의 자격이 인정된다고 하였다. 즉 "국회는 국회의원으로 구성되는 합의체 기관으로서 국회의 의사는 결국 표결 등으로 나타나는 국회의원들의 의사가 결집된 것이므로, 헌법 제86조 제1항에 규정된 국무총리 임명에 대한 국회의 동의권한은 그 속성상 필연적으로 국무총리 임명동의안에 대한 국회의원들의 표결권한을 내포하고 있다. 그렇다면 청구인들은 국회를 구성하는 국회의원으로서 이 사건 임명처분으로 국무총리 임명에 관한 국회의 동의권한 및 자신들의 국무총리 임명동의안에 대한 표결권한을 동시에 침해받았다고 주장하면서 권한쟁의심판을 청구할 자격이 있다. 청구인들이 다수당의 구성원으로서 스스로 이 사건 임명동의안을 처리할 수 있는지 여부는 이미 행해진 이 사건 임명처분이 청구인들의 권한을 침해하였는지 여부와는 직접적인 관련이 없다. 따라서 청구인들이 장차 이 사건 임명동의안을 부결시켜 청구외 김종필을 국무총리로 재직하지 못하게 할 수 있다고 하더라도 그것과는 별도로 이 사건 임명처분에 의한 권한침해를 다툴 이익이 있다."

3) 국무총리서리 임명의 위헌론에 관해서는 정만희, '국회의 국무총리임명동의권', 금랑 김철수 교수 정년기념논문집 『한국헌법학의 현황과 과제』 1998, 793면 이하.

4) 양건, 『헌법강의』 법문사, 2021, 983면.

5) 선거관리의 중립성과 독립성의 측면에서 볼 때 중앙선거관리위원회의 구성에 대통령과 국회, 대법원장이 관여하는 것은 바람직하지 않다는 지적이 있으며, 위원장을 호선하도록 하면서 관례상 대법관을 위원장으로 하는 것도 적절하지 않다는 지적이 있다. 김학성, 『헌법학원론』 피엔씨미디어, 2018, 1076면.

제1장
법원

제2장
헌법재판소

제3장
탄핵심판제도

제4부 사법부와 헌법재판

제1장

법원

비정치적·중립적 권력으로서 사법권

헌법상 국가기관은 권력분립원리에 기초하여 입법부, 행정부, 사법부로 구성된다. 입법부와 행정부는 정치적 권력기관을 의미하기 때문에 부당한 입법이나 자의적 권력행사로써 국민의 기본권을 침해할 가능성이 있다. 그러나 사법부는 정치적 권력으로부터 독립하여 국민의 자유와 권리를 보장하는 국가기관으로서 중립적 권력의 지위를 가진다. 몽테스키외(Montesquieu)의 권력분립론에 의하면 입법권과 행정권은 정치적 권력인 데 반하여 사법권은 법을 적용하는 비정치적 권력이므로, 재판관의 정치적 무색·중립이 요청된다고 하였다. 이와 같이 사법권을 행사하는 법원은 정치적 권력으로부터 독립하여 국민의 자유와 권리를 보장하는 국가기관으로서 '중립적 권력' 또는 '제3의 권력'으로서의 지위를 가진다. 이 점에서 우리 헌법재판소도 입법권과 행정권은 본질적으로 '잠재적 기본권침해자'로서 기능하게 되지만, 사법권은 '기본권보호자'로서 기능하는 국가작용으로서의 성격을 갖는다고 보고 있다(헌재 1997. 12. 24. 96헌마172등).

입법부를 구성하는 의원이나 행정부의 수반인 대통령은 국민의 선거에 의해 직접 선출된 정치인들이지만 사법부의 법관은 법률전문가로서 국민의 선거로 선출되는 것이 아니며 정치활동도 금지된다. 이처럼 사법부와 사법권은 선거나 정치활동과 직접 관련되는 것이 아니므로 비정치적 권력이며 중립적 권력을 의미한다. 이러한 사법권의 정치적 중립성은 재판의 공정성을 확보하기 위해 요구되는 것이다. 사법권이 정치적 권력인 입법권이나 행정권에 의해 간섭과 영향을 받게 된다면 중립적 기관에 의한 재판의 독립과 공정한 재판을 기대할 수 없기 때문이다.

여기서 사법권의 정치적 중립성에 관하여 한 가지 생각해 볼 문제가 있다. 사법권의 행사는 정치적 중립성을 전제로 법관의 정치적 중립성이 강하게 요청되는 것이지만, 현실적으로 재판이 정치중립적으로 행해지는가는 별개의 문제라는 점이다. 실제로 우리 사회의 구체적인 사건들에서 법관의 정치적 편향성이 보이는 판결이나 정치적 영향력이 미치는 재판이 있음을 부인하기 어렵다고 할 것이다. 정치적 중립성을 벗어난 이러한 편파적이고 불공정한 재판의 결과에 대해서는 법률전문가나 학계·언론 등에 의한 합리적 비판을 통해 기존 판례에 대해 성찰하는 기회를 제공하고, 앞으로의 재판이 개선될 수 있는 계기를 만들어 나가는 자세가 필요하다고 할 것이다.

헌법 제101조 제1항에는 "사법권은 법관으로 구성된 법원에 속한다"라고 하여 사법권을 행사하는 국가기관으로서의 법원을 규정하고 있다. 법원이란 법관으로 구성되고 소송절차에 따라 사법권을 행사하는 것을 직무로 하는 국가기관을 말한다. 사법(司法)에 관한 권한을 의미하는 사법권은 헌법 제101조 제1항에 따라 헌법에 다른 규정이 없는 한 원칙적으로 법원에 속한다. 여기서 '사법'이란 법적 분쟁이 발생하여 쟁송의 제기가 있는 경우 독립적 지위를 가진 기관이 제3자적 입장에서 무엇이 법인가를 판단하고 선언함으로써 법질서를 유지하는 작용을 의미한다. 즉 사법의 핵심적 의미는 법률상의 쟁송을 심판하는 것을 말한다. '법률상의 쟁송'이란 당사자 간의 구체적인 권리·의무 또는 법률관계의 존부에 관한 분쟁을 말하며, '심판'이란 사법기관이 법의 적용을 통하여 쟁송을 종국적으로 해결하는 것을 의미한다. 다시 말하면 사법의 본질은 법 또는 권리·의무에 관한 다툼이 있거나 법이 침해된 경우에 독립적인 법원이 원칙적으로 직접 조사한 증거를 통한 객관적 사실인정을 바탕으로 법을 해석·적용하여 유권적 판단을 내리는 작용이라 할 수 있다.

법원의 헌법상 지위·조직과 심급제

법원은 기본권보장기관이며 헌법수호기관이다

사법기관인 법원은 국민의 자유와 권리를 보장하는 기본권보장기관으로서의 지위를 가진다. 국민의 기본권이 국가권력 특히 행정권에 의해 침해되는 경우에 법원은 행정소송을 통하여 국민의 권익을 보호하는 기능을 수행한다. 법원은 사인 상호 간의 법적 분쟁이 있는 경우에도 민사소송을 통해 약자의 권익을 보호한다. 법원은 국가의 형벌권을 집행하는 형사재판에 있어서도 중립적인 법원이 죄와 형벌을 비례하도록 함으로써 국민의 기본권이 부당하게 침해되지 않도록 한다.

법원은 또한 헌법재판소와 함께 헌법수호자로서의 지위에서 일정한 기능을 수행한다. 현행 헌법은 위헌법률심판을 비롯한 헌법재판의 대부분을 헌법재판소의 관장사항으로 하고 있으므로 헌법의 수호자 기능은 주로 헌법재판소가 담당하고 있으나, 법원도 명령·규칙·처분의 위헌심사권을 가지며(헌법 제107조 제2항), 헌법재판소에의 위헌법률심판제청권(헌법 제107조 제1항)과 선거소송심판을 통해 헌법수호기능을 담당한다. 그 밖에 행정재판을 통해서도 행정부의 자의적 권력행사를 견제함으로써 헌법수호의 역할을 수행하고 있다.

법원의 권한으로서 쟁송재판권은 민사소송·형사소송·행정소송·선거소송 등과 같은 법적 쟁송에 관한 재판권을 말한다. 민사재판권이란 법원이 민사소송을 처리함에 필요한 권한을 말한다. 민사소송은 사인 간의 생활관계에 관한 분쟁 또는 이해의 충돌을 국가가 재판권을 행사하여 법률로써 강제적으로 해결·조정하기 위한 절차를 말한다. 형사재판권은 형사소송을 처리함에 필요한 권한으로서 형사소송은 범죄를 인정하고 형벌을 과하는 절차를 말한다. 행정재판권은 법원이 행정법규의 적용에 관련된 분쟁 또는 공법상의 법률관계에 관한 분쟁을 해결하기 위한 권한을 말한다. 행정소송제도는 행정법규의 적정한 적용과 국민의 권리구제라는 이중적 기능을 수행한다. 선거쟁송재판권은 법원이 선거쟁송을 처리함에 필요한 권한을 말한다. 선거쟁송은 선거의 효력에 관한 소송을 총칭하는 것으로 선거소송과 당선소송을 포함한다.

법원의 조직과 구성

우리 헌법은 제101조 제2항에 "법원은 최고법원인 대법원과 각급법원으로 조직된다"라고 하여 대법원의 최상급법원의 지위를 규정하고 있다. 대법원의 최고법원성과 최종심법원성에 대해서는 헌법 자체가 인정하는 예외가 있다. 즉 헌법은 위헌법률심판을 비롯한 헌법재판을 헌법재판소의 관할로 하고(제111조 제1항), 국회의원에 대한 징계처분과 자격심사는 국회의 자율적 판단에 일임하고 있다(제64조 제4항).

대법원은 대법원장과 대법관으로 구성된다. 다만 법률이 정하는 바에 의하여 대법관이 아닌 법관을 둘 수 있다(제102조 제2항). 대법원장은 국회의 동의를 얻어 대통령이 임명하며, 대법관은 대법원장의 제청으로 국회의 동의를 얻어 대통령이 임명한다. 일반 법관은 대법관회의의 동의를 얻어 대법원장이 임명한다(제104조 제3항). 대법원장의 임기는 6년이며, 중임할 수 없다(제105조 제1항). 대법관의 임기는 6년이며 법률이 정하는 바에 의하여 연임할 수 있다. 일반 법관의 임기는 10년으로 하며 법률이 정하는 바에 의하여 연임할 수 있다(제105조 제3항). 법원조직법은 대법원장이 제청할 대법관 후보자의 추천을 위하여 대법원에 대법관후보추천위원회를 두도록 하고, 대법관후보추천위원회는 제청할 대법관의 3배수 이상을 대법관 후보자로 추천하도록 규정하고 있다(동법 제41조의2). 대법원장과 대법관의 정년을 70세로 하고, 일반 법관은 65세로 한다(동법 제45조 제4항). 대법관의 수는 대법원장을 포함하여 14인으로 규정하고 있다(동법 제4조 제2항).

고등법원에는 고등법원장과 판사를 두며, 판사의 수는 대법원규칙으로 정한다. 고등법원장은 그 법원의 사법행정사무를 관장하며 소속 공무원을 지휘·감독한다. 고등법원에는 부(部)를 두며 부에는 부장판사를 둔다. 부장판사는 그 부의 재판에 있어 재판장이 된다. 고등법원의 심판은 판사 3인으로 구성된 합의부에서 행한다. 고등법원이 심판하는 사건으로는 지방법원합의부·가정법원합의부 또는 행정법원의 제1심 판결·심판·결정·명령에 대한 항소 또는 항고사건 등이 있다.

지방법원의 심판은 단독판사가 행하고 합의심판을 요할 때에는 판사 3인으로 구성된 합의부에서 행한다. 지방법원의 관할사항은 모든 소송의 제1심을 원칙으로 한다. 지방법원의 단독판사는 대법원규칙이 정하는 민사사건, 형사사건은 절도·폭행사건 등과 단기 1년 미만의 징역이나 금고·벌금형에 처할 사건을 관할한다. 지방법원합의부의 제1심 관할사건은 합의부에서 심판할 것을 합의부 스스로 결정한 사건, 민사사건에 관해서는 대법원규칙으로 정하는 사건, 사형·무기 또는 단기 1년 이상의 징역 또는 금고에 해당하는 사건, 앞의 사건과 동시에 심판할 공범사건, 지방법원판사에 대한 제척·기피사건 등이 있다. 지방법원본원합의부는 지방법원 단독판사의 판결·결정·명령에 대한 항소 또는 항고사건을 제2심으로 심판한다.

지방법원의 지원(支院)에는 지원장을 두며 판사로서 보한다. 지원장은 소속 지방법원장의 지휘를 받아 그 지원과 그 관할구역 안에 위치한 시·군법원의 사법행정사무를 관장하며 소속 공무원을 지휘·감독한다. 지방법원 지원의 단독판사와 합의부의 심판 및 관할사항은 지방법원의 그것과 동일하다(동법 제31조, 제32조). 대법원장은 지방법원 또는 그 지원 소속 판사 중에서 그 관할구역 안에 위치한 시·군법원의 판사를 지명하여 시·군법원의 관할사건을 심판하게 한다. 이 경우 1인의 판사를 2인 이상의 시·군법원의 판사로 지명할 수 있다. 시·군법원의 관할사건으로는 「소액사건심판법」의 적용을 받는 민사사건, 화해·독촉 및 조정에 관한 사건, 20만 원 이하의 벌금 또는 구류나 과료에 처할 범죄사건, 「가족관계의 등록 등에 관한 법률」 제75조에 의한 협의상 이혼의 확인 등이다.

그 밖에 「법원조직법」은 특수법원으로 특허법원, 가정법원, 행정법원, 회생법원을 따로 설치하고 있다.

법원의 심급제

"법원은 최고법원인 대법원과 각급법원으로 조직된다"라고 규정한 헌법 제101조 제2항은 대법원이 최고법원으로서 법원 조직에 있어서 최상급법원이라는 것과 재판의 심급제를 전제로 하여 법원은 최상급법원과 각급법원으로 조직된다는 것을 규정한 것이다. 따라서 이 조항의 해석상 재판은 적어도 2심 이상이어야 하고 대법원이 최종심이어야 한다는 것으로 이해하게 된다.

재판은 기본적으로 하급심과 상급심으로 구성된 심급제에 의해 행해지는데, 심급제는 재판의 오류를 시정하고 통일적인 법의 해석과 적용을 위한 제도이다. 우리 헌법은 심급제의 내용에 관하여 직접 구체적인 규정을 두고 있지 않으며 「법원조직법」에 의해 3심제를 원칙으로 하고 있다. 일반적으로 민사·형사사건의 경우 지방법원(지원)합의부→고등법원→대법원의 3심제를 취하고, 일정한 경미한 사건의 경우 지방법원(지원)단독판사→지방법원본원합의부→대법원의 3심제를 규정하고 있다. 행정사건은 행정법원→고등법원→대법원의 3심제를 취하고 있으며, 군사법원은 보통군사법원→고등군사법원→대법원의 3심제를 취하고 있다.

법률에서 원칙적으로 3심제를 두고 있지만 헌법상 반드시 3심제가 보장되고 있는 것은 아니다. 어떠한 형태의 심급제를 취할 것인가는 입법정책상의 문제라고 할 수 있다. 헌법상 재판을 받을 권리에 "대법원의 재판을 받을 권리"가 인정되는 것인가의 문제가 있는데, 헌법재판소의 태도는 소극적이다. 「소액사건심판법」의 상고제한에 대하여 헌법재판소는 "헌법과 법률이 정한 법관에 의한 재판을 받을 권리가 대법원을 구성하는 법관에 의한 재판을 받을 권리이거나 더구나 사건의 경중을 가리지 않고 모든 사건에 대하여 대법원을 구성하는 법관에 의한 재판을 받을 권리라고는 보여지지 않는다"고 판시하였다(헌재 1992. 6. 26. 90헌바25).

상고심리불속행제도의 위헌 여부

또한 재판을 받을 권리 제한과 관련하여 '상고심리불속행제도'의 문제가 있다. 심리불속행제도란 상고이유에 관한 주장이 「상고심절차에 관한 특례법」 제4조에 규정된 사유(원심판결이 헌법에 위반하거나 헌법을 부당하게 해석한 때, 명령·규칙 처분의 법률위반 여부에 대하여 부당하게 판단한 때, 법령의 해석에 있어서 대법원 판례가 없거나 대법원 판례를 변경할 필요가 있는 때, 그 밖에 중대한 법령 위반에 관한 사항이 있는 때 등)에 해당하지 않는 경우에는 더 이상 심리를 하지 아니하고 판결로 상고를 기각하는 것을 말한다. 이 판결에는 이유를 기재하지 않고 선고를 요하지 아니하며 상고인에게 송달됨으로써 그 효력이 생긴다. 1997년 헌법재판소는 위 특례법상 상고심 심리불속행 규정이 국민의 재판청구권을 제약하고 있기는 하지만 그것이 개별사건에서의 권리구제보다 법령해석의 통일을 더 우위에 둔 규정으로서 그 합리성이 인정되므로 헌법에 위반되지 아니한다고 판시하였다(헌재 1997. 10. 30. 97헌바37). 그러나 그 후 2007년의 심리불속행규정에 대한 합헌결정에서는 재판관 3인의 반대의견을 통해, 위 특례법 중 심리불속행 재판의 판결이유를 생략할 수 있도록 규정한 제5조 제1항 부분이 청구인의 재판청구권을 침해하는 것이라는 위헌의견을 제시하였다(2007. 7. 26. 2006헌마1447등).[1]

3심제 원칙에 대한 예외

3심제의 원칙에 대한 예외로서 법률에 의하여 일정한 경우에 2심제 또는 단심제가 인정된다. 2심제가 인정되는 경우는 특허소송과 지방자치단체의 선거소송의 일부이다. 특허소송은 특허심판원의 심판에 불복하는 경우 제1심을 특허법원으로 하고 제2심인 최종심을 대법원이 관할한다(「법원조직법」 제28조의4). 지방선거 중 기초자치단체장, 기초의회의원, 광역의회 지역구의회의원의 선거소송 및 당선소송은 시·도선거관리위원회에 대한 선거소청을 거쳐 제1심을 고등법원, 제2심을 대법원이 관할한다(「공직선거법」 제222조 제2항, 제223조 제2항).

단심제가 적용되는 경우는 비상계엄하에서의 군사재판의 일부와 선거소송의 일부이다. 헌법 제110조 제4항은 "비상계엄하의 군사재판은 군인·군무원의 범죄나 군사에 관한 간첩죄의 경우와 초병·초소·유독음식물공급·포로에 관한 죄 중 법률에 정한 경우에 한하여 단심으로 할 수 있다. 다만 사형을 선고한 경우에는 그러하지 아니하다"

라고 규정하여 군사재판의 단심제를 인정하고 있다. 선거소송의 경우 대통령선거와 국회의원선거의 선거소송 및 당선소송은 대법원이 관할하며(「공직선거법」 제222조 제1항, 제223조 제1항), 광역자치단체장선거와 광역의회 비례대표의원선거에서의 선거소송 및 당선소송은 중앙선거관리위원회에 대한 선거소청을 거쳐 대법원이 관할한다(「공직선거법」 제222조 제2항, 제223조 제2항).

사법권의 독립

정치적 권력으로부터 중립적 권력의 독립

사법권의 독립이란 형식적 의미에서는 권력분립의 차원에서 사법부를 입법부와 행정부로부터 그 조직과 운영에 있어 분리·독립시킨다는 것을 의미한다. 실질적 의미에서의 사법권의 독립이란 사법권을 행사하는 법관이 구체적 사건을 재판함에 있어서 누구의 지시나 명령에도 구속당하지 않고 독자적으로 심판한다는 원리를 말한다. 사법권의 독립은 궁극적으로 '재판독립의 원칙'을 목표로 하는 것이며, 재판의 독립은 입법부나 행정부로부터의 법원의 독립과 자율성, 재판에 있어 내외적 간섭을 받지 않는 법관의 재판상의 독립과 신분상의 독립에 의해 실현될 수 있다. 우리 헌법은 제103조에 "법관은 헌법과 법률에 의하여 그 양심에 따라 독립하여 심판한다"라고 하여 법관의 직무상 독립을 규정하고 있다.

사법권의 독립은 오늘날 입헌민주주의헌법의 보편적 원리로서

권력분립원리와 법치국가원리의 초석을 의미한다. 사법권의 독립은 정치적 권력인 입법권과 행정권으로부터 비정치적 권력 내지 정치중립적 권력인 사법권이 독립됨으로써 권력의 남용으로부터 자유를 수호하는 것을 목적으로 한다. 또한 재판의 독립을 내용으로 하는 사법권의 독립은 재판을 담당하는 법관이 오로지 법에만 구속될 것을 요청함으로써 사법권의 독립은 법치주의를 실현하는 중요한 수단으로서의 의미를 가진다. 영미법의 '법의 지배'(rule of law)의 원리는 권력의 자의적 지배를 배제하기 위하여 법을 판단하고 선언하는 재판의 독립을 전제로 하는 것이다.

이와 같이 사법권의 독립은 권력분립원리를 실천하고, 민주적 법치국가에 있어서 법질서를 안정적으로 유지하며, 국민의 자유와 권리를 완벽하게 보장하기 위하여 공정하고 정당한 재판을 확보하려는 제도적 장치라고 할 수 있다. 따라서 사법권의 독립은 그 자체가 목적이 아니라 공정하고 정당한 재판을 통하여 인권을 보장하고 법질서를 유지함으로써 궁극적으로 헌법의 수호라는 목적을 달성하기 위한 수단적 헌법원리라고 할 수 있다.

법원은 입법부와 행정부로부터 독립되어야 한다

사법권의 독립에 있어서 법원의 독립은 권력분립원리하에서는 당연한 것으로 간주된다. 법원의 독립은 그 조직과 운영 및 기능면에서 입법부와 행정부로부터의 독립을 의미한다. 의회와 법원은 조직·구성·운영·기능면에서 상호 독립적이어야 한다. 의원은 법관을 겸할 수 없고 의회는 법률에 의해서만 법원을 조직하고 법원의 기능을 규제할 수 있다. 의회가 법원의 재판과정에 개입하거나 재판의 내용에 간섭하거나 특정인을 처벌하는 내용의 법률(재판적 법률)을 제정할 수 없다. 헌법은 법원의 독자성과 자율성을 유지할 수 있도록 법률에 저촉되지 아니하는 범위 내에서 소송절차 등에 관한 규칙제정권을 대법원에 부여하여 법원의 독립성을 보장하고 있다(제108조).

법원의 독립은 전제군주국가에서의 관방사법(官房司法)에 대한 투쟁 과정에서 쟁취한 것이기 때문에 집행부로부터의 법원의 독립이 사법권의 독립에 있어서 본질적 요소라 할 수 있다. 따라서 행정부 구성원이 법관을 겸직할 수 없으며 행정부가 법원의 재판에 간섭하거나 영향력을 행사할 수 없다. 헌법 제102조 제3항에 "대법원과 각급법원의 조직은 법률로 정한다"라고 하고, 제101조 제3항에 "법관의 자격은 법률로 정한다"라고 규정한 것은 사법부에 대한 행정부의 간섭을 배제하는 데 본래의 목적이 있는 것이다.

법원의 조직은 의회가 제정한 법률에 의거하고 법관의 재판도 의회가 제정한 법률에 구속되기 때문에 법원의 의회로부터의 독립에는 법치국가적 요청에 따라 일정한 한계가 있다. 또한 대법원장과 대법관을 대통령이 임명하도록 하고, 법원의 예산안을 정부가 편성하고 국회가 심의·의결하게 한 것은 법원의 조직상 독립에도 일정한 한계가 있음을 말해 준다.

사법권의 독립은 법원의 정치적 중립성을 필수적으로 요구하게 되는 것이므로 이를 위해서는 법원의 외부에서 오는 정치적 영향력으로부터의 독립뿐만 아니라, 법원 내부에서 법관의 정치적 행위로 발생하는 정치적 영향력으로부터의 독립 또한 요구된다.

법관은 헌법과 법률에 의하여 그 양심에 따라 독립하여 심판한다

헌법 제103조는 "법관은 헌법과 법률에 의하여 그 양심에 따라 독립하여 심판한다"라고 하여 법관의 재판상 독립을 보장하고 있다. 법관의 재판상(직무상) 독립은 헌법과 법률 및 양심에 따른 심판과 내·외부의 작용으로부터 독립한 심판을 내용으로 한다. 법관이 재판에 관한 직무를 수행함에 있어서는 오로지 헌법과 법률, 그리고 자신의 양심에 따를 뿐이며 국회나 정부는 물론 사법부 내에서도 상급법원이나 소속 법원장의 지시나 명령을 받지 않고, 소송 당사자나 그 밖의 사회적·정치적 세력으로부터도 영향을 받지 않아야 한다.

법관이 재판을 함에 있어 헌법과 법률에 구속되는 것은 법치국가원리에 비추어 당연한 것일 뿐만 아니라 재판의 정당성을 보장하기 위한 것이다. 법률은 국민의 대표기관인 국회가 제정한 것이므로 법률에 의한 재판만이 국민의 의사에 따른 재판으로서 민주적 정당성을 가질 수 있기 때문이다. 여기서 헌법은 성문헌법은 물론이고 헌법적 관습까지 포함되며, 법률의 경우에는 형사재판에서는 죄형법정주의가 지배하므로 그 실체법은 형식적 의미의 법률이어야 한다. 다만 예외적으로 대통령의 긴급명령·긴급재정경제명령과 국회의 비준동의를 받은 조약은 이에 포함된다. 그러나 민사재판과 행정재판에서는 실체법은 형식적 의미의 법률에 한정되지 않고 일체의 성문법과 이에 저촉되지 않는 관습법도 포함된다. 반면에 절차법에 관한 한 민사·형사·행정재판을 불문하고 모든 재판은 형식적 의미의 법률에 따라야 한다.

법관은 '양심'에 따라 독립하여 심판한다. 양심이라 함은 일반적으로 선악에 관한 가치판단 등 인간의 내심의 작용인 도덕적·윤리적 확신을 말한다. 그러나 헌법 제103조의 양심은 법관으로서의 양심을 말하며, 그것은 공정성과 합리성에 바탕을 두고 법해석을 직무로 하는 법률가의 객관적인 법리적 양심을 말한다. 인간으로서의 도덕적 확신과 법관으로서의 법리적 확신이 일치하지 아니할 경우 법관은 법리적 확신을 우선시켜야 한다. 그러나 현실적으로 재판을 담당하는 법관의 객관적 양심과 주관적 개인의 양심을 명확히 구분하는 것은 쉽지 않을 것이다.

법관의 '양심에 따라 심판'한다는 조항은 1948년 건국헌법에서는 명문의 표현이 없었으나, 1962년 헌법에서 새로 규정되어 현행 헌법에까지 유지되고 있다. 이에 관한 외국의 입법례는 쉽게 찾아보기 어렵다. 독일 기본법은 "법관은 독립이며 법률에만 따른다"(제97조 제1항)고 규정하여 양심에 따른 심판이라는 표현이 없다. 단지 일본국 헌법에 "모든 재판관은 그 양심에 따라 독립하여 그 직권을 행하며, 헌법과 법률에만 구속된다"(제76조 제3항)고 규정하고 있음을 볼 수 있다. 일본 최고재판소는 '양심에 따라'의 의미를 "유형무형의 압력 내지 유혹에 종속되지 않고 자기 내심의 양식과 도덕감에 따라" 심판하는 것으로 해석하고 있다. 학계의 통설은 법관의 객관적 양심으로 이해하여 법관은 오직 헌법과 법률에만 구속된다는 것으로 보고 '양심에 따라'의 문언에 특별한 의미를 부여할 필요는 없다고 한다.

국내 학설 중에도 양심을 재판기준으로 드는 것은 특별한 의미가 없다는 견해가 있다. 생각건대 "법관은 헌법과 법률에 의하여 그 '양심에 따라' 독립하여 심판한다"는 의미가 법관이 재판을 하는 데 있어서 헌법과 법률이라는 법적 기준에 따라야 하며, 이 법적 기준과 법관 자신의 윤리적·가치적 판단기준이 일치하지 않는 갈등의 상황이 발생하는 경우에도 법관은 오로지 헌법과 법률에 따라 판단해야 하는 헌법적 의무가 있다는 것이며, 헌법과 법률이라는 재판기준과 다른 별개의 기준으로서 '법관의 양심'에 따른 재판을 요구하는 것은 아니라고 할 것이다. 그렇게 본다면 법관의 양심은 별개의 재판기준으로 작용하는 것이 아니라 법관의 공정하고 객관적인 법리해석에 요구되는 법률가로서의 윤리의식을 강조하는 것으로 이해할 수 있다.

외부 힘으로부터 법관의 독립

법관이 재판을 함에 있어서는 국회나 행정부 등의 국가기관의 지시나 명령에 따르지 않아야 하고 법원 이외의 국가기관도 법관의 재판에 간섭해서는 아니된다. 법관 스스로도 정치적 활동이나 이권문제에 개입하는 것을 자제해야 한다. 법관은 형사재판에서 소추권을 행사하는 검찰기관과 행정재판에서 소송 당사자가 되는 행정관청은 소송절차를 통하지 아니한 어떠한 간섭도 법관에게 할 수 없다. 법관의 심판의 독립을 뒷받침하기 위하여 각종 소송법에서는 법관의 제척·기피·회피제도를 규정하고 있다.

일반 국민이나 언론 및 사회·정치단체 등도 청원권의 행사나 여론을 통하여 재판에 대하여 비판할 수 있다. 하지만 그 비판은 심리 중인 재판의 내용 그 자체에 간섭하는 것이거나 사전에 재판에 영향을 미치기 위하여 집단적 행동으로 법관에게 직접 위협을 가하는 것이어서는 안 된다. 재판의 비판은 법관의 법해석 또는 사실인정에 적용된 법칙을 시비의 대상으로 할 때에만 가능하고, 법관의 전속적 권한에 속하는 사실인정이나 유무죄의 판단 그 자체를 대상으로 하거나 형사 피고인의 무죄추정의 원칙을 근본적으로 부정하는 정도의 비판은 할 수 없다. 다만 재판에 대한 학리적 비판이나 사법민주화를 위한 비판은 무방하다.

　　법관이 재판을 함에 있어서는 대법원장이나 상소심법원장 또는 소속법원장 등에 의한 지휘·명령을 받지 아니하며, 대법원장이나 상소심법원장 또는 소속법원장도 법관에게 지시나 간섭을 할 수 없다. 재판이 합의제인 경우 법관은 독립하여 직권을 행사하며 사실판단이나 법률판단에 관하여 재판장이나 다른 법관의 지시·명령에 따르도록 강제받지 아니한다. 이와 관련하여 문제가 되는 것은 「법원조직법」 제8조의 "상급법원의 재판에 있어서의 판단은 당해 사건에 관하여 하급심을 기속한다"라는 규정이다. 이 규정도 하급법원이 상급법원의 지시에 따라 재판을 해야 한다는 것이 아니고, 파기환송사건의 판결에서 상급법원이 행한 판단에 하급심법원이 기속된다는 것을 의미할 뿐이다. 당해 사건에 관하여 상급법원의 판단에 하급심법원이 기속되어야 하는 것은 계층적 상소제도를 인정하고 있는 이상 불가피하다. 헌법재판소도 「법원조직법」 제8조는 심급제도의 합리적 유지를 위하여 당해 사건에 한하여 구속력을 인정한 것이고 그 후의 동종의 사건에 대한 선례로서의 구속력에 관한 것은 아니라고 보고 있다. 그러나 현실적으로 법원 내부의 상하 수직적 위계질서로 인하여 법원이 관료화되고, 승진제 등으로 인하여 판사들이 상급법원 판결과 크게 어긋나는 판결을 자제하게 되는 경향은 부인하기 어려울 것이다.

법관의 정치적 중립성

사법권의 독립에 있어서는 법관의 정치적 중립성이 매우 중요하다. 법관에게 정치 관여를 금지하는 것은 재판의 주체가 정치적 파당성을 띠는 것을 방지하고 법관이 외부의 정치적 세력과 연계하거나 정치적 이해관계 속에서 당사자의 어느 한 편에 기울어지는 재판을 하지 못하도록 하는 것을 목적으로 한다. 「법원조직법」은 법관의 정치적 중립성 유지를 위하여 법관이 국회 또는 지방의회의 의원이 되거나 행정부서의 공무원이 되는 일을 금지하고 있으며, 정치운동에 관여하는 행위를 금지하고 있다(동법 제49조 제1호~제3호). 여기서 '정치운동'의 개념이 명확하지 않으나 넓게 해석하는 것이 법관의 정치적 중립성 확보의 정신에 비추어 타당하다고 할 것이며, 법관이 정당에 가입하거나 정치활동에 참여하는 행위 등은 허용될 수 없다. 그러나 법관이 법원 업무의 개선이나 사법권의 독립을 확보하기 위하여 내부적 또는 외부적으로 개인이나 집단의 단위로 의사표시를 하거나 활동하는 것은 법관에게 금지되는 정치운동에 해당한다고 보기 어렵다.[2]

법관의 양형결정권과 재판상 독립

재판을 하는 데 있어 법관이 양형을 선택하고 판단하는 '양형결정권의 보장'은, 형사법상 상대적 법정형주의의 원칙하에서 법관에게 죄질과 정상에 따라 적정한 형을 선고할 수 있게 함으로써 구체적 정의의 구현을 목적으로 하는 '사법권독립'에 있어 중요한 기능을 수행한다. 그러나 법률로 법관에 의한 양형재량의 범위를 좁혀 놓았다고 하더라도 그것이 당해 범죄의 죄질에 비추어 범죄와 형벌 간 비례의 원칙상 수긍할 수 있는 정도의 합리성이 있다면, 이러한 법률을 위헌이라고 할 수 없다. 그러나 법관이 양형을 선택하고 선고하는 데에 그 재량의 폭이 너무 한정되어 인간존중의 이념에 따라 재판을 할 수 없을 뿐 아니라 양형상 참작할 만한 사유가 있어서 최대한 작량감경을 하더라도 별도의 법률상 감경 사유가 없는 한 집행유예를 선고할 수 없도록 법관의 양형 선택과 판단권을 극도로 제한하고 있고 또 범죄자의 귀책 사유에 알맞는 형벌을 선고할 수 없도록 법관의 양형결정권을 원천적으로 제한하고 있는 경우가 있다면 이는 헌법상 법관의 재판상 독립에 위배되는 문제가 될 수 있다.

헌법재판소는 피해자를 치사하고 도주하거나 도주 후 피해자가 사망한 때에 법정형이 최하 10년 이상의 유기징역으로 가중처벌하는 「특정범죄 가중처벌 등에 관한 법률」 조항에 대하여 법관의 양형결정권을 원천적으로 제한하고 있으며 평등의 원칙과 과잉금지원칙 등에 위배되어 위헌이라고 결정한 바 있다(헌재 1992. 4. 28. 90헌바24). 또한 마약의 단순매수나 단순판매목적소지의 마약사범에 대하여도 사형, 무기 또는 10년 이상의 징역에 처하도록 하는 규정은 예컨대 단 한 차례 극히 소량의 마약을 매수하거나 소지하고 있었던 경우 실무상 작량감경을 하더라도 별도의 법률상 감경 사유가 없는 한 집행유예를 선고할 수 없도록 법관의 양형결정권을 원천적으로 제한하는 것으로, 위헌이라고 결정하였다(헌재 2003. 11. 27. 2002헌바24). 그러나 강도상해죄의 법정형 하한을 살인죄의 그것보다 중하게 규정하여 작량감경을 하여도 집행유예를 선고할 수 없도록 법정형을 정한 것에 대해서는, 강도상해죄의 법정형 하한을 징역 7년으로 제한한 것은 입법자의 입법정책적 결단으로 존중되어야 하고, 법관이 형사재판의 양형에 있어 법률에 기속되는 것은 법률에 따라 심판한다고 하는 헌법규정(제103조)에 따른 것으로 헌법이 요구하는 법치국가원리의 당연한 귀결이며, 법관의 양형판단재량권 특히 집행유예 여부에 관한 재량권은 어떠한 경우에도 제한될 수 없는 것은 아니라고 판시하였다(헌재 1997. 8. 24. 93헌바60).

법관의 신분상 독립과 법관자격의 법률주의

법관의 독립성을 확보하기 위해서는 법관의 임용·임기·보직 등 법관인사가 객관적이고 공정해야 한다. 법관인사의 공정성 확보를 위해서는 그 인사가 법원의 자율적 결정에 맡겨져야 한다. 헌법은 법관의 신분상 독립을 강화하고 인사의 공정을 기하기 위하여 "대법원장과 대법관이 아닌 법관은 대법관회의의 동의를 얻어 대법원장이 임명한다"(제104조 제3항)라고 하여 일반법관의 임명을 법원의 자율에 맡기고 있다. 이에 따라 「법원조직법」은 제41조 제3항에 "판사는 인사위원회의 심의를 거치고 대법관회의의 동의를 받아 대법원장이 임명한다"고 규정하고 있다.

법관의 신분상 독립을 보장하기 위하여 법관의 자격은 법률로 정한다. 법률에 의한 법관의 자격은 행정권으로부터 법관의 독립성을 유지하기 위해 필수적인 것이다. 「법원조직법」에 의하면 대법원장과 대법관은 20년 이상 1) 판사·검사·변호사의 직에 있거나, 2) 변호사의 자격이 있는 자로서 국가기관이나 지방자치단체, 공공단체 등의 법률에 관한 사무에 종사한 자, 3) 변호사자격이 있는 자로서 공인된 대학의 법률학 조교수 이상의 직에 있던 45세 이상의 사람 중에서 임용한다. 판사는 10년 이상 위의 직에 있던 사람 중에서 임용한다. 다만 위의 재직기간을 합산하여 5년 미만인 판사는 변론을 열어 판결하는 사건에 관해서는 단독으로 재판할 수 없으며, 합의부의 재판장이 될 수 없다(동법 제42조의3).

일반법관의 임기는 10년이며 법률이 정하는 바에 의하여 연임할 수 있다. 법관의 임기제는 영미의 경우와 같이 법관의 종신제에서 나타나는 법관의 보수화와 관료화를 방지할 수 있다는 긍정적인 측면도 없지 않으나, 법관의 신분보장이 위협을 받게 되어 사법부의 독립이 약화될 수 있는 부정적인 측면도 있다. 「법원조직법」은 2011년 7월 법관의 정년 조항을 개정(2013. 1. 1. 시행)하여 대법관의 정년은 대법원장과 마찬가지로 70세로, 일반법관의 정년은 65세로 연장하였다.

재판의 독립을 확보하려면 법관의 신분이 보장되어야 한다. 법관의 신분보장을 위해서는 파면이나 불리한 처분·강제퇴직의 제한 등을 헌법에 명시하여야 한다. 현행 헌법은 제106조 제1항에 "법관은 탄핵 또는 금고 이상의 형의 선고에 의하지 아니하고는 파면되지 아니하며, 징계처분에 의하지 아니하고는 정직·감봉 기타 불리한 처분을 받지 아니한다"라고 하고 있고, 제2항에 "법관이 중대한 심신상의 장해로 직무를 수행할 수 없을 때에는 법률이 정하는 바에 의하여 퇴직하게 할 수 있다"라고 하여 법관의 신분보장을 규정하고 있다.

사법권의 독립과 국민참여재판

사법권 독립의 원칙은 헌법상 최고원리를 의미하는 국민주권의 원리와의 관계에서 사법권에 대한 국민적 통제의 필요성이 제기될 수 있다. 오늘날 국민주권원리는 국민의 의사에 바탕을 둔 국가권력의 정당화원리로 이해되는 것이므로 입법권이나 행정권뿐만 아니라 사법권도 국민의 의사에 의해 정당화되어야 하며, 이 점에서 사법권에 대한 국민적 통제의 필요성이 인정되는 것이다. 미국의 배심제도나 유럽형의 참심제는 재판작용에 국민의 참여를 인정하는 것으로, 이는 국민주권원리의 사법영역에의 구현을 의미한다. 국민에 의한 사법작용의 통제가 사법권의 독립을 침해할 우려가 있지 않은가의 문제가 제기될 수 있으나 실질적 국민주권원리를 강조하는 입장에서 볼 때 일반국민이 일정한 범위 안에서 사법 과정에 참여하는 것은 사법권 독립을 침해하는 것이라 할 수 없다. 특히 본래의 배심제도(jury system)는 재판에 있어 사실문제와 법률문제의 구분을 전제로 배심원은 '사실의 발견자'(fact-finder)로서 사실문제에 대해서만 판단하고 법관은 배심원의 전원일치제 평결(unanimous verdict)에 기속되어 재판하는 것을 특징으로 한다. 일정 수의 일반시민들로 구성된 배심원이 건전한 상식과 경험을 기초로 구체적 사실관계를 판단하도록 하여 법관의 자의적인 사실관계의 왜곡을 방지함으로써 배심제도는 권력으로부터 피고인을 보호하는 '자유의 보루'(bulwark of liberties)로서 중요한 의미를 가진다.[3]

우리나라의 사법제도는 전통적으로 배심재판과 같은 국민의 사법참여에 대해 부정적 시각이 지배하여 왔으나, 2003년 노무현 정부의 출범 이후 사법개혁논의의 일환으로 국민의 사법참여제 도입이 구체화되어 2007년에 제정된 「국민의 형사재판 참여에 관한 법률」에 의해 형사재판에 배심제도가 채택되었다. 우리나라 국민참여재판제도는 미국의 배심제와 유사한 것으로 이러한 배심제의 도입이 헌법상 국민의 "헌법과 법률이 정한 법관에 의한 재판을 받을 권리"(제27조 제1항)를 침해하는 것이 아닌가의 위헌성문제가 제기될 수 있으나, 일반 시민이 법률판단이 아닌 사실인정에만 참여하는 것은 법관에 의한 재판을 받을 권리를 침해하는 것이 아니므로, 합헌이라고 보는 것이 지배적 견해이다. 이에 대해 배심제의 도입은 참심제의 도입과 마찬가지로 우리 헌법이 예정하고 있는 것이 아니므로 위헌성의 문제가 있다는 견해도 있다.[4]

한편, 헌법재판소는 헌법과 법률이 정한 법관에 의한 재판을 받을 권리는 직업법관에 의한 재판을 주된 내용으로 하는 것이므로 '국민참여재판을 받을 권리'가 헌법 제27조 제1항에서 규정한 재판을 받을 권리의 보호범위에 속한다고 볼 수 없다고 판시한 바 있다(헌재 2015. 7. 30. 2014헌바447).

현행의 「국민의 형사재판 참여에 관한 법률」에 의하면 배심원들이 법관의 설시(說示)를 들은 후 유·무죄에 관하여 평의에 들어가고 전원의 의견이 일치하면 그에 따라 평결하도록 함으로써 배심제적 평결을 규정하고 있으나, 1차 평의에서 전원일치에 이르지 않으면 평결을 하기 전에 법관의 의견을 들어야 하며 법관의 의견진술 후에는 배심원의 다수결에 의해 유·무죄를 평결한다. 심리에 관여한 판사는 평의에 참석하여 의견을 진술한 경우에도 평결에는 참여할 수 없다. 이러한 2차 평의에서의 법관의 의견진술은 참심제적 평의라 할 수 있으며, 다수결에 의한 평결방식은 미국형 배심제의 전원일치제 평결과는 차이가 있다. 그리고 평결이 유죄인 경우에는 배심원은 심리에 관여한 판사와 함께 양형에 관하여 토의하고 그에 관한 의견을 개진한다. 재판장은 양형에 관한 토의 전에 처벌의 범위와 양형의 조건 등을 설명하여야 하며, 위의 평결과 의견은 법원을 기속하지 아니한다.

주

1) 판결이유를 생략할 수 있도록 한 「상고심절차에 관한 특례법」 제5조의 규정에 대한 위헌의견(재판관 김희옥, 재판관 김종대, 재판관 송두환의 반대의견)에 의하면, 심리불속행 되는 상고사건의 범위에 대한 아무런 제한조치 없이 그 사건이 당사자에게 미치는 효과의 경중을 묻지 않고 일체의 이유 기재가 없는 재판의 길을 열어놓고 있는 이 조항은 국민의 재판청구권을 침해하며, 특히 심리불속행판결에 대해서도 재심은 가능한 것이므로 적어도 상고인이 판단유탈 등 재심사유가 있는지의 유무만은 판단할 수 있을 정도의 최소한의 이유 기재는 필요로 것이므로, 일체의 이유 기재를 하지 아니하여 재심청구권을 행사할 수 없도록 하는 것은 명백한 재판청구권 침해에 해당한다는 것이다(2006헌마1447사건에서의). 우리나라의 상고심 사건이 폭증하는 현실에 있어 대법원의 업무 부담 완화와 사건처리의 효율성을 위해 상고심리불속행제도 자체를 위헌으로 보기 어려우나, 일체의 이유 기재 없는 상고심리불속행은 재판청구권을 침해하는 것이라고 보는 견해가 타당하다.

2) 정종섭, 『헌법학원론』 박영사, 2014, 1412면.

3) 배심제도에 관한 상세한 내용은 정만희, '미국의 배심제도-한국의 국민사법참여제도 도입방안에의 시사점', 「공법연구」 제35집 제1호, 2006, 465면 이하.

4) 권영설, 『헌법이론과 헌법담론』 법문사, 2006, 572면 이하.

제2장

헌법재판소

헌법재판이란 무엇인가?

　　우리나라의 사법제도는 1987년 헌법에 따라 새로운 헌법재판소 제도를 도입함으로써 사법부를 법원과 헌법재판소라는 이원적 구조로 채택한 것이 두드러진 특징이다. 법원은 민사재판과 형사재판, 행정재판 등을 관장하는 사법기관이지만, 헌법재판소는 헌법재판만을 관장하는 사법기관이다. 이러한 이원적 사법구조는 독일, 오스트리아 등 유럽형 사법제도로서, 미국이나 일본의 경우처럼 일반 법원에서 헌법재판을 담당하는 것과 구별된다.

　　헌법재판이란 헌법의 운용 과정에서 헌법의 규범내용이나 헌법 문제에 관한 다툼이 발생한 경우, 이를 헌법규범을 준거로 하여 헌법 재판기관에 의하여 유권적으로 해결함으로써 헌법의 규범력을 유지하고 헌법질서를 수호하는 것을 목적으로 하는 재판작용을 말한다. 예를 들면 형법상 사형제도에 대해 형사피고인이 생명권 침해를 이유로 위헌이라고 주장하여 위헌법률심판이 청구되는 경우와 같이 의회가 제정한 법률이나 법률규정이 헌법상의 기본권조항에 위반하여 개인의 기본권을 침해하는 문제가 제기되는 경우 헌법재판소는 그 법률규정에 대한 위헌 여부를 판단하게 되는데, 여기서 법률의 위헌 여부에 관한 심판은 헌법조항의 해석을 전제로 하게 된다. 이처럼 헌법문제의 해결을 위한 '헌법의 해석'을 중심으로 하는 재판작용이 헌법재판이다. 이 점에서 헌법재판은 '법적 분쟁을 해결하기 위한 법률의 해석·적용작용'이라는 일반의 재판작용과는 본질적으로 구별되는 것이다.

헌법재판제도는 위헌법률심판을 비롯하여 헌법소원심판, 탄핵심판, 권한쟁의심판 등을 내용으로 하는데, 헌법재판은 오늘날 자유민주주의 국가에서 강력한 권력통제기능을 수행하여 통치권이 헌법과 기본권에 기속되도록 하고 통치권행사의 절차적 정당성을 확보하도록 한다. 헌법재판은 '기본권보장의 최후 보루'로서 국민의 자유와 권리를 실현하며 국가작용의 합헌성을 보장함으로써 입헌주의와 자유민주주의의 핵심적 징표가 되고 있다. 또한 헌법재판은 정치적 갈등을 사법적 절차에 따라 해결함으로써 정치적 평화를 유지하는 기능을 수행한다. 즉 헌법재판은 국가기관 간의 권한쟁의라든지 여러 가지 헌법적 분쟁을 유권적으로 해결함으로써 헌정의 안정과 정치적 평화를 보장하는 기능을 갖는다.

정치적 사법작용으로서의 헌법재판

헌법재판은 독립된 재판관으로 구성된 헌법재판소가 헌법과 법률에 의해 정해진 권한과 절차에 따라 헌법상 분쟁을 해결하기 위한 헌법규범의 해석을 그 본질로 하는 사법적 법인식작용인 만큼, 사법작용으로서의 성격을 가진다. 그리고 사법작용으로서의 헌법재판기관의 유권적 판단으로 기판력과 기속력의 효력이 발생하게 된다. 기판력이란 동일한 사건에 대해 당사자가 후에 다시 반복하여 다툴 수 없는 효력을 말하며, 기속력은 헌법재판소의 결정을 모든 국가기관이 존중하고 준수해야 하는 것을 말한다. 이러한 유권적 결정에 따라 분쟁이 해결되고 국민이나 당사자의 권리가 보호된다.

그러나 헌법재판에 있어서 헌법의 해석은 일반 재판에서의 법률의 해석과는 달리 헌법을 보충하고 그 내용을 형성하는 기능을 가지게 되므로 이 점에서 헌법재판은 사법작용임과 동시에 일종의 입법작용으로서의 성격을 띠게 된다. 특히 위헌법률심판과 같은 규범통제에 있어서 법률의 위헌결정은 그 법률의 무효를 선언하는 것이므로 사실상 법률의 폐지나 삭제와 등가적인 행위로 평가될 수 있으며, 헌법불합치결정을 하면서 법률개선촉구결정을 하는 경우에는 국회로 하여금 법률을 개정하게 하는 결과를 가져온다. 이 점에서 헌법재판에 의한 규범통제는 소극적 입법작용이라고 불린다.

헌법재판은 헌법문제에 대한 다툼을 전제로 하는 것인데, 헌법문제에 대한 다툼은 그 본질상 법률분쟁이 아닌 '정치분쟁'의 성격이 강하기 때문에 정치분쟁을 해결하는 것은 어디까지나 정치작용이지 사법작용일 수 없다는 견해가 있다. 이에 관하여 칼 슈미트(C. Schmitt)는 헌법재판을 '사법적 형태의 정치적 결단'으로 보고 있다. 정치적 규범으로서의 특성을 가진 헌법의 해석·적용을 의미하는 헌법재판은 정치작용으로서의 성격을 띠게 됨을 부정하기 어렵다. 헌법재판이 가지는 이러한 정치작용으로서의 성격은 헌법재판을 일반 법원의 통상적인 재판과 구별시키는 요인이 된다.

위와 같이 헌법재판은 사법적 절차에 따라 중립적 국가기관에 의해 행해지는 사법작용임을 부정할 수 없으나, 일반 법원의 재판 같은 순수한 사법작용이라고 보기는 어렵다. 헌법재판은 정치적 성격과 입법작용의 성격을 동시에 갖는 '정치적 사법작용'이라 할 수 있다.

헌법재판기관

헌법재판은 그 성격상 순수한 사법작용으로 보기 어렵기 때문에 전통적인 사법작용의 영역에서 분리하여 독립된 헌법재판기관의 관할사항으로 하는 것이 바람직하다는 볼 수 있으며, 이러한 입장에서는 헌법재판소를 설치하여 헌법재판을 담당하게 한다. 독일, 오스트리아, 이탈리아, 포르투갈, 스페인, 프랑스 등이 그 대표적인 예이다. 이러한 유형의 헌법재판에서는 법률의 위헌심판뿐만 아니라 탄핵심판, 권한쟁의심판, 정당해산심판, 헌법소원심판, 선거소송심판까지 관할하는 것이 일반적이다. 이러한 독립기관형의 경우에는 헌법재판작용에 요구되는 민주적 정당성의 요청 때문에 헌법재판소의 구성에 특별히 민주적 정당성의 관점이 존중되어야 한다.

헌법재판을 순수한 사법작용으로 이해하는 입장에서는 헌법재판을 위한 기관을 따로 설치할 필요 없이 다른 재판과 마찬가지로 헌법재판도 일반 법원에 맡기게 된다. 즉 헌법재판을 사법작용으로 이해하게 되면 그것은 마땅히 일반 법원의 관할사항에 속하게 되며, 헌법재판이 정치권력에 대한 통제기능을 제대로 발휘하기 위해서는 정치세계와 단절된 중립적인 사법부가 이를 담당하는 것이 바람직하다는 것이다. 미국을 비롯한 중남미 제국, 호주, 캐나다, 일본 등이 이러한 유형에 속한다. 일반 법원형에서는 헌법재판이 위헌법률심사에 국한된다.

우리나라 헌법재판기관의 변천

우리나라의 헌법상 헌법재판기관의 변천을 보면, 1962년 제3공화국헌법에서 일반 법원에 헌법재판기능을 담당하게 한 것을 제외하고는 건국헌법 이래 현행 헌법에 이르기까지 일반 법원과는 별개의 독립된 헌법재판기관을 설치해 온 것이 특징이다. 건국헌법과 1972년 헌법 및 1980년 헌법은 헌법위원회를 설치하였는데, 건국헌법의 헌법위원회는 위원장을 부통령으로 하고 대법관 5인과 국회의원 5인의 위원으로 구성하였으며, 위헌법률심판을 담당하였다. 1972년 헌법과 1980년 헌법의 헌법위원회는 대통령과 국회, 대법원장이 동등하게 그 구성에 참여하였고, 위헌법률심판과 정당해산심판, 탄핵심판을 담당하였으며, 위원의 자격에 대해서는 아무런 규정을 두지 않았다. 헌법위원회제도는 위헌법률심판 등을 통한 헌법수호기관으로서의 지위를 갖는 것이었으나 사법기관의 성격보다는 정치기관의 성격이 강했으며, 실제로 헌법재판기능을 거의 행사하지 못하였다. 건국헌법 하에서는 7건의 위헌법률심판이 제청되어 2건의 위헌결정이 있었으나, 1972년 유신헌법과 1980년 헌법 시대에는 단 1건의 위헌법률심판도 이루어지지 않았다.

일반 법원형 헌법재판제도를 채택한 1962년 헌법은 법원이 위헌법률심사를 담당하게 하였으며, 정당해산심판권도 대법원의 권한으로 규정하였다. 그리고 탄핵심판을 관장하는 탄핵심판위원회를 따로 설치하였다. 제3공화국헌법 하에서 대법원의 위헌법률심사를 통해 법률에 대한 위헌판결이 이루어진 것은 1건에 불과하였다. 헌법재판소제도는 1960년 헌법과 현행 헌법에서 채택된 것인데, 1960년 헌법의 헌법재판소는 1961년 5·16 군사쿠데타로 인하여 구성되지 못하고 말았다.

헌법재판소와 법원의 관계

우리 헌법은 제5장에서 법원을 정한 것과 별도로 제6장에 헌법재판소를 독립적으로 따로 규정하고 있다. 헌법재판소는 위헌법률심판과 헌법소원심판 등 헌법재판을 그 고유권한으로 한다. 헌법재판소는 헌법문제에 관한 다툼을 유권적으로 해결하기 위한 최종적인 헌법의 해석기관을 의미하며, 헌법질서를 유지하고 수호하는 기능을 수행한다. 헌법상 대통령과 국회, 법원도 헌법수호기관의 지위를 가지지만 헌법재판소는 주도적으로 사법적 절차에 의한 헌법수호기관으로서 실효적인 헌법보장기능을 담당한다.

현행 헌법의 '이원적 사법부'의 구조하에서 헌법재판소는 법원과 더불어 사법적 기능을 수행하는 사법기관이라는 점에서 법원과 수평적·병렬적 관계에 있다. 사법권의 범위에 속하는 민사·형사·행정 등에 관한 일반재판권과 헌법재판권을 분리하여 각각 법원과 헌법재판소에 분장시키고 있으며, 헌법재판권의 경우에도 헌법재판소와 법원이 그 영역을 공유하고 있으므로 이 점에서 법원과 헌법재판소는 수평적 관계라 할 수 있다. 다만 헌법재판권의 경우에는 헌법재판소가 위헌법률심판을 비롯한 대부분의 헌법재판권을 행사하지만 법원은 명령·규칙에 대한 위헌심사권과 선거소송 등에 한정하여 부분적으로 헌법재판기능을 담당한다.

헌법재판소를 구성하는 9인의 재판관 중에서 3인은 대법원장이 지명하도록 함으로써 사법기관인 헌법재판소의 구성에 대법원장이 관여하도록 하고 있다(헌법 제111조 제3항). 헌법재판소장이 판사를 헌법연구관으로 임명할 경우에도 사전에 대법원장에게 파견근무를 요청해야 한다(「헌법재판소법」 제19조 제9항).

그리고 헌법재판소의 위헌법률심판권은 법원의 심사제청이 있을 때에만 비로소 행사될 수 있으며, 법률이 헌법에 위반되는지의 여부가 재판의 전제가 된 경우에는 법원도 헌법재판소에 위헌심사를 제청하여 그 심판에 따라 재판해야 하므로, 헌법재판소와 법원은 헌법소송에 있어 상호 협력적·유기적 관계에 있다고 할 수 있다.

헌법재판의 종류

우리나라 헌법재판소가 관장하는 헌법재판의 종류로는 위헌법률심판을 비롯하여 탄핵심판, 위헌정당해산심판, 권한쟁의심판, 헌법소원심판의 다섯 가지가 있다(헌법 제111조 제1항).

위헌법률심판

헌법재판의 핵심적 내용에 해당하는 것은 위헌법률심판이다. 위헌법률심판은 규범에 대한 통제제도를 의미하는데, 법률의 위헌 여부를 심사해서 위헌법률의 효력을 상실시킴으로써 헌법의 최고규범성을 수호하는 제도이다. 규범통제제도로서의 위헌법률심판은 주관적인 권리보호의 측면보다는 객관적인 법질서수호의 측면을 중요시하는, 일종의 객관적 소송이라 할 수 있다.

규범통제제도에는 '추상적 규범통제'와 '구체적 규범통제'의 두 가지가 있다. 추상적 규범통제제도는 법률의 위헌 여부가 재판의 전제가 되지 않는 경우라도 법률의 위헌 여부에 대한 다툼이 생긴 경우에 일정한 국가기관의 신청에 의해 독립한 헌법재판기관이 이를 심사·결정하는 제도이다. 여기서 추상적 규범통제의 신청권은 법률제정에 관여하는 모든 헌법기관에 부여하는 것이 일반적이다. 추상적 규범통제가 인정되는 경우에는 구체적인 소송사건을 매개로 하지 않기 때문에 그 위헌심사청구의 주체는 위헌법률에 의하여 자신의 권리가 침해당한 자에 한정하지 않으며, 기본권의 침해가 없는 자도 위헌심사의 청구가 가능하다. 추상적 규범통제를 인정하는 독일 헌법재판소제도의 경우 연방정부 및 주정부, 연방의회의 3분의 1 이상의 의원은 연방법률이나 주법이 기본법에 적합한가에 관하여 위헌심사를 청구할 수 있도록 규정하고 있다(독일 기본법 제93조 제1항).

구체적 규범통제는 법률의 위헌 여부가 재판의 전제가 된 경우에 소송 당사자의 신청 또는 법원의 직권에 의해서 그 규범의 위헌 여부를 심사하는 제도이다. 구체적 규범통제에 있어서 심판청구의 주체는 당해 법률로 말미암아 자신의 권리를 침해당한 자에 한정하는 것이 원칙이므로 청구인적격을 엄격하게 해석하는 것이 일반적이다. 위헌심사의 결과 위헌으로 판정된 법률은 미국과 같은 일반 법원형의 경우에는 당해 사건에 적용하지 않을 뿐 그 법률 자체를 폐지하는 효과를 낳지 않는 것이 원칙이다. 이에 반하여 헌법재판소 유형의 경우에는 위헌으로 결정된 법률은 일반적으로 효력을 상실한다. 우리 헌법은 헌법재판소제도를 채택하면서도 헌법 제107조 제1항에 따라 구체적 규범통제만을 인정하고 있다.

규범통제제도에 있어서 법률의 공포 전에 위헌심사를 함으로써 위헌법률이 공포·발효됨으로 인하여 발생하는 여러 가지 문제점을 미리 예방하는 '사전적 규범통제' 제도가 있다. 프랑스의 규범통제제도가 대표적인 예이다. 프랑스의 경우 규범통제는 헌법위원회가 법률의 공포 전에 사전예방적 위헌심사권을 행사하여 왔으나, 2008년 헌법개정으로 이러한 사전적 규범통제와 함께 사후적인 구체적 규범통제도 추가하여 시행하고 있다.

탄핵심판

현행 헌법은 탄핵제도에 관하여 탄핵소추권과 탄핵심판권을 구분하여 탄핵소추권은 국회의 권한으로 부여하고 있으며(제65조), 탄핵심판권은 헌법재판소의 관장사항으로 규정(제111조 제1항 제2호)하고 있는 것이 특징이다. 그리하여 국회의 탄핵소추절차에 관해서는 「국회법」에 규정하고 있고, 헌법재판소의 탄핵심판절차는 「헌법재판소법」에 따라 행해지게 된다.

헌법재판소의 탄핵심판은 대통령을 비롯한 고위공직자의 권한남용으로 인한 헌법침해로부터 헌법질서를 수호하는 헌법보호수단으로서의 기능을 수행한다. 또한 탄핵심판은 고위공직자의 직무집행에 있어서 법위반행위에 대한 권력통제수단으로서의 기능을 담당하며, 국민의 대의기관인 의회로부터의 책임추궁에 대한 심판을 통해 책임정치를 구현하는 기능을 수행한다. 즉, 공직자가 직무수행에 있어서 헌법에 위반한 경우 그에 대한 법적 책임을 추궁함으로써, 헌법의 규범력을 확보하고자 하는 것이 바로 탄핵심판절차의 목적과 기능인 것이다. 헌법재판소의 탄핵심판절차는 국회에서 탄핵소추의 의결이 있게 되면 탄핵소추위원이 탄핵심판을 청구한다. 탄핵소추위원은 국회법제사법위원회 위원장이 된다. 소추위원은 헌법재판소에 소추의결서의 정본을 제출하여 심판을 청구한다. 탄핵소추의 의결을 받은 사람은 헌법재판소의 심판이 있을 때까지 그 권한행사가 정지된다. 피청구인에 대한 탄핵심판 청구와 동일한 사유로 형사소송이 진행되고 있는 경우에는 재판부는 심판절차를 정지할 수 있다(「헌법재판소법」 제49조~제51조).

우리나라 헌법사에 있어 탄핵제도는 오랜 기간 '헌법상의 장식물'에 불과하였고 실제로 고위공직자에 대한 탄핵심판이 행해진 적이 없었다. 그러나 2004년 노무현 대통령 탄핵사건을 계기로 우리 국민은 탄핵제도가 더 이상 헌법상의 장식물이 아니라 실질적이고 강력한 국정통제수단으로서 기능할 수 있음을 인식하게 되었고, 2017년 박근혜 대통령 탄핵사건에서는 헌법재판소가 대통령에 대한 파면결정을 함으로써 탄핵심판제도는 우리 헌법상 가장 강력한 권력통제수단이 되고 있다.

정당해산심판

정부는 정당의 목적이나 활동이 민주적 기본질서에 위배될 경우 국무회의의 심의를 거쳐 헌법재판소에 해산을 제소할 수 있다. 여기서 정당 해산의 실질적 요건으로서 '민주적 기본질서'의 위배가 무엇인지가 문제될 수 있는데, 민주적 기본질서는 우리 헌법 전문과 제4조에 규정하고 있는 '자유민주적 기본질서'를 의미한다고 보는 것이 통설이다. 정부는 특정 정당이 자유민주적 기본질서에 위배되어 위헌이라고 판단한 때에는 그 정당의 해산심판을 헌법재판소에 청구할 수 있다. 헌법재판소는 2014년 12월 19일 통합진보당해산결정에서 "헌법 제8조 제4항이 의미하는 '민주적 기본질서'는, 개인의 자율적 이성을 신뢰하고 모든 정치적 견해들이 각각 상대적 진리성과 합리성을 지닌다고 전제하는 다원적 세계관에 입각한 것으로서, 모든 폭력적·자의적 지배를 배제하고, 다수를 존중하면서도 소수를 배려하는 민주적 의사결정과 자유·평등을 기본원리로 하여 구성되고 운영되는 정치적 질서를 말하며, 구체적으로는 국민주권의 원리, 기본적 인권의 존중, 권력분립제도, 복수정당제도 등이 현행 헌법상 주요한 요소라고 볼 수 있다"고 판시하였다(헌재 2014. 12. 19. 2013헌다1).

정당해산심판절차는 구두변론주의와 공개주의를 원칙으로 한다. 헌법재판소는 정당해산심판의 청구가 있는 경우에 청구인의 신청이나 직권으로 종국결정의 선고 시까지 피청구인의 활동을 정지하는 결정(가처분결정)을 할 수 있다(「헌법재판소법」 제57조). 가처분절차는 당사자의 신청이 없더라도 헌법재판소가 직권으로 개시할 수 있는 것이다.

「헌법재판소법」은 정당해산심판의 절차에 관하여 규정하고 있지만 심리절차에 관한 구체적 규정을 두고 있지는 아니하므로, 일반심판절차에 관한 규정이 정당해산심판 절차에도 그대로 적용된다. 따라서 「헌법재판소법」에 특별한 규정이 없는 경우에는 준용조항에 따라 정당해산심판의 성질에 반하지 아니하는 한도에서 민사소송에 관한 법령이 준용된다(동법 제40조 제1항).

권한쟁의심판

권한쟁의심판이란 국가기관 간에 그 헌법적 권리·의무에 관하여 다툼이 생기거나 국가기관과 지방자치단체 간에 또는 지방자치단체 상호 간에 권한의 존부나 그 범위 등에 관하여 다툼이 발생한 경우에 독립된 지위를 가진 제3의 기관인 헌법재판소가 그 권한의 존부나 범위 등을 명확히 함으로써 기관 간의 분쟁을 해결하는 제도를 말한다.

국가기관 상호 간에 헌법상의 권한이나 의무의 범위와 내용에 관해 다툼이 생기는 경우에는 국가의 통치기능이 마비될 우려가 있으며, 이 경우 이에 대한 권위적인 조정이 없게 되면 국가기관 상호 간의 견제와 균형이라는 권력분립의 메커니즘이 작동하지 못하게 되는 위험성이 있게 된다. 따라서 권한쟁의심판은 국가기관 간의 헌법적 권한과 의무를 명백히 함으로써 국가기능의 수행을 원활히 하고 권력 상호 간의 견제와 균형을 유지함으로써 헌법질서를 수호하는 데 그 목적과 의의가 있다.

「헌법재판소법」은 국가기관 상호 간의 권한쟁의를 "국회, 정부, 법원 및 중앙선거관리위원회 상호 간의 권한쟁의"라고 규정하고 있다(동법 제62조 제1항 제1호). 이 규정에서 명시한 국가기관들이 열거적 규정인가 아니면 예시적 규정인가의 문제가 있다. 헌법재판소 판례에 의하면 초기에는 이를 열거적·한정적 규정으로 해석하였으나, 그 후에 판례를 변경하여 예시적 조항으로 해석하고 있다. 헌법재판소는 국회 입법과정에 있어서 국회의장과 국회의원 간의 권한쟁의심판 청구를 인정하고 국회의장이 일부 의원들에게 본회의 개의 일시를 「국회법」에 규정된 대로 적법하게 통지하지 않음으로써 그들이 본회의에 출석할 기회를 잃어 법률안의 심의·표결과정에 참여하지 못하게 된 것은 해당 의원들의 헌법상의 법률안 심의·표결권을 침해한 것이라고 판시하였다(헌재 1997. 7. 16. 96헌라2).

헌법소원심판

헌법소원제도란 국가의 공권력의 행사 또는 불행사로 인하여 국민의 기본권이 직접 현실적으로 침해된 경우에 그 기본권을 침해당한 자가 헌법재판소에 당해 공권력의 위헌 여부의 심사를 청구하여 기본권을 구제받는 제도를 말한다. 헌법소원심판은 기본권보장을 통한 사회통합을 추구함으로써 헌법을 실현하는 헌법재판제도이다. 헌법소원심판은 직접 국민의 기본권 보장과 실현을 목적으로 하는 제도이므로 이 점에서 헌법재판의 종류 중에서 유일하게 주관적 소송으로서의 성격을 가진다. 위헌법률심판, 탄핵심판, 정당해산심판, 권한쟁의심판 등의 헌법재판제도는 간접적으로 기본권의 실현에 기여하는 제도라는 점에서 헌법소원심판과 구별된다. 국민의 기본권침해에 대한 통상의 권리구제는 재판절차와 같은 일반적 권리구제절차에 따라 이루어지고, 이러한 일반적 구제절차를 거친 후의 최후적이며 보충적인 권리구제절차를 의미하는 것이 헌법소원심판이다.

헌법상 헌법소원제도를 채택하고 있는 국가는 헌법재판소를 두고 있는 독일, 오스트리아, 스페인, 스위스 등이다. 헌법소원을 채택하는 경우에도 일체의 공권력, 즉 헌법에 위반하는 법령 및 처분과 '모든 판결'을 헌법소원의 대상으로 하고 있는 유형(독일)이 있으며, 법령 및 처분과 '행정사건에 대한 판결'만을 헌법소원의 대상으로 하고 있는 경우(오스트리아)가 있다. 우리나라는 「헌법재판소법」제68조 제1항에 의해 법원의 재판을 제외한 모든 공권력의 행사 또는 불행사로 말미암아 헌법상 보장된 기본권을 침해받은 자는 헌법소원심판을 청구할 수 있도록 하고 있다. 이와 같이 법원의 재판은 헌법소원의 대상에서 제외되는 것이 원칙이지만, 헌법재판소가 위헌으로 결정한 법령을 적용함으로써 국민의 기본권을 침해한 재판은 예외적으로 헌법소원심판의 대상이 될 수 있다(헌재 1997. 12. 24. 96헌마172등).

헌법소원심판은 또한 기본권을 침해하는 공권력작용의 효력을 부인하고 공권력작용이 기본권을 존중하도록 촉구함으로써 기본권 실현을 통해 사회통합을 달성하며 헌법질서의 수호·유지기능을 담당한다. 이 점에서 헌법소원심판은 개인의 기본권을 보장하기 위한 주관적 소송의 성격을 가질 뿐만 아니라 헌법질서의 수호·유지를 위한 객관적 소송으로서의 성격도 아울러 가진다. 따라서 주관적 소송으로서 권리보호이익이 소멸한 경우에도 객관적 헌법질서의 수호·유지를 위해서

필요하다면 '심판의 이익'을 인정해서 심판을 하는 경우가 발생한다.

우리나라 헌법소원제도에는 두 가지 종류가 있는데, 권리구제형 헌법소원과 함께 위헌심사형 헌법소원이 인정되고 있다. 권리구제형 헌법소원은 공권력의 행사 또는 불행사로 말미암아 헌법상 보장된 기본권을 침해당한 자가 청구하는 헌법소원을 말한다(「헌법재판소법」 제68조 제1항). 이것이 본래적 의미의 헌법소원에 해당한다. 독일 등 서구에서의 헌법소원제도는 모든 공권력작용의 기본권침해에 대해 헌법소원을 인정하여 법원의 재판에 대해서도 헌법소원심판의 대상으로 인정하고 있으나, 우리나라 헌법소원심판은 재판을 제외하고 있는 점에서 차이가 있다. 우리나라에 헌법재판소제도가 도입된 이래 가장 많은 비중을 차지하는 사건이 권리구제형 헌법소원심판 사건이다.

위헌심사형 헌법소원이란 구체적 사건에서 법률의 위헌 여부가 재판의 전제가 된 경우에 당사자의 위헌법률심판제청신청이 법원에 의해 기각된 경우 제청신청을 한 당사자가 당해 법률조항의 위헌 여부의 심판을 헌법재판소에 청구하는 헌법소원을 말한다(「헌법재판소법」 제68조 제2항). 이러한 법률에 대한 위헌소원제도는 헌법소원에서 재판소원을 제외하고 있는 「헌법재판소법」의 규정과 입법체계적으로 상호 모순되는 것이라고 할 수 있다. 생각건대 「헌법재판소법」 제68조 제2항의 법률에 대한 위헌소원은 「헌법재판소법」 제68조 제1항 재판소원제외의 원칙에 대한 예외로 볼 수 있으며, 그 본질은 위헌법률심판으로서의 성격을 지닌다고 할 수 있다.

헌법재판의 효력과 강제집행 여부

　헌법재판은 헌법재판의 효력과 관련하여 종국결정의 내용을 강제집행에 의해 실현할 수 있는 집행력이 없다는 점에서, 그 효력상의 한계가 문제될 수 있다. 즉 민사재판이나 형사재판 등에 있어서는 그 판결이나 결정의 집행이 국가권력에 의해 보장되고 있으나 헌법재판에 있어서는 일부(정당해산심판)의 경우를 제외하고는 그 소송의 당사자가 국가권력 내지 헌법기관이며 일반 국민이 헌법재판에 참여한 경우에도 반드시 국가권력 내지 헌법기관을 상대로 하는 것이기 때문에 헌법재판의 결정내용은 이들 헌법기관의 자발적인 집행의지가 없을 때에는 그 실효성을 기대할 수 없게 된다. 우리 「헌법재판소법」은 헌법재판의 결정이 가지는 집행력에 대해 일반적인 규정이 없으며, 단지 정당 해산결정의 경우에만 "중앙선거관리위원회가 「정당법」의 규정에 의하여 이를 집행한다"(제60조)고 규정하여 집행력을 인정하고 있다. 따라서 현행법상 정당해산심판을 제외한 헌법재판의 종국결정의 집행문제는 오로지 관련 당사자와 국가기관의 자발적 준법의지에 의존할 수밖에 없다는 것이 헌법재판의 제도적 한계라 할 수 있다.

　그럼에도 불구하고 우리나라 헌법재판소는 30여 년간의 운용과정에서 헌법의 수호자와 기본권보장자로서의 기능을 충실히 수행해 온 것은 헌법재판의 효력으로서 확정력과 모든 국가기관에 대한 기속력이 제대로 발휘되고 유지되기 때문이다. 법률에 대한 위헌결정이 내려지면 입법자인 국회는 헌법재판소의 결정을 준수하고 그에 따른 새로운 입법을 합헌적인 방향으로 행함으로써 헌법질서를 수호하려고

한다. 예컨대 헌법재판소의 위헌결정에 불복하여 국회가 다시 동일한 법률을 제정한다는 것은 현실적으로 생각하기 어렵다. 대통령에 대한 탄핵결정의 효과로서 대통령이 파면되는 것에 불복하는 경우는 상상하기 어렵다. 그리고 이러한 우리 헌법재판제도의 현실은 헌법상 헌법재판소의 위상이 확고하게 자리를 잡게 되었음을 말해 준다.

우리나라 헌법재판제도의 문제점

헌법재판소와 법원 간 헌법해석의 불일치문제

우리 헌법은 법원과 헌법재판소라는 사법부의 이원적 구조하에서 헌법재판을 기본적으로 헌법재판소의 권한으로 하고 있지만, 법원도 일정한 범위 내에서 헌법재판권을 행사하기 때문에 양 기관의 헌법해석을 둘러싼 불일치 내지 충돌문제가 제기되고 있다. 예를 들면 헌법재판의 핵심적 내용인 법률에 대한 위헌심판은 헌법재판소의 권한이지만 법률의 하위법규인 명령·규칙의 위헌 여부가 재판의 전제가 될 경우 대법원은 헌법 제107조 제2항에 따라 최종적인 심사권을 가진다. 그런데 헌법재판소는 명령·규칙이 기본권을 직접 침해할 경우에는 헌법소원을 제기할 수 있다고 하여 명령·규칙에 대한 직접적 통제를 하고 있다. 이와 같이 명령·규칙에 대한 위헌심사가 이원화됨으로써 양 기관 사이에 헌법해석이 달라질 수 있는 문제가 있다.

헌법 제107조 제2항이 규정한 명령·규칙에 대한 대법원의 최종심사권이란 구체적인 소송사건에서 명령·규칙의 위헌 여부가 재판의 전제가 되었을 경우 법률의 경우와는 달리 헌법재판소에 제청할 것 없이 대법원의 최종적으로 심사할 수 있다는 의미이다. 그리고 헌법 제111조 제1항 제1호에서 법률의 위헌여부심사권을 헌법재판소에 부여한 이상, 통일적인 헌법해석과 규범통제를 위하여 공권력에 의한 기본권침해를 이유로 하는 헌법소원심판청구사건에 있어서 법률의 하위법규인 명령·규칙의 위헌여부심사권이 헌법재판소의 관할에 속함은 당연한 것이라 할 수 있다. 이 점에서 명령·규칙에 대해서는 법원이 헌법 제107조 제2항을 근거로 위헌심사를 할 수 있으며, 헌법재판소는 명령·규칙에 대한 헌법소원을 통해 위헌 여부를 판단하게 되므로 양 기관 간 헌법해석의 불일치가 발생하는 경우 이를 해결할 수 있는 제도적 장치가 없는 것이 문제이다.

그리고 위헌법률심판에 있어서 법원이 당사자의 위헌제청신청을 합헌이라고 판단하여 기각한 경우 당사자는 「헌법재판소법」 제68조 제2항에 따라 위헌심사형 헌법소원(위헌소원)을 청구할 수 있다. 이 경우 법원의 재판이 정지되지 않고 판결이 확정되고, 다른 한편 헌법재판소가 그 위헌심사형 헌법소원심판에서 위헌결정을 하게 되면 양 기관 사이에 헌법의 해석·적용에 불일치가 발생하게 된다. 그러나 이와 같이 헌법해석이 불일치 할 경우, 「헌법재판소법」 제75조 제7항에 따라 해당 헌법소원과 관련한 소송사건이 이미 확정된 때라고 해도 당사자는 법원에 대해 재심을 청구할 수 있으므로 양 기관의 헌법해석 불일치로 인한 당사자의 불이익을 막는 절차를 두고 있다.

그 밖에 우리나라 헌법소원심판제도에 있어서는 법원의 재판에 대한 헌법소원이 금지됨으로써 행정청의 처분에 대한 위헌심사를 법원이 최종적으로 행하게 되는데, 법원이 헌법재판소의 결정과 다르게 헌법을 해석하여 행정처분에 관한 위헌 여부를 판단하게 되면 법원과 헌법재판소의 헌법해석이 달라지게 되는 문제가 발생한다.

한정위헌결정의 효력을 둘러싼 헌법재판소와 법원의 충돌

「헌법재판소법」에 의하면 위헌법률심판의 위헌결정 및 헌법소원심판의 인용결정에 대해서만 "모든 국가기관 및 지방자치단체를 기속한다"(제47조 제1항, 제75조 제1항)고 하여 헌법재판소의 한정위헌결정이나 한정합헌결정과 같은 변형결정의 경우 법원에 대한 기속력이 문제되고, 이 경우 기속력이 없다고 한다면 헌법해석의 불일치문제가 야기될 수 있다. 헌법재판소의 '한정위헌결정'은 결정의 주문에 "…라고 해석하는 한 헌법에 위반된다"라고 표기하는 결정형식으로, 이는 단순히 구체적인 사실관계에 법률을 적용함에 있어 그 법률의 의미와 내용을 밝히는 것이 아니라 법률에 대한 위헌성심사의 결과로서 법률조항이 특정의 적용영역에서 제외되는 부분은 위헌이라는 것을 뜻하므로, 한정위헌결정은 결코 법률의 해석에 대한 헌법재판소의 단순한 견해가 아니라, 헌법에 정한 권한에 속하는 법률에 대한 위헌심사의 한 유형이라는 것이 헌법재판소의 일관된 태도이다.[1] 헌법재판소는 한정위헌결정의 기속력을 인정하고 이에 따라 결정을 하고 있다. 한정위헌결정의 판례는 1990년대 초부터 등장하고 있으며(헌재 1992. 6. 26. 90헌가23; 헌재 1991. 4. 1. 89헌마160; 헌재 1997. 11. 27. 95헌바38), 그 대표적 예로 「헌법재판소법」 제68조 제1항 '재판소원금지의 원칙'의 해석에 관한 것을 들 수 있다. 헌법재판소는 "헌법재판소법 제68조 제1항이 원칙적으로 헌법에 위반되지 아니한다고 하더라도, 법원이 헌법재판소가 위헌으로 결정하여 그 효력을 전부 또는 일부 상실하거나 위헌으로 확인된 법률을 적용함으로써 국민의 기본권을 침해한 경우에도 법원의 재판에 대한 헌법소원이 허용되지 않는 것으로 해석한다면, 위 법률조항은 그러한 한도 내에서 헌법에 위반된다"고 판시하여 한정위헌결정을 하였다(헌재 1997. 12. 24. 96헌마172등).

그러나 법원은 헌법재판소의 한정위헌결정이 법원을 기속하지 않는다고 하여 법원에 대한 기속력을 부정하고 있다. 즉 한정위헌결정은 법률조항의 의미내용과 그 적용범위를 정하는 법률해석으로 이해되며, 법률의 해석·적용은 법원에 전속된 권한이므로 헌법재판소의 법률해석은 법원에 대하여 기속력을 갖지 못하는 단순한 견해표명에 불과하다고 판시하고 있다(대판 1996. 4. 9. 95누11405; 대판 2001. 4. 27. 95재다14; 대판 2013. 3. 28. 2012재두299).

위와 같은 헌법의 해석·적용에 있어서 헌법재판소와 법원 간의 입장 차이는 국민의 기본권보장에서의 불안정성을 가져오고 결국 이는 국민의 부담으로 될 수밖에 없다. 따라서 헌법재판소와 법원은 각기 상대방 기관의 헌법상 기능과 역할을 존중하고 상호협력관계를 유지할 필요가 있다. 양 기관 간 헌법해석의 불일치를 해소할 방안으로 먼저 헌법개정을 통해 최종적인 헌법의 해석권한을 헌법재판소로 일원화하는 것을 생각할 수 있으며,「헌법재판소법」을 개정하여 재판에 대한 헌법소원을 인정하고, 변형결정에 대해서도 기속력을 인정하는 방안 등을 고려해 볼 수 있다.

헌법재판소의 구성방법과 재판관 임기 등의 문제점

우리의 헌법재판소 구성방법은 재판관 9인을 대통령, 국회, 대법원장이 3인씩 선출 또는 지명하도록 하고 있다. 헌법 제111조 제2항은 "헌법재판소는 법관의 자격을 가진 9인의 재판관으로 구성하며, 재판관은 대통령이 임명한다"라고 하고, 제3항에 "제2항의 재판관 중 3인은 국회에서 선출하는 자를, 3인은 대법원장이 지명하는 자를 임명한다"라고 규정하고 있다. 이러한 재판관 임명방식은 헌법재판소 구성의 정치적 중립성을 유지하기 위한 것으로 고안된 것이지만, 다른 한편 민주적 정당성의 관점에서 볼 때 문제가 없지 않다. 특히 대법원장이 3인의 재판관을 지명하게 한 것이 문제되는데, 대법원장 스스로가 국민에 의해 선출된 자가 아니므로 직접적인 민주적 정당성의 토대를 갖지 못하며, 대법원장이 지명하는 3인은 국회의 동의 없이 대통령이 임명하므로 민주적 정당성의 취약성이 심각하게 된다. 이 점은 모든 대법관의 임명에 있어 국회의 동의를 얻도록 한 것과 비교할 때도 헌법재판소 구성의 문제점이 바로 드러나는 부분이다. 독일의 경우 헌법재판소 재판관 16인을 모두 연방의회에서 선출하는 것도 헌법재판소 구성의 민주적 정당성을 확보하기 위해서이므로, 앞으로 우리나라 헌법재판소 제도의 개선을 위해서는 독일과 같이 국회가 모든 재판관을 선출하는 방안을 검토할 필요가 있다.

그리고 헌법재판소의 정치적 중립성 관점에서도 현행 재판관 임명방식은 문제가 적지 않다. 대법원장은 국회의 동의를 얻어 대통령이 임명하므로 국회가 여대 야소로 구성될 경우 대통령은 그와 뜻을 같이

하는 자를 대법원장으로 임명하게 되고, 그 대법원장이 지명하는 재판관 3인도 결국 대통령의 의중과 전혀 무관한 인사가 선출된다고 보기 어려우며, 국회가 선출하는 3인 중 여당 몫이 최소 1명 정해져 있으므로 경우에 따라서는 재판관 9인 중 7인이 대통령의 정치철학이나 이념적 성향을 같이하는 자로 구성될 수 있는 것이 현실이다.

헌법과 「헌법재판소법」에 의하여 헌법재판관의 임기를 6년으로 하며 연임할 수 있도록 규정하고 있다. 그러나 각국의 입법례를 볼 때 6년 임기는 너무 짧으며, 연임제는 헌법재판의 독립성 확보를 위해 적절하지 않다고 하겠다. 따라서 연임제를 폐지하고 단임제로 하면서 임기를 현재의 6년에서 크게 연장하여 10년이나 12년으로 하고 정년제를 유지하여 70세가 되면 임기와 관계없이 자동 퇴직하게 하는 제도를 도입하는 것이 바람직하다. 독일의 경우 헌법재판소 재판관의 임기는 12년이며 정년을 두고 있다. 오스트리아는 재판관의 임기가 없으며 70세에 달한 해의 12월 31일까지 직무를 수행하도록 하고 있다.

우리 헌법재판소의 경우 재판관의 임기를 6년으로 비교적 짧게 규정하고 있기 때문에 판례의 일관성이나 연속성을 기대하기 어려운 측면이 있다. 헌법재판소가 특정 헌법문제에 대해 취해 온 태도가 바뀌어 판례변경을 초래하는 경우는 재판관의 임기 만료로 다수의 재판관이 일시에 퇴직하고 새로운 재판관들이 구성되면서 헌법재판소의 다수의견과 소수의견이 바뀌게 되는 것과 관련이 있다. 시대적 변화에 따라 헌법재판소 판례의 태도도 변화할 수 있지만 수년 만에 이루어지는 재판관의 빈번한 교체는 판례변경의 주요 원인으로 작용할 수 있다. 예를 들면 헌법재판소가 합헌으로 판단한 사건에 대하여 불과

3년 만에 이 "결정의 취지가 타당하고 달리 판단할 사정의 변경이나 필요성이 없는 상황에서" 재판관 다수가 교체되어 판례를 변경하는 것은 결코 바람직하지 않다고 본다.[2]

주

1) 헌법재판소는 위헌법률심판의 대상이 된 법률에 대하여 위헌성을 확인하게 되면 원칙적으로 위헌결정을 하고 당해 법률의 효력은 상실하게 된다. 한정위헌결정은 위헌심판의 대상이 된 법률조항의 해석에 있어 다의적인 해석이 가능하여 일단 위헌으로 해석되는 여지가 있는 것이 분명하고 나머지 부분에 있어서는 합헌으로 해석될 여지가 있는 경우에는 그 법률의 해석·적용에 있어서 위헌으로 해석되는 의미 부분만을 해당 법률의 의미에서 제거하는 결정을 말한다. 헌법재판소는 이러한 한정위헌결정을 위헌결정의 한 유형으로 보고 그 결정의 기속력을 인정하고 있으나, 대법원은 단순위헌결정이 아닌 한정위헌결정에 기속력을 인정할 수 없다고 함으로써 헌법재판소와 대법원은 충돌하게 된다.

2) 헌법재판소는 1999. 11. 25. 99헌바28 사건에서 「공직선거법」상 기초의회의원 후보자의 정당표방금지를 합헌이라고 결정하였으나, 2003. 1. 30. 2001헌가14 사건에서는 재판관 다수가 임기 만료로 교체된 가운데 위 정당표방금지조항이 후보자의 정치적 표현의 자유를 침해한다고 하여 위헌 결정함으로써 3년 2개월 만에 판례변경이 나타나게 되었다. 이에 관해서는 정만희, '지방선거와 정당참여에 관한 헌법적 고찰', 「공법연구」 제33집 제1호, 2004, 18면 이하 참조.

제3장
탄핵심판제도

권력통제와 헌법수호의 장치로서 탄핵제도

탄핵제도(impeachment)란 일반적 사법절차에 따라 소추하거나 징계절차로써 징계하기가 곤란한 고위직 행정공무원이나 신분이 보장되는 법관 등이 직무상 중대한 비위를 범한 경우, 국민의 대표기관인 의회가 이들을 소추하여 파면하는 제도를 말한다. 탄핵제도는 의회의 국정통제수단으로서 중요한 기능을 수행함은 물론이고 고위공직자의 헌법위반행위에 대하여 헌법을 수호하는 기능을 담당한다는 점에서 그 제도적 의의가 크다.

탄핵제도는 영국의 근대 의회제의 성립과 전개 과정에서 그 기원을 찾을 수 있다. 국왕의 전제권력을 억제하고 의회주권을 확립해 나가는 과정에서 역사적 관행에 의해 성립된 탄핵제도는 의회가 중심이 되어 국왕의 각료와 고위공직자 등의 비위와 부정을 소추하고 심판하는 권력통제수단을 의미했다. 영국의 탄핵제도는 그 후 미국 헌법의 탄핵제도의 성립에 커다란 영향을 미쳤다. 미국의 탄핵제도는 엄격한 삼권분립원리를 전제로 국민의 대표기관인 의회가 행정부와 사법부 고위공직자의 권력남용과 부정행위를 처벌하도록 함으로써 주요한 권력통제기능을 수행하게 되었다. 미국 헌정사상 탄핵이 행해진 것은 최근 트럼프 대통령의 탄핵에 이르기까지 총 18건이 있었으나, 그중 대통령탄핵사건은 4건에 불과하고 연방법관에 대한 탄핵이 12건으로서 주로 탄핵이 연방법원 판사의 사법권남용에 대한 통제수단으로서 활용되어 온 것이 특징이라 할 수 있다.

우리나라는 1948년 건국헌법에 탄핵제도를 도입한 이래 현행 헌법에 이르기까지 탄핵대상이나 탄핵사유는 거의 그대로 유지되고 있다. 다만 국회의 탄핵소추에 대한 탄핵심판기관은 변화가 있었다. 건국헌법의 경우 탄핵심판은 탄핵재판소에서 행하도록 규정하였으나, 1960년 헌법은 헌법재판소가 탄핵심판기관이 되었으며, 1962년 헌법은 탄핵심판위원회가 탄핵심판을 관장하도록 하였다. 1972년 헌법과 1980년 헌법은 헌법위원회가 탄핵심판기관이었으며, 1987년 현행 헌법에서는 헌법재판소가 탄핵심판을 관장하고 있다.

미국의 탄핵제도

미국의 탄핵제도는 그 연혁에 있어서 이미 1787년의 연방헌법 제정 이전에 영국의 선례를 계승하여 각 주의 헌법에서 채택된 것을 볼 수 있다. 즉 1776년의 버지니아주헌법과 1780년의 메사추세츠주헌법 등에서 영국의회의 탄핵제도를 도입하였으며, 그 후 연방헌법의 제정 과정에서는 영국의 탄핵제도를 새로운 미국의 정치제도에 적용하기 위해서 헌법 기초자들 사이에 활발한 논의가 전개되었고, 그 결과 오늘날 탄핵제도의 헌법적 기초를 마련하게 된 것이다. 근대 영국사의 발전단계에서 탄핵제도는 왕권을 억제하고 의회주권을 확립하기 위하여 이용되어 왔으며, 이러한 전제권력에 대한 억제수단으로서의 탄핵제도는 미국 헌법의 기초자들에게는 커다란 관심의 대상이 되었던 것이다.

미국 헌법상의 탄핵제도는 엄격한 삼권분립을 전제로 하여 행정부와 사법부에 속하는 공직자의 부정행위를 처벌하는 특별한 권한을, 이들 두 기관으로부터 독립되어 있고 선거를 통해 국민에게 직접 책임을 지는 기관인 의회가 행사하는 것으로 고안해 내었다. 헌법상 탄핵소추권은 연방의회 하원이 가지며, 탄핵심판권은 상원이 갖는다. 대통령과 부통령 및 연방공무원은 탄핵대상이 되며, 대통령에 대한 탄핵심판은 반드시 연방대법원장이 주재해야 한다. 탄핵심판에서 유죄 결정을 내리기 위해서는 출석 상원의원의 3분의 2 이상이 찬성해야 하며, 상원이 탄핵 결정을 통해 해당 공직자에게 가할 수 있는 처벌은 면직과 취임자격제한에 그친다(미연방헌법 제1조 제2절 제5항, 제6항). 탄핵대상이 될 수 있는 행위에 관해서는 "반역죄, 수뢰죄 또는 그 밖의 중대한 범죄와 경죄"(Treason, Bribery, or other high Crimes and Misdemeanors)로 규정하고 있다(동법 제2조 제4절 제1항). 여기서 탄핵 사유로서 모호하게 규정된 '중대한 범죄와 경죄'의 해석은 미국의 탄핵제도에 관한 헌법상의 논의에 있어서 가장 중요한 논점이 되어 왔다. 헌법상 탄핵의 대상이 되는 범죄로서 반역죄와 수뢰죄는 헌법에 직접적으로 명확하게 규정되어 있으므로 그 의미를 확인하는 것은 어려운 문제가 아니지만, 그 밖의 '중대한 범죄 및 경죄'의 해석에 관해서는 탄핵제도의 시행 후 현재에 이르기까지 뜨거운 논쟁이 지속적으로 이어져 오고 있다.[1]

모호하게 규정된 탄핵사유

탄핵사유로서의 반역죄와 수뢰죄 이외의 '중대한 범죄 및 경죄'(high crimes and misdemeanors)는 본래 영국의 탄핵제도에서 기원한 것을 미국 헌법의 제정 과정에서 그대로 채택된 것이다. 영국에서의 탄핵은 그 연혁에서 볼 때 탄핵의 대상이 형사상 기소 가능한 범죄에 한하지 않았으며, 그것은 법률상의 범죄가 아니라 의회가 인정하는 범죄를 의미하였다. 따라서 탄핵의 대상이 되는 범죄나 경죄(비행)는 통상의 의미에서의 형사범죄가 아니라 정치범죄(political crimes)로서의 중대한 범죄 및 비행을 의미하였다. 영국의 탄핵제도를 보면 법률에 의해서 용이하게 정의될 수 없는 정치적 성격의 범죄는 'high crimes and misdemeanors'라고 간주되어 왔다. 그리하여 법관들은 수뢰죄 및 중대한 직무해태에 의해 탄핵될 뿐만 아니라 입헌주의에 반하는 의견에 의해 군주를 잘못되게 하거나 기본법을 어기게 하여 전제권력을 초래한 혐의에 대해서도 탄핵되어 왔던 것이다. 즉 의회는 기소할 수 있는 모든 형사범죄를 탄핵함과 동시에 기소할 수 없는 사건에 대해서도 탄핵할 수 있다고 하여 의회의 탄핵권을 보다 광범위하게 인정하였던 것이다.

미국의 헌법제정 과정에서도 탄핵의 대상과 사유에 관하여 많은 논의가 있었으나, 결국 탄핵의 목적은 일반의 형사범죄에 대한 법적 처벌이 아니라 정치적 범죄에 대한 정치적 처벌에 있다고 보는 것이 지배적이었다고 할 수 있다. 당시 헌법제정회의에서는 탄핵의 정치적 성격을 전제로 하여 탄핵 대상이 되는 행위의 개념을 반역죄와 수뢰죄 뿐만 아니라 '헌법을 파괴하려는 시도'(attempts to subvert the Constitution)가 탄핵의 대상이 되며, 거기에다 국가에 대한 권한남용(abuses against the state)까지 포함된다고 하였다. 그 밖에 "high crimes and misdemeanors"에서의 'high'는 곧 'political'을 의미하는 것으로, 정치적 범죄와 정치적 비행이 탄핵의 대상이 된다고 하였다. 아무튼 탄핵의 대상에 관한 헌법제정회의에서의 논의의 핵심은 탄핵 대상이 되는 행위는 기소 가능한 범죄(indictable offences)에 한정되는 것이 아니고 국가에 대한 권력의 남용과 정치적 범죄나 비행도 이에 포함된다는 것이다.

이와 같은 헌법 제정자들의 의도에 기초한 헌법해석은 실제로 탄핵의 구체적 사건에서도 거의 그대로 적용되고 있음을 알 수 있다. 예컨대 1868년의 앤드루 존슨 대통령 탄핵사건에서는 탄핵의 대상이 되는 범죄는 형법위반, 즉 기소 가능한 범죄에 국한되어야 한다는 견해가 주장된 바 있었으나, 이 사건에서 상원은 이러한 견해를 지지하지 않았다. 탄핵되어야 하는 중대한 범죄 및 비행이라는 것은 본질적으로 통치원리를 파괴하거나 공공복리에 대하여 현저한 해악을 미치는 것을 말하며, 그 밖에 대통령의 헌법상 선서의무 위반 또는 실정법 위반은 아니더라도 부정한 동기 내지 목적을 위하여 재량권을 남용하는 것도 포함된다고 하였다.

법관에 대한 탄핵사건에서도 형사소추할 수 있는 범죄만이 탄핵사유로서의 중대한 범죄 및 비행에 해당하는 것은 아니라는 견해가 지배적이었다. 예컨대 1936년의 연방지방법원 판사 리터(Halsted L. Ritter)에 대한 탄핵에 있어서는 법관에게 법정을 추문과 악평으로 떨어뜨린 책임을 물어 유죄라고 결정한 바와 같이 형법 위반에 이르지 않는 비행(misconduct)이라 하더라도 법원의 권위를 실추시키면 중대한 범죄 및 비행에 해당한다고 판단하였다. 1970년 4월, 연방대법원 판사 더글라스(William O. Douglas)에 대한 탄핵 사건에서 당시 포드(Gerald Ford) 하원의원은 탄핵 대상이 되는 범죄나 비행을 "특정 시점에서 하원의원 과반수 이상이 탄핵 대상이 되는 비행이라고 여기는 모든 행위와, 상원의원 3분의 2 이상이 당해 공직자를 파면할 수밖에 없을 만큼 심각한 비행이라고 판단하는 모든 행위"라고 규정하였다. 이러한 정의는 너무 자의적이고 구체적 판별기준을 제시하지 못하고 있지만, 탄핵 대상이 되는 비행을 정의하는 것이 얼마나 어려운가를 역설적으로 잘 보여주는 예라고 할 수 있으며, 또한 이것은 탄핵의 동기나 결정이 정치적 이해관계(political concerns)에 의해 좌우되고 있음을 말해 준다고 할 수 있다.

　　이렇게 볼 때, 미국에 있어서 탄핵의 사유가 되는 범죄와 기소 가능한 범죄는 구별되는 것으로 이해되고 있으며, 대부분의 헌법학자들도 탄핵 대상이 되는 행위는 기소 가능한 범죄보다는 넓은 개념으로 이해하고 있다. 미국 헌법상의 규정을 보더라도 탄핵에는 사면권이 적용되지 않으며, 탄핵심판을 배심으로부터 제외하고 있는 것도 탄핵을 순수한 정치적 성격을 지닌 것으로 보기 때문이다. 또한 탄핵으로 유죄판결을 받게 되면 파면 및 명예, 신임 또는 보수가 따르는 합중국의 공무취임 자격의 박탈 이상에 영향을 미치는 것은 아니라는 규정(동법

제1조 제3절 제7항)에서 보더라도, 탄핵은 형사절차라기보다는 징계절차를 의미한다.

다만 대통령에 대한 탄핵문제에 있어서는 실제로 법관에 대한 탄핵의 경우보다 엄격한 기준에 의거하여 탄핵조항을 적용하는 것을 볼 수 있다. 미국 탄핵제도의 오랜 역사적 전개 과정에서 볼 때 대통령에 대한 의회의 탄핵소추가 4건에 불과하고 탄핵심판으로 파면된 대통령이 한 명도 없었다는 것은, 국민에 의해 민주적 정당성을 부여받은 대통령에 대한 탄핵조항의 적용은 매우 신중하게 행해지고 있음을 말해 준다.

대통령에 대한 4건의 탄핵소추

미국의 탄핵심판 사건을 보면, 대통령에 대한 탄핵소추가 연방의회 하원에서 의결되어 상원의 심판절차까지 진행된 것은 앤드루 존슨, 클린턴, 트럼프 대통령 등 3명이 있었으나, 상원의 심판으로 대통령을 파면시킨 경우는 1건도 없다. 닉슨 대통령 탄핵사건의 경우는 연방하원에서 탄핵절차가 진행되는 도중에 대통령 스스로 사임했기 때문에 상원의 심판절차를 피했던 것이다. 반면에 연방 법관에 대한 탄핵소추는 12건이 있었으나 그중 7명의 법관이 상원의 심판에 의해 파면되었다.

대통령에 대한 최초의 탄핵사건은 1868년의 앤드루 존슨(Andrew Johnson) 대통령에 대한 탄핵이었으나, 상원에서 1표 차이로 기각되어 파면을 면하였다. 당시 존슨 대통령에 대한 탄핵은 첨예하게 대립하는 당파주의의 와중에서 정치적 이유에 기초한 탄핵의 사례로 기록되었으며, 정치적 이유에 의한 정쟁의 도구로서의 대통령 탄핵에 대해서는 동의할 수 없다는 하나의 선례를 남기게 되었다. 존슨 대통령에 대한 탄핵의 실제적 이유가 그의 정치이념에 대한 급진파의 격한 증오에서 유래한 것이었고, 그들은 탄핵을 정치적 이해관계에 따라 대통령을 파면하는 무기로 성공시킬 수 있다고 생각한 것이었다. 그러나 탄핵결정에 필요한 '3분의 2' 이상의 찬성이라는 특별정족수 규정에 의거하여 결국 파면을 면한 것은 헌법 제정자들의 탁월한 예견력을 입증한 것이라고 할 수 있다. 존슨 대통령 탄핵사건 이후 미국에서의 탄핵 사례는 대부분이 연방법원 판사에 대한 탄핵이었으며 대통령에 대한 탄핵문제는 거의 거론되지 않았다. 1974년의 닉슨 대통령 탄핵사건에 이어 1999년의 클린턴 대통령 탄핵사건을 계기로 미국의 학계에서는 헌법상의 탄핵제도에 관한 논의가 활발하게 전개되었다.

클린턴 대통령 탄핵사건

1998년 클린턴 대통령 탄핵사건은 처음부터 탄핵사유에 의문이 제기되었으며 국민 여론도 탄핵에 반대하는 입장이 압도적으로 우세한 가운데 무리하게 진행된 사건이었다. 1998년 12월 19일 연방하원은 클린턴 대통령에 대하여 그의 민사소송 사건과 관련하여 위증과 사법방해를 하였다는 이유로 탄핵소추를 가결하였고, 1999년 1월 7일 상원에서 탄핵심판이 개시되어 2월 12일 탄핵 여부에 대한 표결이 행해졌다. 위증의 탄핵사유에 관한 표결에서는 50대 45로 부결되었고, 사법방해의 탄핵사유에 대해서는 50대 50으로 부결되었다. 탄핵사유로서 위증과 사법방해는 클린턴 대통령의 직무수행과 관련된 범죄행위가 아닌 것이었으며 국가에 대한 중대한 해악을 끼친 것도 아니었다. 클린턴의 탄핵사유는 과거 아칸소 주지사 시절 그의 여비서인 폴라 존스가 클린턴 지사로부터 성희롱을 당했다는 것을 이유로 위자료청구소송을 제기한 존스사건과 관련하여, 위증과 허위 진술을 하였으며 증거의 제출을 방해하고 증거를 은폐하여 사법방해를 하였다는 것이다. 1998년 1월부터 특별검사국은 클린턴 대통령이 존스소송 진행 과정에서 위증과 사법방해 등을 한다는 정보를 입수하고 본격적인 조사를 진행하였고, 1999년 9월 특별검사국은 대통령의 위증과 사법방해 행위는 탄핵사유를 구성할 수 있다고 주장하여 11가지의 탄핵사유를 제시한 보고서를 연방의회에 제출함으로써 탄핵절차가 시작된 것이다.

클린턴 탄핵사건에 대한 당시 학계의 반응은 대체로 비판적 시각이 우세하였다. 미국의 대표적인 헌법학자 중 한 사람인 선스타인(Cass R. Sunstein) 교수는 미국 헌법상 탄핵조항의 근본적 목표는 대통령의 권한행사에 있어서 그 권한을 광범위하게 남용한 것(large-scale abuses of presidential authority)이 명백한 경우에 한정하여 탄핵을 허용하는 데 있으며, 그 이외의 경우에 대통령을 탄핵하는 것은 미국의 전통과 헌법에 반한다고 주장하였다.[2] 즉 헌법상 대통령 권한의 명백한 남용 이외의 경우에 대통령의 범법행위는 탄핵 절차가 아니라 대통령의 퇴임 후 일반의 형사절차에 따라 소추되어야 한다는 것이 본래의 탄핵제도에 대한 올바른 이해라고 하였다. 따라서 클린턴 대통령에 대한 탄핵사건은 권력분립원리에 대한 침해의 문제가 제기될 수 있으며, 앞으로의 모든 대통령이 불법적인 행위나 스캔들에 개입된 경우 탄핵은 대통령을 공격하는 의회의 무기(legislative weapon)로 쉽게 변질될 위험이 있다고 지적하였다.

클린턴 탄핵사건의 전 과정에서 드러난 문제점과 특징은 여러 가지 관점에서 지적될 수 있다. 클린턴에 대한 상원의 무죄결정 직후, 많은 학자들이 이에 대하여 비판적 관점에서의 분석과 평가를 내놓았다. 그 내용으로는 첫째, 탄핵소추권자인 하원이 독자적인 조사 없이 외부기관의 수사자료에 전적으로 의존하였다는 점을 지적하고 있다. 이러한 하원의 태도는 최근의 여섯 차례의 탄핵시도 중 네 번은 미 연방 법관회의의 조사 및 요청에 근거했고 나머지 두 번은 특별검사의 수사에 의존한 것을 말한다. 둘째, 클린턴 사건에서는 탄핵사유에 관한 기준을 적용하는 데 있어 그 이전 7건의 연방 판사 탄핵사건 당시 적용한 기준의 상당 부분을 충족시키지 못했다는 것이다. 법관에 대한 과거의 탄핵에 있어서는 탄핵사유가 되는 중대한 범죄 및 비행이 국가에 중대한 해악을 끼치고, 그 비행이 당해 공직자의 직무와 관련이 있어야 한다는 기준을 적용하였다. 여기의 두 번째 기준에 대한 판단은 직무와 관련된 비행의 정도가 심각한지 또는 공직수행을 불가능하게 하여 해임 이외에는 달리 의회가 취할 적절한 방법이 없는지를 고려하는 것이다. 그러나 클린턴 사건에서는 상원의원들이 실제로 이러한 기준의 적용을 결여한 채 표결에 참여하였다. 셋째, 클린턴 사건은 난립한 매스컴 시장의 선정적이고 경쟁적인 보도 태도가 문제점으로 지적된다는 것이다. 이 사건을 '제2의 워터게이트' 사건으로 특종화하려는 과도한 언론의 시도는 오히려 국민을 식상케 하였다. 넷째, 클린턴 사건은 대통령의 업무수행에 대한 높은 평가와 지지율에 근거한 국민적 여론이 탄핵의 기각결정에 실질적 영향을 미친 첫 번째의 사건이라는 것이다. 당시 여론조사 결과를 보면 클린턴에 대한 탄핵이 진행되는 가운데 그에 대한 국민의 지지도는 지속적으로 67%를 유지하였으며, 과반수의 국민이 클린턴의 해임을 반대하였다. 그리고 미국 국민의 76%가 클린턴 탄핵사건이 탄핵의 근거가 될 수 없는, 순전히 사적인 비행을 다루고 있다고 생각하였다.

클린턴 탄핵사건은 미국 탄핵제도가 나아가야 할 방향과 과제라는 관점에서 많은 교훈을 남겨 주었다. 우선, 연방 헌법상 상원의 '3분의 2' 의결정족수 규정 때문에 공화당과 민주당이 대통령의 해임에 동의할 만큼 심각한 범죄나 비행이 아니고는 대통령을 탄핵하는 것이 불가능하다는 사실을 재인식하게 되었다. 유죄의 입증책임을 지는 의회는 자신들이 행하는 기소와 심판이 당파적 이해를 초월한 것임을 입증하여 국민을 설득할 수 있어야 탄핵제도가 성공할 수 있다는 것을 인식하게 되었다. 그리고 탄핵제도는 아주 일부의 매우 예외적인 비행이나 범죄에만 적절한 수단이 될 수 있을 뿐이며, 오히려 탄핵 이외의 다른 수단들, 예컨대 여론과 선거, 역사의 심판이나 민·형사재판 또는 공개적 비판과 감시 등과 같은 것들이 고위공직자의 권한남용과 비행, 범법행위를 막거나 억제하는 데에 더 적절한 수단이 될 수 있다는 것을 알게 되었다.[3]

트럼프 대통령 탄핵사건

트럼프 대통령은 미국 헌정사에 있어서 유일하게 두 차례에 걸쳐 연방하원에서 탄핵소추안이 가결된 인물이다. 제1차 탄핵사건은 트럼프가 2019년 7월 우크라이나 대통령에게 군사원조를 빌미 삼아 정적(政敵)인 바이든 전 부통령 부자(父子)에 대한 조사에 협조해 줄 것을 요청했다는 것과, 2019년 9월부터 트럼프 대통령에 대한 하원의 탄핵조사가 시작되었을 때 트럼프가 증인의 의회출석을 계속 방해한 데 대해 직권남용과 의회방해 혐의로 2019년 12월 18일 하원에서 탄핵소추안이 가결된 것으로, 이는 2020년 2월 5일 상원에서 부결되었다. 트럼프 대통령의 제2차 탄핵사건은 2020년 11월의 대통령선거 결과에 불복한 트럼프 지지자들의 연방의회 의사당 습격사태에 대한 책임을 묻기 위해 트럼프에게 내란선동 혐의를 적용한 것으로, 2021년 1월 13일 대통령 임기 만료 일주일을 남겨놓은 시점에 하원에서 탄핵안이 통과되었다. 그러나 트럼프 대통령이 1월 20일 퇴임하게 됨에 따라 상원은 2월 9일 탄핵 심리에 앞서, 퇴임한 전직 대통령에 대한 탄핵심판이 헌법에 합치하는지 여부에 관하여 표결을 진행하여 합헌결정을 했다. 탄핵안 심리 결과 2021년 2월 13일 표결에서 유죄 57표, 무죄 43표로 탄핵안은 부결되었다. 유죄 57표는 민주당 전원 50표에 더해 공화당에서도 7표가 나온 것이지만 대통령탄핵에 관한 특별정족수인 '3분의 2 이상'의 찬성(67표) 요건에는 미치지 못하였다.

연방법원 판사에 대한 탄핵

연방법원 판사에 대한 최초의 탄핵사건은 1803년의 피커링(John Pickering) 뉴햄프셔주 연방지방법원 판사에 대한 탄핵이었으며, 그 후 1804년의 체이스(Samuel Chase) 연방대법관에 대한 탄핵을 비롯하여, 1826년의 펙크(James H. Peck) 지방법원판사에 대한 탄핵사건 등을 거쳐 1980년대의 클레이본(Harry Claiborne), 헤이스팅스(Alcee Hastings), 닉슨(Walter Nixon) 사건에 이르기까지 총 12건의 탄핵사건이 있었다. 그중에서 7명의 연방 판사가 상원의 유죄판결로 해임되었다.

이와 같이 탄핵대상으로서의 모든 공무원 속에는 법관이 포함되는 것으로 확인되고 있으나, 헌법 제정자들은 탄핵의 대상으로 법관에 대해서는 큰 관심을 갖지 않았으며, 오로지 대통령의 권력남용에 대한 통제수단으로 탄핵을 염두에 두고 있었던 것이다. 그렇지만 미국의 탄핵사건의 실제를 보면 헌법 제정자들의 의도와는 반대로 주로 연방판사에 대한 탄핵을 중심으로 운용되어 온 것이 특징이다. 그리고 초기의 법관에 대한 탄핵사건은 실제로 정치적 이유에 의해 탄핵소추가 행해진 것을 볼 수 있다. 체이스 연방대법관에 대한 탄핵은 당시 체이스가 제퍼슨 일파의 정치적 입장에 동조하지 않은 것을 이유로 한 것이었으나, 제퍼슨 진영의 분열로 이 시도는 실패로 끝나게 되었다. 이러한 체이스의 무죄판결은 정치적 당파심에 대한 정의의 승리를 의미하였다. 1805년의 체이스 대법관의 탄핵사건 이래 지금까지 연방판사에 대한 탄핵이 10여 건 있었으나, 정치적 이유에 기초한 법관의 탄핵을 막아보려는 노력은 거의 존재하지 않았다고 보는 것이 학계의 지적이다.

미국 헌법에 있어서 법관에 대한 탄핵은 사법권의 독립에 중대한 영향을 미치는 문제이다. 헌법 기초자들은 통치구조에 있어서 사법권의 독립을 강조하였으며, 사법권 독립을 위한 헌법상의 제도적 장치가 연방법원 판사의 종신제에 의한 신분보장 규정이다. 그렇기 때문에 법관의 탄핵에 있어서 탄핵사유를 어떻게 정할 것인가, 또는 실정법상의 탄핵사유를 어떻게 해석할 것인가의 문제는 법관의 신분보장과 직접적인 관련을 갖게 된다. 그러나 실제 법관에 대한 탄핵 사례들을 보면, 모든 탄핵대상자에게 동일하게 적용되어야 할 탄핵사유와 기준이 법관에게는 차별적으로 적용되는 경우들이 적지 않았다. 예컨대 피커링(J. Pickering) 연방판사에 대한 탄핵사건에서는 법정에서의 술주정과 불경스러운 언사를 이유로 탄핵되어 유죄판결을 받았으며, 1862년의 험프리스(W.H. Humphreys) 사건에서는 반역죄, 수뢰죄뿐만 아니라 판사로서의 부당한 판결이나 직무집행 거부 등이 탄핵사유로 제시되었다. 그러나 체이스 사건에서의 상원의 무죄판결은 기소 가능한 범죄의 성질을 갖지 않는 한 공직자는 탄핵되지 않는다는 선례로서의 의미를 가진다. 그 후 1936년의 리터(H. Ritter) 사건에서 법원을 추문과 악평으로 떨어뜨린 책임을 법관에게 물어 유죄판결을 내린 바와 같이, 형사 소추에 이르지 않는 법관의 비행이라 하더라도 법원의 권위를 실추시키고 국민의 신뢰를 저버리게 되면 탄핵사유가 된다고 하였다.

최근에 와서 법관에 대한 탄핵 사례를 보면 1986년의 클레이본(H. Claiborne) 사건에서는 판사의 개인소득세 탈루 혐의가 탄핵사유였다. 이 탈세혐의는 판사의 직무에 직접 관련되는 것은 아니지만 그 행위가 법을 무시하고 판사직 수행에 필요한 도덕적 권위를 완전히 무너뜨리는 것으로 평가되기 때문에 탄핵결정에 이르게 된 것이다. 이 사건은 공직자는 국민의 신뢰를 받고 있는 자리에 있기 때문에 공직자가 국민의 신뢰를 완전히 저버린 행동을 한 경우는 비록 그 행위가 직접 공무수행과 관계없다고 하더라도 공직으로부터 추방되어야 한다는 교훈을 심어 주었다. 한편 이 사건 이전의 1970년 더글라스(William O. Douglas) 연방대법관에 대한 탄핵시도에 있어서는 그의 기행과 난잡한 성생활이 많은 사람들을 불쾌하게 했음에도 불구하고, 그러한 문제들

이 대법관으로서의 직무수행에 관련이 없다는 판단에 따라 그 시도가 좌절되었다.[4]

더글라스 대법관에 대한 탄핵 시도는 정치적 이유에 의한 탄핵의 현실을 말해 주는 사례이며, 그 이후 여러 차례의 탄핵사건에서 탄핵사유의 범위를 한정하려는 시도가 있었지만, 탄핵에서의 정치적 요인을 배제하려는 노력은 아직도 성공하지 못하고 있는 실정이다.

우리나라의 탄핵심판제도

우리 헌법상의 탄핵제도는 탄핵소추기관과 탄핵심판기관이 분리되어 있는 것이 특징이다. 국회가 탄핵소추권을 행사하고, 탄핵심판은 헌법재판소의 권한으로 하고 있다. 현행 헌법은 탄핵소추대상자로서 대통령·국무총리·국무위원·행정각부의 장·헌법재판소 재판관과 사법부의 법관·중앙선거관리위원회 위원·감사원장·감사위원 기타 법률이 정한 공무원으로 규정하고 있다(제65조 제1항). 여기서 "기타 법률이 정한 공무원"의 범위로는 「검찰청법」에 의해 검사가 포함된다. 대통령에 대한 탄핵소추는 국회 재적의원 과반수의 발의가 있어야 하며 의결은 재적의원 3분의 2 이상의 찬성이 있어야 한다. 그 외의 자의 경우에는 국회 재적의원 3분의 1 이상의 발의와 재적의원 과반수의 찬성으로 의결한다(제65조 제2항).

헌법은 제65조 제1항에 탄핵소추의 사유로서 "직무집행에 있어서 헌법이나 법률을 위배한 때"라고 하여 그 사유를 포괄적으로 규정하고 있다. 탄핵사유는 첫째로 직무집행에 관련된 것이어야 하므로 직무집행과 관련 없는 사생활에 관한 사항은 물론, 대통령 당선 전이나 퇴직 후의 행위는 탄핵사유가 될 수 없다. 둘째로 헌법이나 법률을 위배한 경우라야 하므로 단순한 부도덕이나 정치적 무능력, 정책결정상의 과오 등은 탄핵사유가 될 수 없다. 여기서 헌법이나 법률을 위반하는 위법행위는 고의나 과실에 의한 경우뿐만 아니라 법의 무지로 인한 경우도 포함될 수 있다. 탄핵제도의 본질은 형사재판에 의한 처벌과 구별되는 징계적 처벌의 성격을 가지는 것이므로 우리 헌법도 제65조 제4항에 "탄핵결정은 공직으로부터 파면함에 그친다. 그러나 이에 의하여 민사상이나 형사상의 책임이 면제되지는 아니한다"라고 규정하고 있다. 탄핵제도는 의회의 국정통제수단으로서 중요한 기능을 수행함은 물론이고, 고위공직자에 의한 헌법침해로부터 헌법을 수호하는 기능을 담당하며 나아가 책임정치의 구현이라는 측면에서도 중요한 의미를 가진다.

우리나라의 탄핵제도는 2004년 노무현 대통령 탄핵사건 이전의 한국 헌법사에 있어서 오랜 기간 '헌법상의 장식물'에 불과하였고 실제로 고위공직자에 대한 탄핵심판이 행해진 적이 없었다. 그러나 노무현 대통령 탄핵사건을 계기로 우리 국민은 탄핵제도가 더 이상 헌법상의 장식물이 아니라 실질적이고 강력한 국정통제수단으로 기능할 수 있음을 인식하게 되었고, 2017년 박근혜 대통령 탄핵사건에서는 헌법재판소가 대통령에 대한 파면결정을 하였다.

법관에 대한 탄핵은 권력분립원리와 사법권의 독립에 비추어 신중을 기해야 하는 것이므로 우리나라 헌정사에 있어서 법관에 대한 국회의 탄핵소수가 발의된 경우는 없었다. 그러나 최근 2021년 2월 24일 국회는 절대다수의석을 가진 더불어민주당의 일방적인 탄핵소추발의에 의해 헌정사상 최초로 법관의 탄핵소추가 의결되어 헌법재판소의 심판을 받게 되었다. 탄핵소추의 과정을 보면, 임성근 전 부산고법 부장판사가 일본 산케이신문 서울지국장의 명예훼손 사건의 재판에 개입했다는 혐의에 따라 직권남용죄로 기소되어 제1심에서 무죄판결을 받았으나, 국회는 임 판사의 그러한 행동이 위헌적인 행위라 하여 탄핵소추를 의결한 것이다. 그러나 탄핵소추가 의결된 지 4일 후 임 판사는 2021년 2월 28일 임기 만료로 퇴직하였다. 헌법재판소는 임 판사에 대한 탄핵심판 사건에서 이미 임기 만료로 퇴직한 피청구인에 대해서는 본안 판단에 나아가도 파면결정을 선고할 수 없으므로 결국 이 사건 탄핵심판청구는 부적법하다는 각하결정을 하였다(헌재 2021. 10. 28. 2021헌나1).

2022년 5월 윤석열 정부의 출범 이후 국회는 여소 야대의 정국이 된 상황에서 정부·여당과 야당 간에 극한 대결구도가 지속되는 가운데 이태원 '핼러윈참사'가 발생하자, 2023년 2월 8일 국회는 더불어민주당을 비롯한 야3당의 주도하에 정부의 부실대응을 이유로 이상민 행정안전부장관에 대한 탄핵소추안을 통과시켰다. 국무위원에 대한 탄핵소추가 가결된 것은 헌정사상 처음 있는 일이다. 이 사건에서 헌법재판소는 "행정각부의 장에 대한 파면결정이 가져오는 국가적 손실이 경미하다고 보기는 어렵지만, 대통령과 비교할 때, 파면의 효과에 근본적인 차이가 있으므로 '법위반 행위의 중대성'과 '파면결정으로 인한 효과' 사이의 법익형량을 함에 있어서 이 점이 고려되어야 한다"고 판시하고, 피청구인이 사전 예방조치와 사후 재난대응 조치가 헌법이나 법률을 위반했다고 볼 수 없다고 하여 기각결정하였다(헌재 2023. 7. 25. 2023헌나1).

노무현 대통령 탄핵사건

2004년 3월 12일 한국 헌정사상 최초로 국회는 노무현 대통령에 대한 탄핵소추안을 상정하여 재적의원 271인 중 193인의 찬성으로 가결하였다. 탄핵소추위원인 국회 법제사법위원회 위원장 김기춘은 「헌법재판소법」에 따라 소추의결서의 정본을 같은 날 헌법재판소에 제출하여 피청구인에 대한 탄핵심판을 청구하였다. 탄핵소추 사유는 노무현 대통령이 「공직선거법」의 선거중립의무를 위반하여 특정 정당을 지지하였고, 헌법 제72조의 국민투표제 규정에 위반하여 대통령의 재신임을 묻는 국민투표를 제안하는 발언 등이 헌법에 위배된다는 것이었다. 그 밖에 측근비리연루, 경제파탄에 대한 책임 등이 주장되었다. 이 사건을 계기로 헌법상 대통령에 대한 탄핵소추의 사유로서 직무집행에 있어서 "헌법이나 법률을 위배한 때"의 의미가 무엇인지에 관한 헌법해석론이 핵심적인 쟁점사항이 되었다. 즉 헌법이나 법률을 위배하는 대통령의 직무상의 모든 행위가 탄핵사유가 되는지, 또는 파면을 정당화할 만큼 중대한 법위반행위만이 탄핵사유가 되는지가 쟁점이 된 것이다. 헌법재판소는 이 사건에서 "헌법이나 법률에 위배했는지의 여부"와 "파면할 것인지의 여부"를 구분하여, 심판대상이 된 대통령의 행위들이 헌법과 법률에 위배했다고 인정하면서도 그 위배행위가 파면을 정당화할 정도로 "중대한 법위반"에 해당하지 않는다고 하여 청구를 기각하였다(헌재 2004. 5. 14. 2004헌나1). 헌법재판소는 "파면결정을 통하여 헌법을 수호하고 손상된 헌법질서를 다시 회복하는 것이 요청될 정도로, 대통령의 법위반행위가 헌법수호의 관점에서 중대한 의미를 가진다고 볼 수 없고, 또한 대통령에게 부여한 국민의 신임을 임기 중 다시 박탈해야 할 정도로 국민의 신임을 저버린 경우에 해당한다고도 볼 수 없으므로, 대통령에 대한 파면결정을 정당화하는 사유가 존재하지 않는다"고 판시하였다.

이 사건에서 헌법재판소는 대통령에 대한 탄핵사유로서 법위반행위의 중대성의 구체적 판단기준을 다음과 같이 제시하였다.

"탄핵심판절차를 통하여 궁극적으로 보장하고자 하는 헌법질서, 즉 '자유민주적 기본질서'의 본질적 내용은 법치국가원리의 기본요소인 '기본적 인권의 존중, 권력분립, 사법권의 독립'과 민주주의원리의 기본요소인 '의회제도, 복수정당제도, 선거제도' 등으로 구성되어 있다는 점에서, 대통령의 파면을 요청할 정도로 '헌법수호의 관점에서 중대한 법위반'이란, 자유민주적 기본질서를 위협하는 행위로서 법치국가원리와 민주국가원리를 구성하는 기본원칙에 대한 적극적인 위반행위를 뜻하는 것이고, '국민의 신임을 배반한 행위'란 '헌법수호의 관점에서 중대한 법위반'에 해당하지 않는 그 외의 행위유형까지도 모두 포괄하는 것으로서, 자유민주적 기본질서를 위협하는 행위 외에도, 예컨대, 뇌물수수, 부정부패, 국가의 이익을 명백히 해하는 행위가 그의 전형적인 예라 할 것이다."

이와 같은 대통령의 탄핵사유에 관한 헌법재판소의 판단에 비추어 볼 때, 당시 노무현 대통령에 대한 국회의 탄핵소추의결은 여소 야대의 상황에서 한나라당과 새천년민주당 등 야당의원들이 탄핵소추를 졸속으로 의결하여 소추권을 남용한 것이 아닌가 하는 비판이 제기될 수 있다. 헌법 제65조 제1항에 의하여 대통령이 "직무집행에 있어서 헌법이나 법률을 위배한 때에는" 국회는 탄핵의 소추를 의결할 수 있으며, 헌법재판소는 「헌법재판소법」 제53조 제1항에 따라 "탄핵심판청구가 이유있는 때에는" 피청구인을 당해 공직에서 파면하는 결정을 선고한다. 여기서 탄핵심판청구가 이유있는 때란 "모든 법위반의 경우가 아니라 단지 공직자의 파면을 정당화할 정도로 '중대한 법위반'의 경우"를 말하며, 결국 파면결정을 할 것인가의 여부는 "공직자의 법위반의 중대성과 파면결정으로 인한 효과 사이의 법익형량을 통하여 결정한다"고 판단한 헌법재판소의 태도는 타당하다고 할 것이다. 이 점에서 볼 때 국회의 탄핵소추의결은 대통령에 대한 탄핵소추사유를 기계적이고 형식적으로 해석한 결과라고 볼 수밖에 없다 할 것이다.

이 사건에서 소추위원의 주장을 보더라도, 탄핵사유의 해석에 있어 지나치게 자의적으로 해석한 측면이 보인다. 탄핵사유에 관하여 "대통령의 직무집행과 관련된 부도덕이나 정치적 무능력, 정책결정상의 과오도 해당된다"고 하고, "대통령이 헌법상 의무를 위반하거나 불성실하게 대통령으로서의 직책을 수행하는 것은 다른 위반행위와 달리 헌법이나 법률에 중대하게 위반된 경우임이 명백하며, 대통령의 취임 전 행위도 탄핵대상이 된다"고 주장하였다. 탄핵사유로서 정책결정상의 과오나 무능력, 취임 전의 행위를 포함시키는 것은 학계의 통설적 입장과 거리가 멀며, 대통령의 성실한 직책수행의무 위반이 곧 중대한 법위반행위로 보는 것은 법리적 해석으로서의 논거가 부족하다.

박근혜 대통령 탄핵심판과 파면결정

이른바 '최순실의 국정농단의혹사건'과 국회의 탄핵소추의결

　2016년 10월부터 대통령의 측근 비선실세인 최서원(최순실)의 국정개입 의혹이 언론에 집중 보도되는 상황에서 11월 17일 국회는 박근혜 정부의 민간인에 의한 국정농단의혹사건 진상규명을 위한 국정조사서 승인의 건과 특별검사 임명에 관한 법률안을 통과시켰다. 11월 28일 더불어민주당, 국민의당, 정의당 등은 대통령탄핵소추안을 공동으로 발의하기로 합의하자, 11월 29일 박근혜 대통령은 제3차 국민담화를 통해 대통령직 임기단축을 포함한 진퇴 문제를 국회의 결정에 맡기겠다고 발표하여 대통령직 사임 의사를 밝혔다. 그러나 국회는 특별위원회를 구성하여 국정조사를 진행하였고, 12월 1일 특별검사가 임명되었다. 국회는 12월 3일 우상호, 박지원, 노회찬 등 171명의 의원이 발의한 대통령탄핵소추안을 12월 8일 본회의에 상정하여 12월 9일 재적의원 300인 중 234인의 찬성으로 가결하였다.[5] 가결과 동시에 국회 소추위원(법사위원회 위원장) 권성동 의원은 소추의결서 정본을 헌법재판소에 제출하여 피청구인에 대한 탄핵심판을 청구하였다.

　이 탄핵사건에서 청구인은 피청구인 박근혜 대통령에 대한 탄핵소추사유로 5개 유형의 헌법위반행위와 4개 유형의 법률위반행위 등

9가지를 적시하였다. 헌법위반행위로는, 대통령이 권력을 남용하여 사기업들로 하여금 수백억 원을 갹출하도록 하고 국가권력을 사익추구의 도구로 전락하게 하여 국민주권주의 및 대의제 민주주의의 본질을 훼손하고 국정을 비선조직에 따른 인치주의로 운영하여 법치국가원칙을 파괴한 것으로 대통령의 헌법수호 및 헌법준수의무를 위반한 것을 비롯하여, 사기업에 금품출연을 강요하여 뇌물을 수수하거나 최순실에게 특혜를 주도록 강요하여 기업의 재산권과 직업의 자유를 침해하였다는 것과, 세월호 참사가 발생하였을 때 국민의 생명과 안전을 보호하기 위한 적극적 조치를 취하지 아니하여 생명권 보호의무를 위반하였다는 것 등을 탄핵소추사유로 들고 있다. 그리고 법률 위반행위로는 재단법인 미르와 케이스포츠 설립 모금 등과 관련하여 「특정범죄 가중처벌 등에 관한 법률」상 뇌물죄와 형법상 직권남용권리행사방해죄 및 강요죄에 해당하며, 공무상 취득한 비밀누설에 관한 범죄가 탄핵소추사유가 된다고 하였다.

헌법재판소의 탄핵심판 과정과 파면결정의 법리

대통령 박근혜 탄핵심판사건에서 헌법재판소는 2017년 3월 10일 오전 11시 21분 재판관 8인의 전원일치 의견으로 "피청구인 대통령 박근혜를 파면한다"고 파면결정을 선고하였다. 헌법재판소는 이 사건 심판 진행과정에서 국회의 탄핵소추의결서에 나열된 소추사유들을 사실관계를 중심으로 5가지 유형으로 정리하였고, 그 후 주심재판관의 요구에 따라 2017년 2월 1일 제10차 변론기일에서 소추인은 소추사유를 4가지 유형으로 다시 정리하였다. 그리하여 탄핵소추사유로서 뇌물수수 등의 형사법위반에 관한 부분은 제외되었다. 이에 대해 피청구인은 2017년 2월 22일 제16차 변론기일에 이 사건 심판청구가 여러 가지 적법요건을 갖추지 못하였다고 주장하면서 소추의결서의 소추사유가 특정되지 않았고 청구인의 소추사유 정리가 위법하다고 주장하였다.[6] 그러나 헌법재판소는 소추사유를 판단할 때 국회의 소추의결서에서 분류된 소추사유의 체계에 구속되지 않으므로 소추사유를 어떤 연관관계에서 법적으로 고려할 것인가 하는 것은 전적으로 헌법재판소의 판단에 달려있다고 하였다.

이 심판사건의 본안판단에 있어서 핵심 쟁점은 박근혜 대통령의 헌법이나 법률 위반행위가 파면을 정당화할 수 있을 정도로 중대한지의 여부이며, 그렇다면 대통령의 파면을 정당화할 수 있는 헌법이나 법률 위반행위의 중대성의 판단기준이 무엇인가에 관한 것이다. 여기서 헌법재판소는 기본적으로 대통령의 법위반행위의 중대성에 관한 판단기준에 대하여 2004년 노무현 대통령 탄핵심판사건(2004헌나1)의 선례에 나타난 법리를 적용하고 있다. 그리하여 법위반행위의 중대성에 관한 판단기준으로 헌법수호의 관점과 대통령에게 부여한 국민의 신임을 박탈한다는 관점이라는 두 가지 기준을 따르고 있으나, 노무현 대통령 탄핵사건에서의 판단과 일치된다고 보기 어려운 점도 발견된다.

박근혜 대통령 탄핵심판에서 헌법재판소는 "대통령이 국민으로부터 위임받은 권한을 사적 용도로 남용하여 특정인의 사익추구를 도와준 것과 이러한 사실을 철저히 은폐한 것 등은 대의제 민주주의와 법치주의의 정신을 훼손한 행위로서 대통령으로서의 공익실현의무를 중대하게 위반한 것"이라고 하고 이러한 법위반행위는 "국민의 신임을 배반한 행위로서 헌법수호의 관점에서 용납될 수 없는 중대한 법위반행위로 보아야 한다"고 판시하고 있다.

　　　노무현 대통령 탄핵사건에서는 국민에 의해 선출되어 직접적인 민주적 정당성을 부여받은 대통령의 탄핵사유로서 헌법이나 법률 위반의 중대성의 판단기준으로 헌법수호의 관점에서의 중대한 법위반행위와 국민적 신임을 박탈한다는 관점에서의 중대한 법위반행위를 명확하게 구분하였음은 전술한 바와 같다. 즉 대통령의 파면을 요청할 정도로 헌법수호의 관점에서 중대한 법위반이란, 자유민주적 기본질서를 위협하는 행위로서 "법치국가원리와 민주국가원리를 구성하는 기본원칙에 대한 적극적인 위반행위"를 뜻하는 것이고, 국민의 신임을 배반한 행위란 헌법수호의 관점에서 중대한 법위반에 해당하지 않는 그 외의 행위유형까지도 모두 포괄하는 것으로서, 예컨대, "뇌물수수, 부정부패, 국가의 이익을 명백히 해하는 행위"가 그의 전형적인 예라고 판시하였다. 그러나 박근혜 대통령 탄핵사건에서는 대통령의 공익실현의무 위반 등은 국민의 신임을 배반한 행위이며, 이러한 국민의 신임을 배반한 행위는 곧 헌법수호의 관점에서 중대한 법위반행위라는 것이다. 법위반행위의 중대성에 관한 판단기준의 두 가지 관점의 구분 없이 국민의 신임을 배반한 법위반행위가 동시에 헌법수호의 관점에서 용납할 수 없는 행위로 간주하는 모호한 입장을 취하고 있다.

헌법재판소가 인정한 탄핵사유

헌법재판소가 박근혜 대통령에 대한 탄핵사유를 인정한 것은 다음의 세 가지의 유형이다. 첫째는 대통령이 이른바 비선실세인 최서원(최순실)이 추천한 인사들을 공직에 임명하고, 재단법인 미르와 케이스포츠의 설립에 대통령의 지위와 권한을 남용하여 사기업에 거액을 출연하도록 요구한 것이 대통령의 공익실현의무를 위반한 것이다. 둘째, 대통령의 지위를 이용하여 대기업 임원 등에게 미르와 케이스포츠 재단건립에 출연할 것을 요구한 것은 해당 기업의 재산권 및 기업경영의 자유를 침해한 것이다. 셋째, 대통령의 지시와 묵인에 의하여 최서원에게 대통령의 직무와 관련된 문건을 유출한 것은 「국가공무원법」상 비밀엄수의무에 위반된다는 것이다.

위의 첫째 탄핵사유인 대통령의 공익실현의무 위반은 국민의 신임을 배반한 중대한 법위반으로 볼 수 있다. 대통령은 헌법상 국민 전체에 대한 봉사자(제7조)로서 공익실현의무를 지게 되는데, 대통령의 비선 측근인 사인에 의한 어느 정도의 공직 인사개입과 문화·체육 분야의 비영리법인의 건립에 관여한 것이라든지 대통령의 지위를 이용한 특정 사기업에 대한 출연금의 강요 등은 헌법상 공익실현의무를 중대하게 위반한 것으로 국민의 신임을 배반한 행위에 해당하여 탄핵사유가 될 수 있다. 그렇지만 그것이 동시에 "헌법수호의 관점에서 중대한 법위반행위"라고 본 것은 노 대통령 탄핵사건에서의 판시사항과는 차이가 있다. 헌법수호의 관점에서의 중대한 법위반이란 "자유민주적 기본질서를 위협하는 것으로서 법치주의와 민주주의에 대한 적극적 위반행위"라고 노 대통령 탄핵사건에서 밝힌 바 있으나, 박 대통령 탄핵사건에서는 대통령의 그러한 위반행위가 "대의제 민주주의와 법치주의의 정신을 훼손한 행위로서"라는 모호한 표현을 사용하면서, 그것이 "국민의 신임을 배반한 행위로서 헌법수호의 관점에서 중대한 법위반행위"라고 판시한 것이다. 그렇다면 박 대통령 탄핵사건에서 헌법재판소는 노 대통령 탄핵사건 선례의 법리를 형식적으로 적용하면서 국민의 신임을 배반한 행위라는 관점과 헌법수호의 관점이라는 명확한 구분 없이 법위반행위의 중대성을 판단한 것으로 보여진다.[7]

생각건대 헌법재판의 본질적 속성이 정치적 사법작용임을 부정하기 어렵고 헌법재판 중에서도 탄핵심판은 특히 정치성이 강한 것이므로 그 심판 과정에서는 법리에 포장된 정치논리가 작용할 수 있다. 헌법상의 탄핵사유의 해석에 있어서도 재판관의 재량적 판단의 여지가 있으며, 오로지 재판관의 양심에 따라 헌법과 법률에 의한 심판이 이루어지는 한 그 재판 결과는 받아들일 수밖에 없는 것이다. 박근혜 대통령에 대한 헌법재판소의 파면결정은 당시 우리 사회공동체의 구성원 다수가 탄핵을 찬성하는 정치적 의사가 표출된 상황 속에서 국민적 법감정에 부합하는 것이었다고 할 수 있다. 학계와 법조계에서도 헌법재판소의 파면결정에 찬성하는 분위기가 지배적이지만, 헌법재판소가 판시한 탄핵사유와 심리 진행 과정 등에 대한 비판적 견해가 없지 않다. 그리고 대통령 파면결정과 같은 중대한 헌법문제의 판단에 있어 8인의 재판관만으로 서둘러 심리를 진행하고 심리에 참여한 재판관 8인의 전원일치로 결론을 도출하기로 한 평의 과정에서의 합의가 타당한지에 대해서도 비판적 시각이 있다.

주

1) 정만희, 『헌법과 통치구조』, 법문사, 2003, 299면 이하.

2) Cass R.Sunstein, Impeachment and Stability, 67 George Washington L. Rev. 699 (1999)

3) 정만희, 앞의 책, 325면.

4) 윌리엄 더글라스 대법관은 1939년 루스벨트 대통령에 의해 임명되어 36년 이상 재직한 최장수 대법관으로 루스벨트 대통령의 뉴딜정책을 지지한 대표적 진보성향의 법조인이다. 그는 재직 중 300여 건의 반대의견을 집필하여 '위대한 반대자'(Great Discenter)라는 별명으로 널리 알려지게 되었다. 더글라스 대법관은 1951년 로젠버그사건에서 간첩혐의로 기소되어 유죄판결을 받고 사형선고된 로젠버그 부부의 사형집행중지 청원을 받아들여 사형집행중지결정을 했다. 이에 법무부가 대법원장에게 대법관의 집행중지결정을 취소해 달라는 신청을 함에 따라 빈슨 대법원장은 더글라스의 집행중지결정을 취소하였다. 이 사건을 계기로 하여 연방의회는 더글라스 대법관에 대해 탄핵을 시도하게 된 것이다.

5) 탄핵소추안은 재적의원 299명 중 찬성 234표, 반대 56표, 기권 무효 9표로 가결되었는데 야당 의원 전원 165명(더불어민주당 121명, 국민의당 38명, 정의당 6명)과 무소속 의원 7명을 제외하면 여당인 새누리당 의원 128명 중 최소한 62명이 찬성표를 던진 결과로 분석되고 있다.

6) 이 탄핵사건의 주심을 맡은 강일원 재판관은 심판과정에서 두 차례에 걸쳐 국회 소추위원단에 탄핵 소추사유를 축소 정리해 줄 것을 요구하였고, 이에 소추위원단은 제10차 변론기일에 4개의 헌법위반사항으로 정리하고 당초 국회의 탄핵소추사유에 포함되었던 뇌물수수 등 각종 형사법위반 부분은 제외하였다. 이에 대해 대통령 대리인단은 강하게 이의를 제기하였고 급기야 재판관 기피 소동까지 부르게 되었다. 피청구인 대리인단의 주장은 탄핵소추서의 소추사유가 부적절하면 청구를 기각하면 될 것이지 주심재판관이 소추인단에 코치하여 소추사유를 정리하게 한 것은 불공정하다고 하였고, 소추사유는 국회의 의결을 거친 사안이므로 대리인들이 임의로 합의를 한다고 해서 바꿀 수 있는 문제가 아니라는 것이다. 대통령 대리인단의 일원으로 참여한 변호사로서 이 심판 과정의 문제점을 지적한 것으로는 채명성, 『탄핵 인사이드 아웃』, 기파랑, 2019, 85면 이하 참조.

7) 이 사건에서 헌법재판소는 국회가 탄핵소추사유서에서 적시한 뇌물수수 등 형사법위반 부분은 심판대상에서 제외하였다. 국민의 신임을 배반한 행위로서 중대한 법위반행위로 뇌물수수가 핵심적 범죄행위에 해당하는데, 사실관계 입증이 어려운 뇌물수수 여부는 판단하지 않고, 대통령의 공익실현의무 위반과 「국가공무원법」 비밀엄수의무 위반 등을 중대한 법위반행위로 판단한 것이다. 탄핵심판이 형사재판이 아니고 헌법수호를 본질로 하는 것이므로 뇌물죄 등을 핵심 쟁점으로 삼을 필요는 없다고 하더라도, 공무원의 비밀엄수의무 위반까지 포함하여 국민의 신임을 배반한 행위로서 동시에 헌법수호의 관점에서의 중대한 법위반행위로 본 것에 대해서는 납득하기 어려운 측면이 있다.

시민 교양 강좌 헌법 II

권력구조론

정만희 지음

1판 1쇄 2024년 11월 29일

펴낸이 박미화·박수정 | **펴낸곳** 미디어줌
등록 2011년 11월 18일 제 338-251002009000003호
주소 부산광역시 수영구 수영로 440, 부산경우회관 6층
전화 051-623-1906
이메일 mediazoom@naver.com
홈페이지 www.mediazoom.co.kr

진행 책임 안서현 | **북디자인** 박희정 | **교정·교열** 임정서
ⓒ정만희, 2024 ISBN 978-89-94489-77-3 (03360)

이 책은 저작권법에 따라 보호받는 저작물이므로 무단전재와 무단복제를 금하며,
이 책 내용의 전부 또는 일부를 이용하려면
반드시 저작권자와 도서출판 미디어줌의 서면 동의를 받아야 합니다.
책값은 뒤표지에 있습니다.
파본이나 잘못 만들어진 책은 구입한 곳에서 교환해 드립니다.

* 이 책은 부산광역시문화상 수상 연구창작활동 지원금에 의해 제작되었습니다.

도서출판 미디어줌은 기록물편찬전문회사 mediazoom의 출판 브랜드입니다.